국가정보론

정보활동(Intelligence activities)과 정보시스템(Intelligence systems)

이 저서는 2022년도 가천대학교 제2차 교내연구비 지원에 의한 결과임.
(GCU－202300320001)

국가정보론

정보활동과 정보시스템

NATIONAL INTELLIGENCE

INFORMATION ACTIVITIES and INFORMATION SYSTEMS

윤민우

박영사

차례

Ⅰ 머리말 · 3

Ⅱ 국가, 국가안보, 그리고 국가정보 · 15

Ⅲ 정보에 대한 이해 · 25

1 정보의 개념 27
2 정보의 두 가지 속성: 비밀과 공개 32
3 정보 사이클과 주요 활동들 34
4 정보판단의 유의점 38

Ⅳ 국가정보의 기본개념 · 47

1 정보(Intelligence) 49
2 국가정보의 유형과 범주 54
3 정보활동(intelligence activities) 이외의 정보기관의 활동들 58
4 국가정보의 구성요소와 정보주기 59
5 국가정보 조직 63

Ⅴ 정보활동 · 65

1 첩보수집 67
2 정보분석 81

Ⅵ 보안방첩활동 · 97

1 개념 99
2 유형 103
3 한국에 대한 주요 보안방첩 위협실태 106
4 보안방첩기관들 178

Ⅶ 비밀공작활동 · 183

1 개념 185
2 비밀공작의 특성 186
3 비밀공작의 변천사 187
4 비밀공작의 필요성 191
5 비밀공작의 종류 193
6 비밀공작의 수단과 방법 194
7 비밀공작의 성공조건 199
8 비밀공작의 정당성 201

Ⅷ 국방정보론 · 205

1 개념 207
2 국방정보와 국가정보의 연계성 209
3 국방정보의 분류 212
4 국방정보의 사례: 북한 219
5 국방정보체계의 비교분석 227

Ⅸ 정보시스템과 정보기관들 · 233

1 미국 235
2 영국 259
3 오스트레일리아 271
4 한국 274

Ⅹ 미래 국가안보를 위한 정보전략 · 279

찾아보기 287

I 머리말

I 머리말

지난 20년간 빠르게 진행된 정보·통신·과학기술의 발전과 사이버공간의 확장, 그리고 4차산업혁명으로의 이행 등은 오늘날 인간을 둘러싼 삶의 양식에 혁명적 변화를 가져오고 있다. 이 같은 변화는 마찬가지로 국가가 직면한 안보환경에도 혁명적 변화를 가져왔다. 이 때문에 국가안보수호의 최일선에 있는 국가정보기관은 급변하는 안보환경에 부응하여, 국가안보위협요인들을 식별하고, 최적의 국가안보 및 정보 전략 및 방안들을 개발하고, 발전시켜나가야 할 필요가 있다.[1] 최근 안보환경변화는 ① 안보위협 행위자측면에서 전통적인 국가행위자에서 비국가행위자로의 확장, ② 안보위협 공간측면에서 전통적인 오프라인에서 사이버 공간으로의 확장, ③ 국내와 해외의 경계구분의 모호함, ④ 전쟁과 평화의 시기적 구분의 모호함 등을 포함하는 전방위적인 회색지대현상을 그 특징으로 한다. 이 때문에 이와 같은 환경변화에 맞춘 현재와 미래의 국가안보위협에 대한 식별과 분석, 대응방안의 수립이 요구된다.

오늘날과 미래의 국가안보위협에 영향을 미치는 새롭게 떠오르는(emerging) 안보환경을 살펴보면 다음과 같다. 첫째, 안보영역(security domain)의 확장이다. 이는 정보·통신·과학기술의 발전과 정보와 지식의 폭발적 증대와 관련이 있다.[2] 전통적으로 안보위협의 영역은 지상과 바다, 하늘과 같은 오프라인 공간에 국한되었

1 윤민우, “미러 사이버 안보 경쟁과 중러 협력,” 김상배 엮음 『사이버 안보의 국가전략 2.0.』 서울대학교 국제문제연구소 총서 21 (서울: 사회평론 아카데미, 2019).

2 윤민우, 『폭력의 시대: 국가안보의 실존적 변화와 테러리즘』 (서울: 박영사, 2017).

다. 하지만 기술의 발전과 정보혁명, 지식사회의 출현으로 우주공간과 사이버 공간, 그리고 인간의 인지 영역(cognitive domain)[3]이 새로운 인간의 삶의 공간이자 안보위협의 영역으로 새롭게 편입되었다. 따라서 오늘날 안보위협은 기존의 전통적인 공간인 땅과 바다, 하늘에 더해 우주와 사이버, 그리고 인지 영역이 새롭게 추가된 6개의 영역(domain)에서 다루어지게 되었다. 미국과 나토는 이러한 영역 또는 공간의 확장 추이를 반영하여 미래전쟁은 6개의 영역에서 수행되는 다영역(multi-domain) 전쟁이 될 것이라고 전망하였다. 같은 맥락에서 국가안보위협 역시 기존의 전통적 영역에 더불어 사이버 공간과 인간의 인지 공간이 추가된 다영역(multi-domain)에서의 문제로 다루어지게 될 것이다. 이는 국가안보를 다루는 정보활동의 영역 역시 이 6개의 공간 또는 영역을 아우르는 다영역 공간에서 펼쳐질 것이라는 것을 의미한다.

둘째, 안보위협 행위자의 확산이다. 과거 냉전시대 에스피오나지(espionage) 등 정보활동(intelligence activities)을 통한 국가안보위협의 주된 행위 주체는 국가행위자들(state actors)에 국한되었다. 이는 전형적으로 과거 냉전 시기 소련, 미국, 중국, 북한 등의 스파이들 또는 간첩들로 대표되었다. 그러나 오늘날은 북한, 중국 등 적대적 국가행위자들에 더해 테러리스트와 국제조직범죄세력, 핵티비스트(hacktivists), 리키비스트(leakivists), 해커들, 산업스파이활동을 하는 민간 기업, 온라인의 댓글부대들, 그리고 다양한 동기로 스파이가 되는 우연한 스파이들(accidental spies) 등 여러 다양한 비국가 행위자들이 추가되었다.[4]

한편 이와 같은 안보위협 행위자의 다변화와 함께, 국가행위자와 비국가행위자

---

3 인간의 인지영역은 인간이 정보나 데이터, 지식을 인지(cognitive)하고 이를 분석, 평가, 판단, 결심함으로써 만들어지는 결과물인 인식(perception), 그리고 이를 통해 행동(act)으로 이어지는 인간의 뇌의 영역에 해당한다. 이와 같은 인지영역은 문화공작, 영향력 공작, 반응통제, 여론조작, 선거개입 등을 포함하는 전반적인 프로파간다, 정보심리전이 벌어지는 무대가 된다. 최근 2019년 미국과 영국, 나토 등은 이와 같은 인간 뇌의 인지 영역을 땅, 바다, 하늘, 우주, 사이버에 이어 6번째 전쟁 영역(domain)으로 정의하였다.

4 Homeland Security, "The Office of Intelligence & Analysis Strategic Plan for Fiscal Years 2020-2024," (2020) file:///C:/Users/thank/Desktop/2022%EB%B0%A9%EC%B2%A9/20_0206-oia-strategic-plan-fy20-24.pdf

들 사이의 통합이 동시에 이루어지고 있다. 국가행위자가 자신의 개입을 은폐하고 실질적인 국가적 전략목표를 달성하기 위해 비국가행위자들을 자신들의 스파이 활동이나 군사작전의 프록시(proxy) 병력으로 활용하는 사례들이 점차 빈번해지고 있다.[5] 예를 들면, 러시아는 민간사이버범죄조직인 러시아비지니스네트워크(RBN)를 2008년 조지아 침공 때 활용했으며,[6] 2016년 미국 대선개입 때 APT 28과 APT 29로 알려진 해커그룹들이 FSB와 GRU의 스폰 아래 동원되었다.[7] 중국은 중국계 국제조직범죄 네트워크와 해외 도처의 중국계 현지체류자들과 유학생들, 공자학원과 같은 문화교육기관을 정치문화공작(political cultural operation)의 첨병으로 동원한다. 중국 국가안전부(MSS: Ministry of State Security)는 정치 · 사회 · 문화 영향력 공작과 비밀공작활동을 위한 정보작전센터를 설치하고 대표적인 중국계 국제조직범죄 네트워크인 죽련방(United Bamboo)을 중국의 해외 영향력 투사와 정치문화적, 경제적 영향력 침투 등에 활용한다.[8] 중국의 유학생들과 학자들, 미디어들, 공자학원과 같은 교육문화기관은 중국의 이념과 사상, 문화, 이미지 등을 해외에 침투, 확산시키고 중국에 대한 부정적인 의견, 여론, 동향 등을 통제하고 무력화시키는 정치문화전쟁 최전선의 공작기구이다.[9]

셋째, 안보위협 수단의 다변화이다. 과학기술의 발전과 4차산업혁명으로 통상적인 안보위협 수단을 뛰어 넘어 다양한 안보위협수단이 등장하고 있다. 이와 같은 안보위협 수단은 군사와 민간 영역, 안보와 경제 영역의 구분을 허물고 융합되는 추이로 전개되고 있다. 이와 함께 이와 같은 다변화된 안보위협수단의 제조와 수송, 사용과 관련된 글로벌 공급망 구축이 안보위협의 핵심 의제로 등장하였다. 새로이 떠오르고 있는 안보위협 수단들을 예를 들면, 로봇, 드론, IoT, 지능형 CCTV, 구글 글

---

5 송태은, "하이브리드 위협에 대한 최근 유럽의 대응," 『IFANS 주요국제문제분석』, 2020-31, 국립외교원 외교안보연구소, 8.

6 Ibid, 12.

7 윤민우, "사이버 공간에서의 심리적 침해행위와 러시아 사이버 전략의 동향," 『한국범죄심리연구』, 14(2) (2018), 100.

8 윤민우, "신흥 군사안보와 비국가행위자의 부상," 305.

9 클라이브 해밀턴, 『중국의 조용한 침공(Silent Invasion)』, (서울: 세종, 2021), 293-342.

라스 등 디바이스들과 AI와 SCADA, 빅데이터, 딥러닝, 블록체인 등과 같은 정보처리와 정보보안, 기반시설 운영을 위한 프로그램들, 랜섬웨어나 멀웨어 등과 같은 공격용 사이버 무기들, 디지털 플랫폼들, 뇌-컴퓨터 인터페이스 기술, 바이오-나노 기술, 혼합현실(mixed reality) 기술, 그리고 이와 같은 디바이스들과 운영시스템, 프로그램, 기술들을 지원할 수 있는 안정적 에너지 공급을 위한 SMR(소형 모듈원자로) 등과 같은 기술, 비메모리 반도체와 같은 핵심 부품들, 그리고 정보처리 능력을 획기적으로 증대시킬 수 있는 퀀텀컴퓨팅(quantum computing) 등과 같은 기술들, 인간의 행동과 인지영역에 대한 조작과 개입, 영향력 투사를 위한 뇌과학과 인지심리학, 행동과학, 그리고 사회과학의 지식들이 모두 이에 해당한다. 이와 같은 새롭게 대두된 하드웨어와 소프트웨어, 과학기술과 지식들은 군사와 민간, 정부와 민간, 안보와 경제, 국내와 국외, 전시와 평시의 영역의 구분이 뚜렷하지 않으며, 통합되어 있다.

넷째, 안보위협 취약성의 분산과 증대이다. 위에서 제시한 것처럼 안보 영역의 확장과 위협 행위자의 확산, 위협 수단의 다변화의 결과로 안보위협 취약성이 분산되고 증대되었다. 정부와 민간, 군사와 비군사, 안보와 경제가 전일적으로 융합되면서 상대적으로 국가안보의 약한 고리에 해당하는 민간과 경제 부문의 취약성이 증대하였으며, 이는 전통적으로 국가안보수호를 위한 정보활동의 핵심 고려 대상이었던 정부와 군사, 안보 부문에 대한 심각한 피해를 야기할 수 있는 우회통로(또는 백도어)로의 민간, 경제 · 사회 · 문화 · 교육 부문의 악용가능성 증대로 이어졌다. 최근 국내외의 우려스러운 정보활동(특히 방첩)실패의 사례들을 살펴보면, 핵심 국가, 군사, 안보 부문의 심각한 보안침해사고가 이들 핵심 부문과 연계된 민간기업과 기관, 민간 부문 실무담당자, 정부부문의 중하위급 관계자 또는 구성원들의 사적인 측면을 우회루트로 활용하여 발생한 것을 알 수 있다.

또한 안보위협의 영역이 확장되면서, 대학과 교육문화예술, 싱크탱크, 미디어 등 다양한 부문에서의 안보위협 역시 증대되었다. 이 밖에도 에너지, 전력, 수도, 물류 등과 같은 국가 핵심기반시설이 SCADA와 같은 정보통신시스템에 의해 운용되면서 기존의 오프라인 위협에 더불어 사이버 안보의 위협 대상으로도 변화되었다. 국가 주요 핵심기반시설인 금융시장, 공공보건, 에너지, 정보통신망, 물류 등에 대한 사이버 공격, 방해, 탈취 등이 성공할 경우 대량 정전사태나 금융활동마비, 보건의료시스템 붕괴, 물류·에너지시스템 혼란 등의 국가와 국민에 심각한 위해가 되는 재앙으로 연결될 여지들이 증대했다. 여기에 선거제도 역시 해외 적대세력의 영향력 공작의 대상이 되면서 미국의 경우 국가핵심기반시설로 선거제도자체를 포함시키는 움직임을 보였다. 이처럼 오늘날 안보위협의 취약성은 국가와 사회 전방위적으로 분산, 다변화, 증대되어가는 양상을 보이고 있다.

다섯째, 안보위협 행태의 수렴이다. 전통적으로 범죄, 테러, 스파이활동, 전쟁 등과 같은 다양한 유형의 안보위협은 각각의 위협 층위와 부문별로 구분되어 졌고, 국가의 대응 역시 부문별 전문화(division of labor) 원칙에 따라 이루어졌다. 하지만 최근 들어 이와 같은 범죄-테러-스파이활동-전쟁 등이 서로 수렴되고 전일적으로 중첩되어 혼재되는 위협으로 나타나는 경향이 두드러진다. 이러한 경향은 사이버 공간에서 두드러지지만, 오프라인에서도 마찬가지로 관찰되고 있다. 예를 들면, 사이버 공간에서 랜섬웨어 공격이 발생하였을 경우, 또는 프로파간다나 댓글공작, 또는 영향력 공작이 실행되었을 경우에 이와 같은 위협적 행동의 주체와 목적이 범죄, 테러, 스파이활동, 또는 전쟁의 어떤 유형으로 식별되어야 하는지, 따라서 국가의 어떤 기관이나 행위주체가 대응의 주체가 되어야 하는지 애매모호한 경우가 다반사이다. 이와 같은 경우는 조직범죄나 테러단체, 민간의 행동주의(activism) NGO 단체들이 국가 행위자의 영향력 공작이나 스파이, 또는 전쟁의 의도와 통합되면서, 오프라인에서도 유사하게 나타나고 있다. 용병이나 핵티비스트들이 전쟁 수행의 주체로 등장하면서, 이들의 활동이 국가의 전쟁수행의 한 부분으로 이해되어야 하는지 아니면 독자적인 테러나 범죄행위로 이해되어야 하는지 모호한 경우가 많다. 이 때문에 오늘날 범죄-테러-스파이활동-전쟁 등의 다양한 안보위협은 애매모호하게 서로 중첩되어 있으며, 따라서 정보활동 역시 범죄예방 및 대응, 대테러, 전쟁 수행 등의 다른 유형의 국가안보활동들과 중첩되고 긴밀히 연계되고 있다.

이처럼 오늘날 안보환경이 급변함에 따라, 이에 부응하여 미국 등 해외 주요 선도국가들은 국가안보수호의 핵심 전장에 해당하는 정보(intelligence)부문을 변화하는 안보환경에 맞추어 혁신해 나가고 있다. 이와 같은 미국 등의 정보부문 혁신은 몇 가지 두드러진 특성을 보여주고 있다. 먼저, 정보의 대상을 개인과 민간, 기업 등과 같은 사적인 영역으로까지 확대하고 있다. 적성국이나 적대적 비국가세력들은 타깃 국가의 민주주의 체제와 정치활동에 영향을 미치기 위한 목적으로 여론조작이나 선거개입을 시도한다. 러시아의 2014년 크림반도 합병과 2016년 미국의 대선개입사례, 그리고 중국의 공자학원 등을 통한 영향력 공작 등이 이와 같은 사례에 해당한다.[10] 한편 이슬람극단주의 테러세력 등은 폭력적 극단주의를 유포, 확산시킴으로서 사회갈등이나 혼란, 테러공격과 같은 폭력을 조장한다.[11] 이와 같은 민간부문에 대한 위협은 이제 국가안보 전반에 대한 위협으로 증폭되었으며, 이 때문에 정보활동의 대상범위에 포함되고 있다.

둘째, 해외 정보기관들은 새로이 떠오르는 기술들을 정보의 영역으로 인식하고 이에 대한 적극적인 준비와 대응을 하고 있다. 첨단기술의 유출 또는 첨단기술을 통한 위협 등의 문제는 국가의 국방과 경제 안보의 치명적 위협이 되고 있으며, 이러한 경향은 앞으로 더욱 심해질 것으로 전망된다. 이에 미국 NCTC(National Counter-intelligence and Security Center)는 미국 방첩전략 2020-2022에서 미국에 대한 해외정보기관의 활동에서 새롭게 떠오르는 기술(emerging technology)들을 이용한 해외 스파이활동에 대한 위협을 나열하였다. 이와 같은 떠오르는 신기술들은 앞서 언급한 인공지능, 퀀텀컴퓨팅(quantum computing), 나노기술(nanotechonolgoy), 고도화된 암호화기술(improved encryption), 로봇기술(robotics) 그리고 사물인터넷기술(Internet of Things) 등이며 이러한 기술을 활용한 공격을 미래의 정보활동의 위협요인으로 꼽았다.[12]

셋째, 최근 안보환경의 변화를 감안하여 다양한 안보위해 요소들을 정보활동의 범주에 포함시켜 통합적, 포괄적, 전일적으로 대응하고 있다. 미중 패권전쟁, 러

---

10 윤민우 · 김은영, “테러리즘 위협 수준에 영향을 미치는 국내 · 국제정치적 요인들에 관한 연구: 사이버 공간에서의 폭력적 극단주의 급진화를 중심으로,” 『한국치안행정논집』, 19(1) (2022), 71~91

11 송태은, “디지털 시대 하이브리드 위협 수단으로서의 사이버 심리전의 목표와 전술: 미국과 유럽의 대응을 중심으로,” 『세계지역연구논집』, 39(1) (2021), 69-105.

12 National Counterintelligence and Security Center, “National Counterintelligence Strategy of the United States of America 2020-2022,” (2020). file:///C:/Users/thank/Desktop/2022%EB%B0%A9%EC%B2%A9/20200205-National_CI_Strategy_2020_2022.pdf

시아-우크라이나 전쟁, 이스라엘-하마스 전쟁 등 국제관계의 급격한 변동, 폭력적 극단주의, 핵티비즘 등과 같은 극단적 신념의 확산, 다양한 사이버 위협, 환경과 기후, 식량 위기, 에너지 공급 위기, 반도체 등 공급망 문제, 공제안보, 코비드-19 등과 같은 보건위기 등 다양한 의제들이 미래의 국가안보위협요인이 될 수 있는 상황들을 반영하여 정보활동의 범주와 대상을 그와 같은 다양한 의제들을 포함할 수 있도록 확장시켜나가고 이와 같은 다양한 의제들에 대한 예방과 대응을 통합, 조율할 수 있도록 정보활동 컨트롤타워 시스템을 구축해 나가고 있다. 미국의 ODNI(Office of Directorate of National Intelligence)는 그 대표적인 사례이다.

이 같은 안보환경의 새로운 변화와 그에 따른 해외 주요 국가들의 변화와 적응을 위한 움직임에도 불구하고, 국내 정보활동은 상대적으로 아쉬운 점이 있다. 여전히 국내 정보활동과 시스템은 변화하는 안보환경에 적절히 적응하지 못하고 있는 것처럼 보인다. 이는 해외 주요 국가들의 발전 추이와 비교해 볼 때 두드러진다. 미국, 영국, EU, 오스트레일리아 등과 같은 주요 선도국들과 마찬가지로 한국 역시 주적인 북한과 중국과 같은 적성 국가들과 해커들, 국제테러세력, 조직범죄세력, 경제안보 또는 산업 스파이와 관련된 민간 기업들과 민간 행위자들 등으로부터 다양한 전통 및 신흥안보 위협에 노출되어 있다. 사이버 범죄와 국제 마약 범죄, 북한 및 중국의 스파이 공작과 영향력 공작 및 프로파간다, 그리고 각종 사이버 안보 위협과 산업과학기술 유출, 핵과 미사일 등과 같은 전통적인 군사도발위협, 보건안보와 환경, 에너지 등의 위협과 공급망 재편 등의 경제안보 위협, 마약 등 조직범죄의 위협, 사이버 안보위협, 영향력 공작의 위협 등 다방면에 다양한 행위자들로부터의 위협에 직면해 있다. 따라서 한국 역시 그 어느 때보다 강력하고 적극적인 정보시스템 구축과 정보활동(intelligence activities)이 필요한 시점이다. 그럼에도 불구하고, 2020년 국가정보원법 개정으로 상당한 대공수사와 국내보안방첩의 취약성이 증대되었다.[13·14] 또한, 북한, 중국, 및 국제해커세력들로부터 사이버 안보의 위협이 그 어느 때보다 높아진 상황에서 여전히 '사이버 안보법'이 국회에서 처리되고 있지 않아 국내 사이버대응의 총괄 컨트롤타워에 해당하는 국정원의 NCSC(National Cyber Security Center)가 대통령 훈령에 근거에 작동하고 있는 것은 심각한 안보위해 요인으로 지적될 수 있다.[15] 이에 더불어 최근 미국, 영국, EU, 오스트레일리아 등 해외 주요국들이 심각한 안보위협으로 인식하고 대응하고 있는 온, 오프라인에서의 중국 등으로부터의 영향력 공작 위협에도 무방비로 노출되어 있다. 최근 들어 이에 대한 위협인식을 갖게 되어 고무적인 측면이 있으나 아직까지 개념이해 수준에 머무르고 있어 갈 길이 멀다.

결국 급변하는 오늘날의 안보환경과 미래의 국가안보위해 요인들을 예상하고, 미국 등 해외 자유민주주의 동맹국들의 선도적인 정보시스템과 활동의 재편·발전 노력들을 감안할 때, 한국 역시도 이와 같은 흐름에 부응하여 정보시스템과 활동을 선도적으로 재편·발전시킬 필요가 있다. 한국은 안보 환경의 변화로 발생한 복잡한 변수들을 선제적으로 고려하여 정보활동의 미래 위해요인들을 식별하고 그에 대한 대응방안들을 미국 등 해외 선도국가들의 사례를 벤치마킹하여 모색할 필요가 있다. 이때, 정보활동(intelligence activities)을 단순히 전통적인 국가 행위자의 스파이 활동으로만 이해할 것이 아니라 보다 확장된 위협 주체들과 정보활동의 대상, 목표, 그리고 영역(domain) 등을 복합적으로 고려한 적극적인 의미의 정보활동을 수행할 필요가 있다. 이는 미국 등 해외 주요 동맹국들의 최근 경향이다. 이들은 최근 들어 더욱 적극적으로 정보활동을 이해하고 있으며, 그 활동 대상과 범위를 확대하고, 정보기관들의 기능 및 역할, 추진체계 등을 확장·다변화 하고 있다.

---

13 월간조선, "경찰에 넘어간 대공수사권 지난해 대공수사관 특진·채용 전무," 2022.03 https://monthly.chosun.com/client/news/viw.asp?ctcd=A&nNewsNumb=202203100038

14 연합뉴스. 2020.11.30. "여, 정보위서 국정원법 개정안 처리…野 반발 퇴장(종합)," 2020.11.30 https://www.yna.co.kr/view/AKR20201130117352001

15 The JoongAng, "대공수사권 경찰 이관 논의한 국정원 업무보고…'사이버안보법'도 논의," 2022.03. https://www.joongang.co.kr/article/25058903#home

이 책은 이와 같은 상황 인식에 근거하여 오늘날과 미래에 빠르게 변화하는 안보환경에 부응한 국내 정보활동과 정보시스템에 대한 내용을 정리할 필요성에 따라 작성되었다. 국가정보의 분야가 매우 중요한 안보 의제임에도 불구하고 오늘날과 미래의 변화된 안보환경을 반영한 국가정보에 관한 책은 미흡하다. 다수의 시중의 국가정보에 관한 책은 9.11 이후 탈냉전기의 안보환경을 반영하고 있으나, 2010년대 중, 후반 이후 본격화되고 있는 미국 대 러시아-중국의 패권 갈등과 이에 파생된 러시아-우크라이나 전쟁과 이스라엘-하마스 전쟁, 그리고 영향력 공작과 사이버 안보위협, 경제안보 등 여러 신냉전의 상황과 주요한 이슈들을 포함하고 있지는 않다. 따라서 이 같은 변화된 안보환경을 반영한 국가정보에 관련된 내용을 정리하는 책이 필요한 것으로 보인다. 이 책은 이러한 요구를 담고 있다.

이 책은 크게 두 가지 내용을 담고 있다. 그 가운데 하나는 변하지 않는 부분이다. 정보활동과 정보시스템은 인간의 역사가 시작된 이후로 안보와 전쟁의 문제가 끊이지 않는 것처럼 변함없이 지속되어 온 주요한 국가의 의제이다. 따라서 이 책은 그와 같은 변하지 않는 정보활동과 정보시스템에 관련된 내용들을 담고 있다. 예를 들면, 정보활동의 의미가 무엇이고, 정보시스템이 어떻게 구성되어 있으며, 정보활동의 세부 내용들과 방법들은 무엇인지에 관한 것들이다. 이 같은 내용은 기본적으로 이전의 국가정보학을 다루는 책들과 별로 다를 바가 없다. 따라서 이전의 내용들을 요약하고 간략히 정리한 것들이 이 책에 포함될 것이다. 한편 다른 하나는 변화하는 것들이다. 오늘날 국가정보활동이 직면하고 있는 국가안보의 환경이 어떤 것이며, 어떠한 새로운 안보지형과 정보통신과학기술에서 정보활동이 수행되는 지에 대한 내용들은 변화하는 내용에 관한 것들이다. 이와 함께 이 같은 환경에서 각국들이 어떻게 정보시스템을 최근 들어 변화시켜가고 있으며, 또한 한국 역시 어떻게 변화시켜가고 있는 지를 다룰 것이다. 이 같은 변화된 내용들은 이전의 국가정보학을 다룬 책에서 포함하고 있지 않는 내용이며, 이 책은 이 점에서 이전의 책들과는 차별성을 가질 것이다. 바꾸어 말하면, 이 책이 이전의 국가정보학을 다룬 책들과 비교해 국가정보학 분야에 기여할 수 있는 부분일 것이다. 이 책에서 다루는 내용들이 충분하지는 않을 수 있지만 오늘날 변화된 안보환경에서 국가정보활동과 시스템이 어떻게 재편되고 작동되고 있는지를 살펴보는데 도움이 될 수 있을 것으로 기대한다.

Ⅱ

국가, 국가안보,
그리고 국가정보

II 국가, 국가안보, 그리고 국가정보

국가정보(national intelligence)는 국가안보의 하위개념이다. 미국, 러시아 등 어느 나라나 국가정보전략(national intelligence strategy)은 국가안보전략(national security strategy)의 하위 또는 부속개념으로 설정된다. 따라서 국가정보를 이해하기 위해서는 먼저 국가안보에 대한 명확한 이해가 먼저 이루어져야 한다.

국가안보는 국가를 전제로 한 개념이다. 마치 하나의 생명체와 같이 국가라는 행위자(actor)가 가정된다. 이는 사람이나 다른 생명체와는 달리 추상적으로 실존하는 개념이며 인위적인 상상의 공동체이다. 그 국가는 마치 한 명의 사람과 같이 자기 이해(self-interest)와 자기 욕구(self-desire)를 가진다. 매슬로우(maslow)는 사람이 5단계의 욕구들(생존, 안전, 인정, 성공, 자아실현)을 가지며 이를 추구 또는 충족하려는 자기 이해를 가진다고 주장한다. 국가는 한 사람과 마찬가지로 유사한 5단계의 욕구들을 가진다. 국가안보는 그 행위자로서의 국가가 가지는 여러 욕구들 또는 이해관계들 가운데 하나이다. 따라서 국가안보를 이해하기 위해서는 먼저 그 행위주체인 국가(state)에 대한 이해가 먼저 이루어져야 한다.

국가(state)의 기원에 대한 철학적, 이론적 논의는 토마스 홉스의 "리바이어던"에서 확인할 수 있다. 국가가 없는 상태에서 사람들은 서로가 서로에 대한 항상적인 전쟁(war)상태에 있었다. 맑시스트, 공산주의자들, 또는 유교주의자들은 국가 이전의 사람들의 원시공동체가 평화롭고, 억압이 없는 조화로운 상태였다고 믿고 싶어 하지만 역사적 고고학적 증거들은 역사이전(즉 국가탄생 이전의) 시대의 현실은 사람들에게 그렇게 우호적이지 않았음을 알려주고 있다. 국가 없는 삶에서 사람들은 누구나 무장과 폭력사용의 권리를 가지며 다른 사람들을 약탈할 권리를 가진다. 그리고 그들은 기꺼이 자신들의 권리를 사용한다. 이 같은 모두가 모두에 대한 전쟁상태에서는 농업이든 상업이든, 수공업이든 경제활동이 이루어지기 어렵다. 스스로 무장하고 스스로를 방어하는 것이 가장 중요한 핵심과제이기 때문이다. 이처럼 전투에 동원되는 인적자원들은 경제활동과 부의 창출을 위한 노동력으로 사용되기 어렵다.

이 같은 모두의 불이익이 되는 늘 마주치는 전쟁상태의 딜레마에서 벗어나기 위해 사람들은 자신들의 무장권과 폭력사용권을 각자 포기하고 국가를 만들었다고 홉스는 주장한다. 국가는 즉 이 각자가 포기한 무장권과 폭력사용권(즉 전쟁권)의 모듬이다. 따라서 국가만이 폭력을 사용하고 전쟁을 수행할 수 있는 독점권을 갖게 되었다. 결국 국가의 탄생은 각각의 사람들의 계약(홉스는 이를 신약(covenant)으로 표현한다)의 결과물이다. 이 계약의 결과 국가는 대내적으로는 폭력을 사용할 수 있는 형사사법권(criminal justice)을 가졌고, 대외적으로는 전쟁을 수행할 수 있는 전쟁권(right of war)을 가졌다. 즉 국가가 없이는 범죄도 없다. 사람들은 자신이 포기한 무장권과 폭력사용권의 반대급부로 자신들의 안보(security) 또는 안전(safety)을 국가에 의탁했다. 그들은 국가에 자신들을 보호해달라고 요구할 권리를 갖게 되었으며, 동시에 폭력을 사용할 정당할 권리를 잃었다. 이로 인해 그들의 폭력사용과 약탈은 국가에 의해 처벌받게 되었고, 사적 보복은 불법화되었다. 이는 범죄(crime)의 기원이기도 하다.

홉스가 이처럼 국가의 탄생이 자유로운 개인들의 자발적 계약의 참여로 국가가 만들어 지는 상향식(bottom-up) 방식을 이야기하고 있지만, 역사적, 고고학적 기록이 들려주는 국가 탄생의 이야기는 보다 잔인하고 아름답지 못한 것처럼 보인다. 국가의 기원은 무장한 도적떼(armed bandit group)이다. 이 무장한 도적떼들은 서로가 서로에 대한 전쟁을 벌였다. 고대에 이는 씨족(clan), 부족(tribe)으로 불렸다. 이들은 각각 전쟁과 협상, 합의가 되풀이 되는 과정들을 거쳤고 원시 또는 고대국가의 수장은 이들 무장한 도적떼들의 합의에 의해 추대되었다. 국가는 이 무장한 도적떼들의 치열한 전쟁의 결과로 최종적으로 살아남은 적자였다. 이는 칸(Khan) 또는 왕(King)으로 불렸다. 이 최종적으로 살아남은 무장한 도적떼의 수장은 위에서 아래로 내려누르는 방식(top-down)으로 자신의 신민들의 무장권과 폭력사용권을 박탈하고 국가(state)의 소유주가 되었다. 그 흔적인 여전히 대영제국(United Kingdoms)의 갖가지 이름들에 남아 있다. 예를 들면, 영국왕립해군(Royal Navy)과 같은 것이다. 즉 영국의 해군의 왕의 군대라는 의미이다. 이 같은 과정은 한국의 고대사에도 남아있다. 고구려, 신라, 백제, 통일신라, 후삼국, 고려로 이어지는 오랜 국가 성립 과정에서 왕과 귀족들과의 사병혁파와 왕위세습, 중앙집권화, 샤머니즘과 불교 사이의 국교를 둘러싼 지난한 싸움 등이 그러한 것들이다.

국가(state)라는 부동산(real-estate)의 소유주가 누구냐에 따라 그 국가의 성격이 달라진다. 왕국 또는 킹덤(kingdom)은 국가의 소유주가 인격적인 사람인 "왕"이라는 의미이다. 이 같은 시스템에서 신민은 그 왕의 소유물이 되고 군대는 왕의 군대(Royal army)가 된다. 국가의 소유권을 왕으로부터 빼앗아 낸 결과가 국민국가(nation-state)이다. 여기서 국민은 앞서 언급한 홉스 식 사회계약에 참여한 개인들을 모두 더한 것이다. 국민국가에서 국민은 스스로 소유권자가 되면서 동시에 통치의 대상이 된다. 군대는 당연히 국민의 군대가 된다. 하지만 국민은 인격적인 사람이 아니며 단지 추상적인 국적 또는 시민권을 가진 사람들의 모듬에 불과하다. 여기서 모순이 발생한다. 국민은 추상적인 상상의 행위주체이기 때문에 현실에서는 이를 대신할 불완전한 대상이 식별되어야 한다. 그렇게 해서 나타난 것이 국적 또는 시민권을 가진 사람들의 총합 또는 선거권을 가진 유권자의 총합이다. 하지만 그것이 국적자 또는 시민권자이건, 유권자이건 "국민"과 똑같지는 않다. 한편 다수의 사람들로 구성된 국민이 실제로 물리적으로 통치를 할 수 없다는 현실적 한계 때문에 "대통령(president)" 또는 "총리(prime minister)"와 같은 통치 대리인 또는 집사(stewardship)를 내세우는데 사실상 왕과 같은 인격적 소유권자가 없는 관계로 이들이 실질적인 통치 권력을 행사한다. 이들 통치대리인들의 권력 정당성은 선거와 같은 국민(즉 유권자들)의 동의로부터 나오며, 임기를 가진다. 하지만 이 둘(대리인과 유권자 총합) 사이의 긴장관계는 사례에 따라 달라진다. 대리인이 "국민"으로부터 국가를 빼앗거나 훔쳐 사실상 소유권자가 되는 경우도 있는데 이를 일반적으로 권위주의 국가 또는 독재국가로 표현한다. 대리인의 국가에 대한 소유권의 탈취가 “국민(즉 국적자들 또는 시민권자들 또는 유권자들)”에 의해 감시되고 통제될 때 대체로 이들 대리인들은 정해진 임기에 의해 교체되고 이른바 자유민주주의라는 시스템이 유지된다.

하지만 “국가”의 소유권자는 왕과 국민이 아닌 다른 주체들(주로 소수의 권력 엘리트, 그룹, 또는 이너써클)이 될 수도 있다. 예를 들면, 당(party)이나 종교(religion)가 국가의 주인 되는 경우도 있다. 중국은 대표적으로 공산당(CCP: Chinese Communist Party)이 중국이라는 국가의 소유권자인 경우에 해당한다. 따라서 이 경우는 당연히 군(즉 인민해방군)은 당의 군대가 된다. 그리고 국가기관 역시도 당의 소유물이 된다. ISIS(Islamic State in Iraq and Syria)나 이란의 경우 사실상 이슬람 종교가 국가의 주인이 된다. 따라서 이 같은 체제에서 군대는 이슬람 종교의 군대가 된다. 이란은 아야툴라라는 종교지도자가 국가수반인 대통령보다 더 강력한 권력을 행사한다. 이는 마치 공산당 당서기가 헌법상 국가수반보다 더 높은 권력서열에 있는 것과 같은 개념이다. 이는 국가의 주인이 “국민”이 아니기 때문이다. 북한의 경우는 독특하다. 형식적으로는 중국과 마찬가지로 “노동당”이 국가의 주인인 것처럼 보이나, 사실상 북한은 왕국(Kingdom)에 해당한다. 김일성-김정일-김정은으로 이어지는 이른바 백두혈통이 그 국가의 주인이며, 그 지위는 혈통을 따라 세습된다. 따라서 당연히 북한의 군대는 김정은의 군대이다.

국가의 소유권자가 누구인가를 정확히 식별하는 것이 중요한 이유는 이것이 그 국가가 인식하는 국가안보 또는 국가안보위협에 결정적인 영향을 미치기 때문이다. 물론 국가의 소유권자가 누구인가는 길고 지루하고 결론이 쉽게 내려지지 않는 정치사상 또는 정치철학의 탐구영역이다. 하지만 이 책의 목적이 국가정보에 대한 이해이기 때문에 이 같은 길고 고단한 사상적, 철학적 논쟁은 피하고 앞서 언급한 것처럼 기초적인 수준의 국가의 소유권자와 국가의 정체성에 대한 정리로 마무리 했다. 그럼에도 불구하고 이 같은 기초적인 수준에서의 국가의 소유권자에 대한 구분과 이해만으로도 국가마다 서로 다르게 인식하는 안보와 안보위협의 의미를 파악하는데 도움이 된다.

안보는 주관적인 인식의 결과물이다. 안보의 영어 표현은 시큐리티(security)이다. 이 단어는 세(Se)와 큐라(Cura)가 더해진 것이다. “세”는 “없음(absence 또는

without)"을 의미하고 "큐라"는 근심(Car) 또는 불안을 의미한다. 즉 시큐리티는 "근심이나 불안이 없는 상태"를 의미하는 것으로 주관적인 인식이나 느낌, 마음의 상태를 의미한다. 안보는 근심이 없는 상태에 해당하고 안보위협은 이 상태나 인식에 불안이나 근심을 불러일으키는 어떤 요인들, 변수들, 요소들의 작용에 해당한다.

시큐리티는 경우에 따라서는 한국말로 "보안"이라고도 번역이 되는데 사실상 영어 표현에서는 이러한 차이는 없다. 이 때문에 시큐리티 개념의 혼동이 발생하는데 실제 단어 또는 용어가 사용되는 사례들을 종합해볼 때 대체로 안보는 국가나 사회일반, 추상적, 장기적, 거시적, 넓은 범위 등에서 사용되며, 대체로 거시 정책일반, 전략 등의 개념들과 함께 쓰인다. 보안은 국가기관이나 민간기업 등의 단위 부서와 같이 일선에서 정책실행을 수행하는 구체적, 단기적, 미시적, 좁은 범위 등에서 사용되며, 대체로 구체적인 조치, 방안, 절차 등의 개념들과 함께 쓰인다. 이렇게 볼 때 보안은 안보의 하위개념 또는 부분집합으로 이해될 수도 있다.

국민, 영토, 주권이라는 가장 기본적인 공통분모에 대한 것들이 국가안보(national security)에 포함된다는 사실을 제외하면, 국가안보가 이처럼 주관적인 성격을 갖고 있기 때문에 현실적으로는 국가의 소유권자에 따라 국가안보는 다르게 받아들여진다. 왕국의 국가안보는 왕의 통치권과 세습권력의 유지이다. 이러한 것들에 대한 위협이 국가안보의 위협으로 인식된다. 왕국에서도 여전히 국민(피지배자로서의 신민 또는 백성의 성격을 갖는)은 주요한 안보의 대상이 되는데 이는 그 통치대상인 국민의 위협이 그 국가의 소유권자인 왕의 권력유지의 지지기반을 침식시키기 때문이다. 이는 약탈할 피지배자가 없이는 그 통치권자도 존재할 수 없다는 단순한 논리에서 나온다. 이는 정주형 도둑떼(stationary bandits)와 방랑형 도둑떼(robbing bandits)의 차이를 살펴보면 명확해진다. 방랑형 도둑떼는 한 곳에 머물지 않기 때문에 약탈대상의 안녕(well-being)과 생사여부를 신경 쓸 필요가 없다. 약탈한 이후 다른 약탈대상을 찾아 다른 것으로 이동하기 때문이다. 반면 정주형 도둑떼는 약탈대상의 안녕과 생사여부를 신경 써야 한다. 그리고 그들의 건강상태나 행복, 머리수 그리고 그들로부터의 지지도 고민을 해야 하기 때문이다. 이는 그들이 방랑형 도둑떼들보다 더 자비롭기 때문이 아니라 한 곳에 머물면서 같은 대상을 지속적으로 약탈해야하기 때문에 미래의 약탈을 위해 오늘의 약탈대상의 안전과 행복, 생산성, 출산율, 지지여부 등을 살펴야 하는 이해관계가 있기 때문이다. 김정은이 자신의 신민들의 출산율과 먹을거리를 걱정하는 이유는 그 때문이다.

국민국가에서 국가안보는 국민의 안보를 의미한다. 여기에는 국민전체의 생명과 자유, 행복추구권, 삶의 방식, 개인의 기본권 등이 포함된다. 이것들에 대한 위협이 국가안보의 위협으로 받아들여진다. 자유민주주의 체제에 살고 있는 한국인들에게 익숙하고 어쩌면 진부해 보이는 개념들일 수 있다.

하지만 중국과 같이 공산당이 국가의 소유권자이거나 이란 등과 같이 이슬람 종교가 국가의 소유권자인 다른 체제의 국가들에서 국가안보는 이들 소유권 집단의 권력유지와 안정성 등이 국가안보의 주요 내용이 된다. 이들 국가소유권자의 국가소유권에 대한 일체의 위협이 국가안보의 위협으로 간주된다. 이 때문에 중국에서 개인의 인권, 정보의 자유로운 소통, 자유민주주의의 전파와 확산, 위구르, 티벳 등 소수 민족들의 전통의 유지, 독립 또는 자치권의 움직임 등이 국가안보의 위협으로 인식된다.

따라서 국가안보는 그 국가의 소유권자가 누구인가에 따라 그 의미와 내용이 다르게 구성되고(constructed), 인식된다는 점을 이해하는 것이 중요하다. 동북아시아에서 국가안보의 문제에 대해 합의점을 찾아가는 것이 특히 어려운 점은 이 때문인 것처럼 보인다. 이 지역에는 왕조국가와 공산당의 국가, 그리고 국민국가가 뒤섞여 있다. 따라서 국가안보가 소유권자의 차이에 따라 각기 다르게 형성될 수 있다.

그럼에도 불구하고 국가안보에 어느 정도 공통분모는 존재한다. 이는 소유권자가 다름에도 불구하고 국가라는 행위자가 가지는 공통의 속성 때문이다. 사람처럼 국가도 생존의 욕구, 안전의 욕구를 가진다. 이는 주로 영토, 국민, 주권, 경제적 번영, 국가방위 등과 관련된 이해관계로 볼 수 있다. 하지만 일단 이런 것들이 충족되게 되면 국가의 욕구는 거기서 멈추지 않고 다른 상위차원의 욕구들을 추구하게 된다. 다른 국가들로부터의 인정의 욕구, 지배와 패권추구의 욕구, 그리고 자아실현(self-actualization)의 욕구 등이 그러한 것들이다.

인정의 욕구는 기본적인 생존과 안전의 욕구가 해소된 국가들에서 나타난다. 한국이 K-POP과 한류, 그리고 경제적 성공을 통해 국제적인 인정을 받으려고 하는 것들이 이러한 모습들이다. 다른 이들이 우리 국가와 사람들에 대해 어떻게 평가하는가가 주요한 관심사이다. 이는 국가안보의 문제가 된다. 대체로 이 같은 안보의 문제들은 공공외교(Public Diplomacy)의 모습으로 나타나기도 한다.

지배와 패권추구의 욕구는 다양하게 나타난다. 이는 해당 국가의 군사력, 경제력, 문화 등의 하드파워와, 소프트파워, 그리고 지배엘리트와 대중의 열망이 함께 만들어내는 결과물이다. 어떤 국가들은 자신들의 힘의 한계를 인식하고 중립국 전략이나 강대국과의 동맹전략, 또는 나토나 EU 등과 같은 지역 국가들과의 다자협력체제를 추구하기도 한다. 한 국가가 어느 정도 자신의 힘에 대한 인식과 자신감을 가지게 되면 패권 국가를 지향하게 되는데 이 역시 상대적 힘의 크기에 대한 인식에 따라 다르게 나타난다. 상대적으로 힘의 한계를 가진 국가들은 자신이 속한 지역 내에서 지역 패권국가를 지향한다. 이란, 터키, 사우디아라비아 등은 이 같은 사례에 해당한다. 한편 국력의 크기가 다른 국가들에 비해 압도적인 미국, 중국 등의 국가들은 글로벌 패권국가를 지향한다.

사람과 마찬가지로 국가역시 자기실현(self-actualization)의 욕구도 가진다. 대게 국가가 이 같은 자기실현을 추구하기 위해서는 미국, 중국과 같은 글로벌 초강대국이거나 이에 버금가는 영국 또는 러시아 정도의 글로벌 강대국이어야 한다. 이의 대표적인 사례는 미국의 "전지구적 차원에서의 보편적 인권과 자유민주주의 가치의 전파와 실현"과 같은 것을 들 수 있다. 최근 중국은 글로벌 패권을 추구하면서 미국-서구의 가치에 대응하는 중국식 "가치"와 "문명담론"을 세계 도처로 확산시키려고 노력하고 있다.

문제는 이 같은 다양한 국가안보의 의제들이 매우 빈번하게 서로 충돌한다는 것이다. 군사적, 경제적 이해로 나타나는 생존과 안전의 욕구는 종종 보다 상위차원의 인정의 욕구, 패권추구의 욕구, 그리고 자기실현의 욕구 등과 충돌하게 된다. 이 경우에 일반적으로 생존과 안전의 욕구와 같은 가장 근본적인 국가이해가 추구되고 이와 충돌하는 인정의 욕구나 자기실현의 욕구 등이 버려지는 경향이 있다. 사람과 마찬가지로 국가도 다양한 종종 서로 충돌하는 욕구들을 동시에 갖는다. 이때 보다 국가이해에 본질적이고 핵심적인 아이템들이 추구되고 상충하는 다른 아이템들은 배제된다. 국가 안보의 의제들은 이 같은 다양한 아이템들과 관련된다. 대통령 또는 수상을 포함한 국가의 최고 지도부는 이 같은 선택과 배제를 판단하고 결정하게 된다.

국가정보는 본질적으로 이 같은 국가 최고지도부의 선택-배제의 의사결정을 지원하여 가장 최적의 의사결정이 이루어지도록 돕는다. 따라서 국가정보는 국가안보의 하위개념이 된다. 일반적으로 국가는 어떤 국가비전(즉 국가의 욕구 또는 이해들)을 추구할 것인가를 염두에 두고 국가전략(National Strategy)을 작성한다. 이 국가전략에는 안보전략, 경제전략, 과학기술전략, 문화전략, 교육전략 등이 포함될 수 있다. 그리고 이 국가전략의 하위 개념으로 국가안보전략이 작성된다. 안보에는 다시 국방, 경제안보, 과학기술안보, 사이버안보, 사회안보, 문화안보 등 다양한 하위 부문들이 포함될 수 있다. 정보(intelligence)는 이 안보의 여러 구성요소들 가운데 하나에 해당한다. 따라서 국가정보전략(National Intelligence Strategy)은 국가안보전략(National Security Strategy)의 하위 구성요소로 포함된다. 따라서 국가정보전략은 국가안보전략의 기조와 방향에 맞추어 작성된다. 이 같은 위계적 구조는 미국, 러시아 등 다수의 국가들에서 공통적으로 관찰된다. 예를 들면, 미국의 경우 대통령 및 백악관에서 국가안보전략(National Security Strategy)이 작성되고 이에 따라 하위 수준에 해당하는 DNI(Directorate of National Intelligence)에서 국가정보전략(National Intelligence Strategy)이 작성된다. 이 보다 더 하위 수준에서는 국가정보전략의 하위 부문으로 국가방첩전략(National Counterintelligence Strategy)과 같은 하위 전략이 작성된다. 방첩(Counterintelligence)은 정보(Intelligence)의 하위 영역으로 정보(Intelligence)와 비밀공작(Covert Operations)과 함께 주요한 국가정보기관의 기능 또는 역할에 해당한다. 참고로 미국의 경우 DNI의 하위 소속 기관인 NCSC(National Counterintelligence and Security Center)에서 국가방첩전략을 작성하는 것으로 알려져 있다. 이 같은 위계적 구조는 러시아도 같다. 러시아의 경우에도 가장 최상위 수준에서 러시아 국가안보전략이 작성되고 그 하위 부문으로 러시아 연방 정보안보독트린이 작성된다.

정보에 대한 이해

III 정보에 대한 이해[16]

이 장에서는 정보활동과 정보시스템에 대해 본격적으로 다루기에 앞서 정보(intelligence)에 대한 기본적, 일반적인 이해를 제공한다. 따라서 이 장은 이후에 다루게 될 각론의 서론 또는 총론에 해당하는 것으로 볼 수 있다. 이 장에서 다루는 내용들을 이해하는 것만으로도 정보(intelligence)가 무엇인지에 대한 기본적인 지식을 습득할 수 있을 것으로 판단된다. 자세한 내용은 다음과 같다.

1 정보의 개념

정보는 그 개념정의를 명확히 할 필요가 있다. 그렇지 않으면 혼돈의 바다에 빠진다. 이는 한국어의 부정확함 또는 비엄격성과도 관련이 있다. 예를 들면 정보통신의 정보와 국가정보원의 정보는 같은 개념인가? 정보혁명 또는 정보전쟁의 정보는 정보활동 또는 정보기관의 정보라는 단어와는 어떻게 다른가? 이런 개념상의 혼돈들이 명확히 정리되지 않으면 정보가 무엇이고 그것을 어떻게 다루고 사용해야 할

16 이 장의 내용은 "모든전쟁: 인지전, 정보전, 사이버전, 그리고 미래전쟁에 대한 전략이야기"의 "Ⅳ장 정보에 관하여" 내용을 발췌, 편집하였음.

지를 명확히 알기 어렵다. 따라서 먼저 정보에 대한 본격적인 논의들을 전개하기에 앞서 여러 가지 의미로 사용되는 "정보"라는 개념을 구분하고 명확히 할 필요가 있다. 이를 위해 이 장에서는 영어단어를 직접 사용할 것이며, 이는 한국어 단어의 애매모호함 때문이다.[17]

정보는 크게 인포메이션(information)과 인텔리전스(intelligence)로 나뉜다. 이는 서로 다른 개념이다. 인포메이션은 인텔리전스의 전 단계에 해당한다. 인포메이션을 분석-평가를 통해 가공한 결과물이 인텔리전스이다.[18] 하지만 최근 들어 이와 같은 고전적 구분을 보다 더 정교화시킬 필요성이 생겨났다. 이는 온라인 공간과 여러 다른 정보매체의 발전으로 정보량이 폭발적으로 증가하면서 나타난 현상이다. 이를 인터넷 이전과 이후의 시기로 나눌 수 있다. 인터넷 이전시기에는 인포메이션 자체가 매우 희소했음으로 이를 획득하는 것 자체가 중요했다. 따라서 어렵게 획득한 인포메이션이 낮은 수준의 분석-평가를 통해 인텔리전스로 변환되었다. 이 과정에서 보통 인포메이션의 수집과정은 첩보로 정의되었다. 이 시대에는 상대적으로 수집한 정보의 분석-평가보다는 첩보가 중요했다. 이른바 기밀자료의 확보가 인텔리전스의 주요한 부분을 차지했다. 하지만 인터넷 이후 시대에 들어오면서 정보량이 폭발적으로 증가했다. 이 때문에 첩보의 비중이 상대적으로 줄어들었다. 반면 이 시대에는 어떻게 이 어마어마한 양의 공개, 비공개 정보를 처리(분석-평가)할 것인가가 더 중요한 문제가 되었다. 이 때문에 OSINT(공개출처정보활동), 머신러닝(Machine Learning), 빅데이터, 인공지능(Artificial Intelligence) 등이 주목 받고 있다.[19]

이와 같은 변화는 인포메이션 영역의 세분화와 질적 변화를 가져왔다. 이전에는 인포메이션으로 통칭해서 다루어지든 것이 보다 더 단계별로 세분화되었다.[20] 이

---

17 윤민우 · 김은영, 『모든전쟁: 인지전, 정보전, 사이버전, 그리고 미래전쟁에 대한 전략이야기』, (서울, 박영사, 2023), 55.

18 문정인, "국가정보의 기본개념," 문정인 편저, 『국가정보론』, (서울: 박영사, 2002), pp. 23-54.

19 윤민우 · 김은영, 『모든전쟁: 인지전, 정보전, 사이버전, 그리고 미래전쟁에 대한 전략이야기』, 55-56.

20 김상배, 국가정보활동의 미래: 진단과 제언, 국가 정보활동의 과거 현재 미래, 국가정보원

들을 각각의 수준별로 살펴보면 다음과 같다. 먼저 실재 또는 사실이 있다. 보통 진실이라고도 불린다.[21] 우리는 대체로 이 실재를 알 수 없다. 우리가 실재를 안다고 생각하는 것은 우리 뇌의 착각(오인식)일 수 있다. 실재를 찾으려고 애쓰더라도 우리는 진정한 실재에 결코 도달할 수 없다. 단지 그것이 진실이라고 증거와 추론을 통해 판단할 뿐이다. 우리가 실재라고 생각하는 것은 하나의 데이터(data)에 불과하다.

예를 들면 과거 2002년 미국과 영국 등 다국적군이 이라크를 침공한 적이 있다. 당시 이라크 침공의 구실은 사담 후세인 정권이 대량살상무기를 보유하고 있다는 것이었다. 해당 주장의 사실여부 즉 실재는 알 수 없다. 우리는 이 에피소드를 여러 첩보 보고나 미디어 보도내용 등으로 안다. 하지만 이 같은 첩보나 보도내용은 실재가 아니라 하나의 데이터이다. 실재일 수도 그렇지 않을 수도 있다. 우리가 판단의 근거로 삼을 수 있는 것은 아무리 신뢰할 수 있고 신빙성이 높다고 할지라도 실재 시실은 아니며 데이터에 불과하다. 데이터는 타당성의 문제를 확인해야하고 검증되고 분석되어야 하는 재료에 불과하다.

우리를 둘러싼 주변 환경에 존재하는 데이터를 우리의 인지체계(국가의 경우 정보기관)가 감지하게 되면 데이터는 인포메이션으로 전환된다. 이때 데이터가 선택적으로 수집되고 분류되는데 이를 1차 가공과정이라고 부를 수 있다. 이 인포메이션은 좁은 의미의 인포메이션이다.[22]

인포메이션은 다시 편집과 통합을 거쳐 지식(knowledge)이 된다. 좁은 의미의 인포메이션이 지식으로 변환되는 과정을 2차 가공이라고 부를 수 있다. 인포메이션은 잘못된 정보, 가짜정보, 기만정보, 허위정보, 사실정보, 가치있는 정보, 관련없는 정보 등 여러 질적 수준과 유형으로 이루어져 있다. 이와 같은 다양한 수준과 유형의 인포메이션들을 걸러내고 선별하고, 통합하고 배제하는 과정을 거쳐 지식이 생산된다. 최근 들어 이 데이터-인포메이션-지식의 과정이 무인체계에 의해 대체되고 있다. 데이터에서 인포메이션으로 변환되는 1차 가공과정에 주로 OSINT

창설 60주년 기념 학술회의, 정보세계학회·한국국가정보학회 2021년 하계학술회의 발표자료.

21 Ibid.

22 Ibid.

와 빅데이터 등과 관련된 웹사이트 크롤링, 다크웹 또는 딥웹 검색, 소셜 네트워크 검색 등의 기법들이 사용될 수 있다. 인포메이션에서 지식으로 변환되는 2차 가공 과정에 빅데이터 분석과 인공지능 알고리듬을 이용한 머신러닝과 딥러닝 등의 기술이 적용될 수 있다.[23]

지식의 다음 단계는 지혜(wisdom)이다. 지식은 쌓이고, 서로 화학적으로 결합되고, 응축되는 과정을 거쳐 지혜가 된다. 지혜는 인공지능 분석이 끝나는 지점에서 시작되는 인간의 영역이다. 인공지능이 더 발전되면 이 영역도 아마도 인공지능으로 대체될 수 있을지 모른다. 하지만 아직까지 이 단계는 숙련된 전문성과 경험을 필요로 하는 인간의 영역이다. 지혜는 지식이 화학적으로 변환된 결과물이다. 지혜는 제한된 인포메이션과 지식을 토대로 전체 현상을 파악하고 미래의 상황을 예측하여, 적절한 대응방안을 도출하도록 도움을 준다.[24] 예를 들면, 2020년 3-5월 경 코로나 문제가 국내에서 본격화 되었을 때, 전국 교도소나 구치소, 그리고 외국인 집단 거주지나 활동지 등이 선제적으로 전수 조사되고 방역대응조치가 이루어졌어야 했다. 하지만 당시 5월경에 글쓴이가 일부 교정 및 출입국 관계자들을 통해 확인한 바로는 질병관리본부(지금은 질병관리청)로부터 이에 대한 아무런 지시가 없었으며, 교정 및 출입국 당국에서는 현황을 파악하지 못하고 있었다. 이런 것들에 대한 선제적 예상과 판단은 데이터나 인포메이션의 취합과 분석 또는 관련 지식의 획득만으로는 이루어지지 않는다. 이는 코비드-19의 특성, 감염병의 척도없는 네트워크 형태의 확산경로, 교정기관과 출입국관리본부의 업무행태, 사람들의 동선, 외국인들이나 재소자들의 심리와 행태 등에 대한 여러 관련된 그렇지만 이질적인 복합 지식들의 통합적 이해를 바탕으로 추론하고 판단하는 영역이다. 이를 위해서는 지혜를 필요로 한다.[25]

넓은 의미의 인포메이션은 이와 같은 데이터, (좁은 의미의) 인포메이션, 지식,

---

23 Ibid.

24 Ibid.

25 윤민우 · 김은영, 『모든전쟁: 인지전, 정보전, 사이버전, 그리고 미래전쟁에 대한 전략이야기』, 57-58.

그리고 지혜의 전 과정을 모두 포함하는 개념이다. 좁은 의미의 인포메이션과 구분하기 위해 넓은 의미의 인포메이션을 메타인포메이션(meta-information)이라고 부르기도 한다. 어떤 사람들은 이 메타인포메이션을 메타지식(meta-knowledge)으로 정의하기도 한다.[26]

메타인포메이션은 인텔리전스로 변환된다. 메타인포메이션에 정보분석과 평가, 판단, 그리고 전략적 의도나 목적(strategic intention or purpose)이 더해지면 인텔리전스가 된다. 전략적 의도나 목적은 사람 또는 사람들의 집단이 전쟁 또는 경쟁상황에서 적 또는 경쟁자들에게 승리하기 위한 목표와 관련이 있다. 때문에 메타인포메이션을 이러한 의도와 목적에 맞게 다시 재가공하고 분석하고 평가·판단하면 이는 인텔리전스가 된다. 미래에 기술이 발전하더라도 인텔리전스는 인공지능으로 대체될 수 없다. 이는 인간의 영역이다. 만약 이마저도 슈퍼컴퓨터나 로봇이 대체하게 된다면 인류는 이미 멸망하고 없을 것이다. 아마도 예측할 수 있는 다소 먼 미래까지는 이런 시대가 오지 않을 것으로 전망된다. 적어도 그때까지는 인간은 인공지능과 경쟁하지도 않고 경쟁할 필요도 없다. 인텔리전스는 인간 행위자의 의도와 목적을 기반으로 메타인포메이션을 활용하는 N차 가공과정의 결과물이다. 우리는 이를 정보(intelligence) 생산물이라고 부른다. 정보 생산물을 이해나는 데 있어 이를 생산한 인간 행위자의 의도와 목적을 떼어놓고 그 내용에 대해서만 관심을 집중하는 것은 의미가 없다. 정보 생산물은 이를 생산한 인간행위자의 전략적 의도와 목표를 반영하고 있기 때문이다.[27]

인텔리전스는 상대적 개념이다. 생산자의 관점에서 인텔리전스는 그 본질적 속성을 가진다. 하지만 다른 행위자(적을 포함한)의 입장에서 해당 인텔리전스는 데이터(이용 가능한 여러 데이터들 가운데 하나)가 된다. 이 때문에 인텔리전스는 생산과 동시에 다시 데이터로 전환되는 환류의 과정을 거치며, 관찰자의 입장에 따라 인텔리전스 또는 데이터가 되는 상대적 속성을 띤다.[28]

---

26 Ibid.

27 윤민우·김은영, 『모든전쟁: 인지전, 정보전, 사이버전, 그리고 미래전쟁에 대한 전략이야기』, 58.

28 Ibid, 59.

2 정보의 두 가지 속성: 비밀과 공개

정보(인텔리전스)는 두 가지 속성을 동시에 가진다. 이 둘 중 어떤 속성을 활용할 것인지 여부에 따라 비공개와 공개에 관한 판단이 이루어져야 한다. 정보를 언제나 비밀로 다루고 외부로 공개하지 말아야 하는 것은 아니다. 정보의 비밀과 공개 여부는 해당 정보를 어떤 목적으로 활용할 것인가에 따라 유연하게 결정되어야 한다.[29]

작전(operation) 또는 정책(policy)을 위한 재료나 기초로 활용되는 정보들 또는 국가의 핵심적인 국방전략 및 무기, 과학기술, 정보통신, 경제산업과 관련된 정보 들에 대해서는 비밀이 유지되어야 한다. 이 같은 정보가 알려지면 작전 또는 정책 수행에 큰 지장을 초래하거나 국가의 안보와 경제적 번영에 심각한 위해를 초래하기 때문이다. 이와 같은 비밀성의 속성을 가지는 정보는 수집되고 분석되어 정보생산물이 된다. 정보생산물은 대통령 등의 최고정책결정권자의 판단과 결심을 위한 자료가 된다. 이와 같은 판단과 결심은 전략계획 또는 정책지시 등으로 구체화되어 실제행동으로 나타나게 된다. 정보생산물이 적에 의해 파악되거나 외부에 공개되게 되면 적대적 의도를 가진 상대방이 우리 쪽의 전략계획 또는 정책지시, 그리고 그에 따른 실제행동을 미리 예측할 수 있게 된다. 이는 적에게는 상당한 전략적 이익을 제공하는 반면 우리 쪽에는 상당한 전략적 불이익을 가져다준다. 또는 우리 측 핵심 정보들을 파악하게 되면 이는 적에게 결정적인 군사적, 경제적 이점을 가져다준다. 따라서 정보생산물의 비밀성은 전략계획 또는 정책지시의 성공적 수행을 위해, 그리고 국가안보와 경제적 번영을 위해 매우 중요한 문제가 된다.[30]

이와 같은 정보의 비밀성은 첩보(intelligence)와 보안·방첩(security and counterintelligence)의 필요와 관련된다. 적의 작전 또는 정책 설계의 토대가 되는 정보 또는 적의 국방과 산업경제, 과학기술, 정보통신 등과 관련된 핵심 정보는 수단과 방법을 가리지 않고 알아내야 한다. 이는 첩보에 해당한다. 이와 같은 행위를 수색-정

---

29 Ibid.

30 Ibid.

찰(search and reconnaissance)로 표현하기도 한다. 이를 위해 적과 친밀하게 교제하고 그들의 생각에 귀 기울이며 그들의 행동을 면밀히 관찰하여야 한다. 적과 더 많은 시간을 보내고 더 친밀해질수록 더 많은 양질의 정보에 접근할 수 있다. 이는 인간정보(HUMINT)에 해당한다. 한편 위성과 정찰기, 수상함 및 잠수함, 전자적 수단, 사이버 해킹 등 여러 기술적 수단을 통해서도 적의 정보를 파악할 수 있다 이는 기술정보(TECHINT)에 해당한다. 반면 적이 우리 측을 상대로 정보를 수집하려는 행위를 차단하고 방어할 필요가 있다. 이는 보안방첩의 영역에 해당한다. 보안방첩에는 인원보안, 시설보안, 문서보안, 기술보안, 사이버보안 등이 있다. 인원보안은 인적자원에 대한 적의 포섭, 회유, 협박 등을 통한 침해위협을 차단하는 것이다. 시설보안은 건물, 오피스 등 공간과 시설 등에 대한 적의 침투위협을 차단하는 것이다. 이를 위해 출입제한구역 또는 접근금지구역 등이 설정될 수 있다. 문서보안은 문서나 자료 등 정보콘텐츠 자체에 대한 보안이다. 기술보안은 두 가지 의미를 담고 있는데 핵심 기술콘텐츠 자체에 대한 보안과 CCTV, 생체인식 등 기술적 수단을 이용한 보안을 모두 의미한다. 마지막으로 사이버보안은 적이 사이버 공간을 통해 우리 측의 정보통신네트워크와 디바이스 등에 대해 가하는 정보탈취위협 등에 대한 차단과 억제, 탐지, 대응과 관련된다. 이밖에도 보안방첩은 각 부문별로 군사보안, 산업보안 등으로 불리기도 한다.[31]

한편 정보가 작전적(전략적/전술적) 공격의 수단으로 활용될 때가 있다. 이때는 공개를 해야 할 때이다. 정보의 공개를 위해서는 분명한 작전적 의도와 목적에 기초해야 하고 공개를 통해 달성하려고 하는 뚜렷한 작전목표가 있어야 한다. 그냥 시간이 지나니까 공개하는 것은 아니다. 미국의 정보기관들이 적극적으로 정보를 공개하는 것은 이러한 활용방식의 사례이다. 온라인에는 공개해도 될까 싶은 고급 정보들이 미국의 정보기관에 의해 공개되어 있다. 이는 정보를 작전 수단으로 활용한 결과이다. 여기에는 거짓정보, 역정보, 저질정보 등도 포함된다. 경우에 따라서는 내게 불리한 정보가 온라인상에 돌아다닐 때 적극적으로 여러 잡다한 정보들을 대량으로 공개하는 경우도 있다. 이는 내게 불리한 치명적 정보를 거대한 정보

31 Ibid, 59-60.

의 쓰레기 더미에 파묻기 위한 것이다. 온라인에서 이 경우는 정보가 너무 많아 검색하기 어려운 상황에 해당한다. 이와 같은 정보의 작전적 공개는 정보가 정보전쟁(information warfare)의 무기이자 수단으로 활용되는 경우이다. 이를 "정보의 무기화(weaponization of information)"라고 부른다.[32]

정보를 무기로 활용할 때는 단어와 문장들로 구성된 언어(말과 글)가 전략적 의도에 따라 효과적으로 구사되어야 한다. 이때 정보는 메시지(message)로 작동한다. 불특정다수를 상대로 메시지가 흩뿌려져서는 의도한 전략적 효과를 거두기 어렵다. 전략적 의도와 설계에 따라 어떤 특정 인간(또는 인간 그룹) 타깃을 대상으로 어떤 메시지가 어떻게 전달되어야 할지가 면밀하게 고려되어야 한다. 이때 메시지를 생산하거나 전달하는 주체는 메신저(messenger)이다. 메신저가 총포에 해당한다면 메신저를 통해 나오는 메시지는 총탄 또는 포탄에 해당한다. 메신저는 저명한 인사, 정치인, 정부고위관계자, 학자, 유명인, 방송이나 미디어 매체, 유튜브, SNS 등에 해당한다. 메시지는 특정한 인간 타깃의 생각과 마음(또는 감성)에 영향을 미쳐 이들의 인식, 판단, 행동을 지속 또는 변화시키려는 의도로 활용된다.[33]

3 정보 사이클과 주요 활동들

정보는 소요제기-수집-분석-생산/배포-피드백의 사이클로 이루어져 있다. 작전계획과 수행을 위해 정보소요자(대통령, 각 부처 장관들, 군 지휘관, 그리도 그들의 스태프 등)가 소요 제기를 하면 여러 이용 가능한 데이터들을 수집하기 시작한다.[34] 수

32 김상배, "정보의 무기와: 정보전 위협의 부상과 정보작전의 대응," 제8차 미래작전환경분석 세미나 발표자료, 2022년 9월 16일. 육군교육사령부.

33 윤민우 · 김은영, 『모든전쟁: 인지전, 정보전, 사이버전, 그리고 미래전쟁에 대한 전략이야기』, 60-61.

34 문정인, "국가정보의 기본개념," 23-54.

집의 방법으로는 여러 사람들로부터 전해 듣는 휴민트(HUMINT), 기술적 수단을 활용한 테킨트(TECHINT), 그리고 온라인 등의 공개정보를 활용한 오신트(OSINT) 등이 있다.[35] 이 수집과정에서 마구잡이로 관련 있어 보이는 데이터들을 무차별적으로 모으는 것보다는 인간의 심리/성격/동기 등에 대한 가정과 전략-전술에 관련된 논리적 추론, 그리고 주요변수들을 토대로 가설을 설계하고 필요한 데이터들을 차별적으로 선별하는 것이 더 비용-효과 대비 우월하다. 특히 당신의 정보팀이 인원과 예산, 가용자산 면에서 제한적이라면 더욱 그렇다. 과학적 연구를 수행하는 것처럼 가설설계-자료수집으로 연역적으로 접근할 필요가 있다. 이를 과학적 정보분석기법이라고 한다.[36]

수집된 데이터는 씻어내고 손질할 필요가 있다. 대체로 이 과정에서 수집된 데이터의 진위여부, 질적 수준 등을 기준으로 데이터가 분류되고 정리된다. 대체로 크로스체크를 하게 되면 수집된 데이터의 타당성과 신뢰성이 파악될 수 있다. 이 때 흔히 거짓정보(false information), 오정보(misinformation), 역정보(disinformation) 등과 같은 불량정보들을 단순히 버리는 실수를 하기가 쉬운데 이는 잘못된 것이다. 이와 같은 불량정보들에는 그 불량정보를 생산하거나 유통시킨 행위자의 의도가 숨어있다. 때문에 불량정보들은 그 의도나 목적을 분석하기 위한 매우 좋은 자료가 된다.[37]

손질된 데이터는 분석과정을 거쳐 정보생산물이 된다. 분석에는 숙련된 전문가가 읽고 평가, 판단하는 것과 통계적 분석, 지리-정보 분석, 사회관계망 분석, 빅데이터 분석 등 여러 기술적 방법 등이 동원될 수 있다. 이때 정보분석을 담당하는 분석전문가가 앞서 언급한 "지혜"의 수준을 갖추고 있을 경우 분석의 질은 매우 높아진다. 정보분석가의 분석의 질이 높을 경우 정보수집과 통합과정에서의 인적, 물적, 기술적 한계를 충분히 보완할 수 있다. 흥미로운 점은 반대로 정보수집과 통합과정

---

35 Ibid.

36 윤민우·김은영, 『모든전쟁: 인지전, 정보전, 사이버전, 그리고 미래전쟁에 대한 전략이야기』, 61.

37 Ibid, 61-62.

에서의 역량의 양적, 질적 우위에도 불구하고 최종 정보분석에 결함이 있을 경우 그 최종 정보생산물의 질이 저하된다는 사실이다. 2003년 미국의 이라크 침공결정의 주요 근거가 되었던 이라크의 대량살상무기 확보여부에 대한 정보실패는 수집과 통합과정의 실패가 아니라 정보분석과 판단과정의 실패였다. 이러한 실패는 미국과 영국의 경우와 같이 막대한 정보자산과 뛰어난 첩보수집과 통합역량에도 불구하고 최종 단계의 정보분석과 판단과정의 문제 때문에 발생할 수 있다. 이는 정보분석과 판단 과정에서 "지혜"의 중요성을 보여주는 좋은 사례이다.[38]

정보분석과 판단과정에서 주요한 오류가 발생한다. 사람들은 같은 정보를 접해도 다른 인식과 판단을 도출한다. 이는 부분적으로 인지편향 때문이다. 이에 대한 자세한 사항은 뒤에서 다룬다.

정보분석이 끝난 정보생산물은 구두보고나 보고서의 형식으로 정보소요자에게 전달된다. 정보소요자는 다시 피드백을 통해 보완이나 추가요구 등을 하게 된다. 이는 다시 소요제기가 된다. 경우에 따라서는 이 정보생산물이 정보전(information warfare)의 무기로 사용될 수도 있다. 이때는 앞서 언급한 대로 정보생산물이 공개되고 메시지의 형태로 프로파간다, 영향력 작전(influence operations), 또는 인지전(cognitive warfare)의 공격-방어의 무기로 활용된다.

정보는 세 가지 주요 활동을 모두 포함한다. 이는 ① 정보활동(intelligence activity), ② 보안·방첩(security and counterintelligence), 그리고 ③ 비밀공작(Covert Operation 또는 CoOps)이다.[39]

"정보활동"은 나를 둘러싼 환경과 상황, 그리고 전쟁이나 경쟁 상대방에 대해 아는 것이다. 정보활동은 정보의 수집과 분석 두 가지 이어지는 과정을 모두 포함한 것이다. 앞서 언급한 인텔리전스 활동이 여기에 해당하며 그 결과는 정보생산물이다. 이 활동은 지휘관이나 최고의사결정자, 또는 그를 보좌하는 스태프들이 판단을 내리고 작전계획 또는 정책을 수립하는 것 등을 돕기 위한 것이다.[40]

---

38 Ibid, 55-56.

39 윤민우·김은영, 『모든전쟁: 인지전, 정보전, 사이버전, 그리고 미래전쟁에 대한 전략이야기』, 62.

40 Ibid.

"보안 · 방첩"은 상대방이 나의 정보를 수집하거나 나를 공격하거나 또는 나를 상대로 정보활동 또는 비밀공작활동을 하는 것을 막는 것이다. 나의 취약성을 보호하고 나에 대한 공격을 디펜스하는 것들이다. 그리고 상대방의 공격으로부터 발생하는 피해를 최소화하는 것도 여기에 해당한다. 대테러(counter-terrorism), 대간첩(counter-espionage), 대공(counter-communism), 보안(security) 등의 개념은 모두 여기에 해당한다. 국군방첩사령부의 "방첩"이라는 의미에는 이와 같은 기관의 핵심 임무와 속성이 담겨있다. 앞서 언급한 대로 영어로 시큐리티(security)라는 단어는 우리말로 안보 또는 보안으로 번역된다. 시큐리티가 안보로 번역될 때에는 위계적 조직구조에서 보다 높은 수준에 해당하며 추상적이고 일반적인 의미로 사용된다. 이 경우에 안보는 공격-방어의 의미를 모두 포함한다. 반면 시큐리티가 보안으로 번역될 때에는 보다 낮은 수준에서 구체적인 활동, 임무, 정책수행의 의미로 사용된다. 이때에는 보안 · 방첩의 성격이 강조되며 주로 적대세력의 공격, 스파이 공작, 위해 등에 대한 방어의 의미로 쓰인다.[41]

마지막으로 "비밀공작"은 여러 가지 은밀한 공작활동들을 의미한다. 여기에는 암살, 사보타지, 내란선동, 민주화시위 조장, 정권전복, 여론동향 파악, 여론조작, 선거개입, 가짜뉴스 공작, 영향력 공작, 주요 인물매수, 해킹, 허위조작정보 공작 등 여러 초법적, 초윤리적 활동들이 포함된다. 이러한 활동은 일반 사람들이 인지하는 세계의 수면아래에서 벌어지고 있다. 마치 존재하지 않는 것처럼 보이지만 실제로 지금 이 시간에도 벌어지고 있으며 당신이 생각하는 것 보다 훨씬 많고 다양하다. 세계 대부분의 국가들과 기관, 단체들이 이러한 활동들을 하고 있다. 2009년 이스라엘 대테러 교육에서 만났던 "람(가명일 것으로 추정된다)"이라는 친구는 이스라엘 보안기관에서 9년 동안 중동과 유럽, 북아프리카에서 이스라엘의 적들을 상대로 이러한 비밀공작을 수행했던 팀의 리더였다. 당시 그는 자신의 경력에서 은퇴하고 미국 예일대학교 국제정치학 박사과정에 진학할 예정이었다.[42]

---

41 Ibid, 62-63.

42 Ibid, 63.

4 정보판단의 유의점

정보판단과정에서 가장 주의해야 할 점은 인지편향이다. 인지편향이 문제가 되는 것은 수집된 정보를 분석-판단하는 과정에 개입하여 분석가 또는 판단자로 하여금 잘못된 정보평가와 판단을 내리도록 이끌기 때문이다. 대체로 정보판단의 실패의 이유가 정보부족인 경우는 약 30퍼센트에 불과한데 비해 이 인지편향 때문인 경우는 70퍼센트에 달한다. 즉 대개 정보가 부족해서 정보판단의 실패가 발생하는 것은 아니라는 말이다.[43] 대표적인 사례는 선조가 1590년에 사신으로 보낸 두 사람(황윤길과 김성일)이 일본의 도요토미 히데요시를 만나고 돌아온 뒤 올린 차별적 정보보고이다. 황윤길은 도요토미 히데요시의 조선침공 개연성이 매우 높다고 보고한 반면 김성일은 매우 낮다고 보고했다. 김성일의 정보보고와 조선 정부의 김성일 의견의 채택은 인지편향이 개입한 정보판단 실패의 사례에 해당한다. 선조는 실패한 정보판단을 받아들였고 그 결과는 우리가 잘 안다. 다른 적절한 사례는 1950년 한국전쟁과 관련이 있다. 당시 중국의 조선족으로 구성된 조선의용군 정예 병력이 북한인민군에 편입된 것을 토대로 채병덕 참모총장에게 북한의 남침 가능성이 보고되었다. 채병덕 총장은 이를 무시했고 이러한 판단실패에 인지편향이 개입되었다. 1997년 한국의 외환위기 역시 대표적인 인지편향이 야기한 정보판단실패 사례에 해당한다. 똑같은 정보보고를 기반으로 다른 판단을 내릴 수 있다. 이는 인지편향이 개입하기 때문이다. 그리고 그 결과는 참혹하다.[44]

인지편향에는 다음의 세 가지 종류가 있다. ① 모든 것이 정상적으로 돌아가고 있다는 정상화 편향, ② 자신의 희망과 관련된 정보를 선별적으로 받아들이는 선택적 지각, ③ 결과가 낙관적일 거라는 희망사고(wishful thinking)로 들여다보는 낙관주의 편향 등이다. 여기에 비슷한 인지편향의 사람들이 함께 모여 그들만이 배타

---

43 김강무, "정보분석과정에 미치는 인지편향의 영향과 구조화분석기법의 적용 범위 연구," 국가정보원 창설 60주년 기념 학술회의, 한국국가정보학회 2021년 하계학술회의 발표자료.

44 Ibid.

적으로 관계를 구축하고 그룹 내에 권위주의적 문화가 지배한다면 집단사고(group thinking)의 문제로 이어진다. 집단사고는 집단 내 사고와 판단이 획일화되고 다른 의견이 배제되는 현상을 의미한다. 미국 케네디 행정부의 쿠바 돼지만(Bay of Pig) 침공실패는 이 집단사고의 폐해를 단적으로 보여주는 대표적인 사례이다.[45] 인지편향과 집단사고는 다시 터널비전(tunnel vision)으로도 이어진다. 이는 마치 터널에 들어온 것처럼 시야가 좁아지고 다른 대안들을 생각지 못하게 되며 특정하고 익숙한 판단과 방안에 강박증처럼 매달리는 현상이다. 이와 같은 인지편향을 예방하기 위한 방편으로 정보의 구조화 분석기법, 악마의 변호인(devil's advocate) 등과 같은 기법들이 제시된다. 사상이나 생각, 규범, 가치 등의 관념적 사고에 대한 지나친 몰입을 피하고 같은 부류의 사람들 또는 같은 종류의 정보들에 집착하는 것을 경계할 필요가 있다. 또한 언제나 내 판단이 틀릴 수도 있다는 비관적 태도를 잃지 말아야 한다.[46]

이 밖에도 대통령과 같은 의사결정권자의 의도에 맞추려는 경향도 정보분석과 판단의 오류를 가져오는 중요한 요인에 해당한다. 의사결정권자의 바램, 기대, 희망에 맞추려는 경향이 작동하여 정보판단의 오류가 나타나는 경우도 자주 나타난다. 이 같은 경향을 경계해야 할 필요가 있다. 대통령과 같은 최고 정책결정권자에게 객관적이고 사실에 입각한 정보분석보고를 제공해야 함에도 불구하고 종종 이 같은 분석보고가 최고정책결정권자의 바램이나 기대와 다른 부정적인 내용일 경우 이를 수정하여 긍정적인 내용으로 보이게끔 하려는 유혹이 발생한다. 이는 최고결정권자의 심기를 건드리지 않으려는 유혹 때문이다. 왜냐하면 정보분석보고를 전달해야 하는 스탭이나 담당자의 경우 최고의사결정권자의 심기를 건드렸을 경우에 따라올 자신에 대한 개인적인 부정적인 결과에 대해 우려하기 때문이다. 이 같은 불행한 상황을 피하기 위해서는 최고의사결정권자의 정보분석보고 라인에 대한 열린 태도와

---

45 Graham Allison and Philip Zelikow, *Essence of Decision: Explaining the Cuban Missle Crisis* (New York: Pearson Education, 1999).

46 Andrew Grenville, "Kahneman, Tversky and the CIA-Grappling with Biases and Heuristics Heuristics,"*maru*, August 18, 2020 https://www.marugroup.net/insights/blog/grappling-with-biases-and』 heuristics

유연하고, 수용성 있는 커뮤니케이션 채널의 유지, 그리고 정보의 흐름이 빠르고, 막힘없이, 정확하게 전달될 수 있도록 하는 분위기 조성 등이 중요하다.[47]

정보판단에서 중요한 것은 조기경보(early warning)이다. 조기경보는 미래에 발생할 위험을 미리 예상하고 미리 준비하는 것이다. 예를 들면 전쟁을 치르는 지휘통제사령부의 경우 전쟁의 전 기간에 걸쳐 적의 대응방안, 적의 공격 방향과 전략, 돌발변수들, 변화되는 전선 지형과 상황들, 그리고 주요 쟁점이슈들에 대한 선제적 정보예측 즉 조기경보가 이루어져야 한다. 이는 평시의 국가안보활동의 경우에도 마찬가지이다. 국가는 앞으로 5년, 10년, 20-30년, 50년간의 미래 안보환경과 돌발요인들, 주요 적대세력의 동향과 국가전략 등을 종합적으로 판단하여 미래예측정보를 도출할 수 있어야 한다. 미국은 대표적으로 국가정보예측(National Intelligence Estimates) 보고서를 산출하여 미래 5년, 10-20년, 또는 50년 뒤까지의 국가안보환경과 전략에 관한 조기경보를 실시해오고 있다.[48]

미국정부의 조기경보의 사례들 가운데 하나로 2022년 2월 7일 출간되고 같은 해 3월 8일 ODNI(Office of Directorate of National Intelligence) 홈페이지에 게시된 "2022년 미 정보공동체 연례위협평가(2022 Annual Threat Assessment of the U.S. Intelligence Community)"를 들 수 있다.[49] 이 보고서는 다음 한 해 동안 미국의 가장 직접적이고 심각한 위협들에 대해 평가하고 있다. 해당 보고서에서 제시된 위협들은 다음과 같다.

❶ 중국(CHINA): 보고서는 중국의 동아시아 태평양 지역에서의 초강대국 전략을 위한 국가주도 정치 · 경제 · 외교활동; 미국과의 경쟁에서 이기고 전 세계에 대한 중국의 영향력을 강화시키려는 경제, 군사, 외교적 목적과 활동; 지

---

47 윤민우 · 김은영, 『모든전쟁: 인지전, 정보전, 사이버전, 그리고 미래전쟁에 대한 전략이야기』, 64.

48 석재왕, "국가정보원법 개정 이후 국정원의 발전 방향, 국가정보원 창설 60주년기념 학술회의," 한국국가정보학회 2021년 하계학술회의 발표자료.

49 이 보고서의 앞선 보고서는 2021년에 출간된 2021 Annual Threat Assessment of the U.S. Intelligence Community가 있다. DNI와 NSA가 생산해낸 보고서에 대한 대중의 공개가 2021년부터 이루어진 것으로 추정된다.

역과 미국을 위협하는 중국의 군사 능력 확장; 중국의 지속적 WMD 확대; 우주개발능력 확장; 사이버 스파이 능력; 그리고 중국의 허위정보 유포, 여론조작, 중국을 비난하는 정치인들과 중국에 대한 비난 여론 등을 압박과 위협을 통해 덮어버리려는 등의 악성 영향력을 중국과 관련된 위협들로 제시하였다.[50]

❷ 러시아(RUSSIA): 보고서는 미국에 가장 위협적이고 도전이 되는 국가로 러시아를 지목하였다. 보고서는 러시아의 주변지역과 전 세계에 대한 패권추구 목적과 활동; 러시아의 군사 · 안보 · 스파이 활동 수단의 지속적 사용과 이를 통한 미국과 동맹국에 대한 압력과 자국의 이익추구 및 관철; 러시아의 군사능력; WMD(Weapons of Mass Destruction); 사이버 스파이, 영향력 그리고 공격 위협; 미국 국내에 대한 위협적인 악성 영향력; 정보기관, 프록시, 그리고 사회여론에 대한 영향력 수단들을 활용한 서구 동맹국들에 대한 악성 영향력의 강화; 우주경쟁 능력을 러시아와 관련된 위협들로 지목하였다.[51]

❸ 이란(IRAN): 보고서는 이란이 미국의 중동에 대한 영향력을 쇠퇴시키고 글로벌 무슬림을 수호하는 범이슬람파워(pan-Islamic power)를 이란 중심으로 통합시키려는 장기적 비전으로 나아가고 있다는 점; 중동지역에서 미국을 직접 또는 프록시를 통해 공격하는 점; 이란의 하이브리드 전쟁능력이 가져오는 중동지역에서의 미국의 이익에 대한 위협; 핵무기 개발 능력증대; 미국 네트워크에 대한 사이버 공격 및 악의적 영향력의 위협 등을 이란과 관련된 위협들로 예측하였다.[52]

❹ 북한(NORTH KOREA): 보고서는 미국과 미국 동맹국들에 대한 북한 김정은의 핵무기 개발과 ICMB, IRBM, SLBM 등의 무기개발 및 시험으로 인한 핵위협; 군사력 향상을 위한 지속적인 무기개발; WMD; 그리고 북한의 사이

---

50 ODNI. 2022. 6-9.

51 Ibid, 10-13.

52 Ibid, 14-15.

버 스파이, 사이버 범죄 및 사이버 공격 능력에 대한 위협을 지목하였다.[53]

❺ 보건안보 위협(HEALTH SECURITY): 보고서는 새로운 감염병들의 확산 우려; 오랜 동안 지속된 코비드-19 팬데믹의 영향으로 인한 경제적 어려움(특히 저소득국가의 경제 문제로 인한 사회·정치적 불안정과 그 관련 안보이슈); 미국 보건시스템의 부담 등의 위협; 팬데믹 대응을 위한 글로벌 대응의 부족; 코비드-19 바이러스 기원에 대한 의구심들과 생물학 안보; 생물학적 무기의 개발과 연계된 선택지에 대해 일부 미국의 적성 국가들이 어떤 계획을 가질 것인가에 대한 우려; 그리고 비정상적인 보건사태 등을 위협으로 지목하였다.[54]

❻ 기후변화와 환경파괴(CLIMATE CHANGE & ENVIRONMENTAL DEGRADATION): 보고서는 기후변화가 지속적인 물리적 충격과 지정학적 경쟁을 가중시킬 것이므로 이와 관련된 문제가 미국 국가안보와 국가이익을 악화시키는 위협이 될 것으로 예측하였다.[55]

❼ 기타 초국가 이슈들(ADDITIONAL TRANSNATIONAL ISSUES) 위협: 보고서는 미국에 대한 직접적이고 긴급한 초국가이슈들로 앞서 제시한 기후변화, 환경파괴, 팬데믹 이슈들을 제외한 사항들로부터 발생하는 위협들을 다음과 같이 예측하였다. 첫째, 신기술의 혁신적 사용(INNOVATIVE USE OF NEW TECHNOLOGY)위협이다. AI, 로보틱스, 자율주행, 스마트 기술, 바이오 기술 등의 신흥기술(emerging technology)의 상업적, 군사적 경계가 허물어지면서 이러 한 신흥기술을 사용하는 국가행위자와 비국가행위자들이 과거 미국의 전형적 군사적 수단이었던 근거리 통신에 대한 보안, 항공과 우주에 대한 장악력, 그리고 군사력의 투사 등에 대한 직접적 위협이 되었다고 평가하였다. 둘째. 초국가 조직범죄의 위협(TRANSNATIONAL ORGANIZED CRIME: TCOs)이다. 인신매매, 불법마약류 반입, 사이버 범죄(랜섬웨어 공격

---

53 Ibid, 16-17.

54 Ibid, 18-19.

55 Ibid, 21.

등), 그리고 경제범죄와 돈세탁 등의 위협을 평가하였다. 셋째, 이민(MIGRATION) 위협이다. 세계의 경제적 빈곤, 내전, 전쟁과 테러로 인한 자국 안전 문제, 미국에서의 경제적 기회 등으로 인하여 멕시코와 미국 국경 등을 통한 불법적 입국과 이민을 통한 연계 위협에 대해 제시하였다. 넷째, 글로벌 테러리즘(GLOBAL TERRORISM)의 위협이다. 보고서는 다양한 이념적 배경과 개인적 동기에 고취된 개인들과 소규모의 셀들로 인한 테러위협이 미국인들과 미국 영토와 해외의 미국의 이익에 대한 지속적인 위협으로 남아있다고 평가하였다. 구체적으로는 ISIS, 알카에다, 헤즈볼라, 그리고 인종 또는 민족적으로 동기화된 폭력적 극단주의자들의 위협이 제시되었다.[56]

⑧ 갈등과 불안정성(CONFLICT & INSTABILITY): 보고서는 남아시아 지역의 아프가니스탄, 인도-파키스탄, 인도-중국, 근동 또는 중동지역, 동아시아의 버마, 서반구지역의 남아메리카와 캐리비안 지역, 그리고 아프리카의 사하라이남 지역을 들어 이들 지역에서의 테러리즘, 폭력과 내란으로 인한 정권과 정치적 · 경제적 불안정, 코비드-19로 인해 가중된 사회경제적 위험상황 등이 미국의 이익과 안보에 위협이 되는 부분들을 지적하였다.[57]

이와 같은 미래안보위협 예측보고서는 미국 정보공동체의 전 기관들로부터 제공되는 정보들을 통합하여 최상위 안보정책결정회의체인 NSC에 제출되는 보고서가 작성되는 시점의 다음 해를 기준으로 미국의 미래 국가안보위협을 평가한다. 해당 보고서는 또한 그와 같은 포괄적인 안보위협요인들이 어떤 관점에서 미국의 이익과 미국인들에 대한 위협이 되는 지 여부와 관련된 통합적이고 직관적인 정보를 제공하고 있다. 이와 같은 미래안보예측정보보고서는 조기경보에 해당한다.

하지만 한국의 경우 이러한 조기경보와 관련된 미래안보환경 예측정보판단이 취약하다. 이와 같은 조기경보를 위해서는 관련 전문가들의 집단-지성적 지혜와 전략판단이 필요한데 한국은 이러한 시스템이 제대로 구축되어 있지 않다. 미중패권

56 Ibid, 22-27.

57 Ibid, 28-30.

전쟁이라고 수많은 사람들이 언급하지만 이 패권전쟁의 현황과 실체, 장기 전망에 관한 종합적(comprehensive), 체계적(systematic) 조기경보가 이루어진 적은 없다. 대부분의 전문가들이 미-중 패권경쟁에서 국가의 실익, 균형점 등을 찾아야 한다고 주장하지만 그와 같은 실익과 적절한 균형점이 무엇인지 명확히 평가하고 제시하고 있는 경우는 거의 없다. 그리고 미래안보환경에서 이와 같은 국가의 이익과 미-중 사이의 균형점이 어떻게 형성될 것인지를 구체적으로 예측하고, 평가하고, 지목한 사례도 드물다.[58] 이는 한국이 여전히 상대적으로 취약한 국가인 이유이다. 약소국이어서 조기경보가 없는 것이 아니라 조기경보가 없어서 여전히 그저 그런 나라에 머물고 있는 것인지도 모른다.

지난 2020년 12월에 있었던 국가정보원법 개정은 매우 우려스럽다. 이는 이와 같은 법 개정을 시도한 주체들의 국가안보와 국가정보에 대한 낮은 인식수준을 그대로 보여주었다. 국가비전, 안보환경, 전략목표, 그리고 정보활동에 대한 면밀한 평가와 분석 없이 성급히 국가정보원법 개정이 튀어나왔다. 그리고 이를 토대로 국가정보의 핵심기관인 국가정보원의 발전방향과 과제가 모색되었다. 꼬리가 몸통을 흔드는 것이고 인과관계의 앞뒤가 바뀐 것이다. 논리상으로는 국가안보환경과 국가비전 및 전략목표가 먼저 설정되고, 그에 따라 국가안보전략이 마련되어야 한다. 이어 이를 토대로 국가정보전략이 작성되어야 하고, 이러한 정보전략의 차원에서 국가정보원의 발전전략과 임무가 식별되어야 한다. 그리고 이 같은 맥락에 따라 국가정보원 발전을 위한 여러 방안들 가운데 하나로 국가정보원법 개정이 고려되어야 한다. 예를 들면, 한국을 둘러싼 안보위협평가에는 중국, 북한 등의 적대적 국가로부터 오는 전통위협과 테러, 국제범죄, 사이버 공격, 감염병, 빈곤, 재난, 식량, 환경, 에너지 등의 비국가 행위자 또는 비인격적 요인으로부터 오는 비전통적 위협이 포함되어 종합적으로 고려되었어야 한다. 이에 대한 종합평가를 근거로 한국의 국가안보에 가장 중요한 주적 또는 주위협의 우선순위 리스트가 작성되어야 했다. 그리고 이를 바탕으로 국가안보전략목표가 정해져야 했고 이에 따라 하위수준에서 정보전략목표가 작성되었어야 한다. 그리고 그에 따라 국가정보원 발전전략이 도출되

58 석재왕, 국가정보원법 개정 이후 국정원의 발전 방향.

어야 하며, 다시 그 아래 수준에서 국가정보원 발전전략의 여러 옵션들 가운데 하나로 국가정보원법 개정이 추진되었어야 한다. 우리의 경우는 그 순서가 완전히 뒤집혔다. 이런 식으로 사업을 하면 그 기업은 오래 지속되기 어렵다. 특정 정보기관이 정보와 보안방첩, 수사 임무를 모두 수행할 것인가 아니면 정보임무만을 수행할 것인가, 국내와 해외 정보를 모두 다룰 것인가, 아니면 해외정보업무만을 다룰 것인가와 같은 논의는 문제의 본질이 아닌 지엽적인 각론들이다. 정보기관의 국내정치 개입 및 인권침해 위험성을 근원적으로 차단하려면 정보기관을 없애면 된다. 하지만 이는 국가안보의 중대한 공백이라는 의도치 않은 결과를 초래한다. 따라서 국가정보기관이 초래할 수 있는 국내정치개입과 인권침해 위험과 같은 부정적 폐해의 위험성을 어느 정도 감내하면서도(물론 이를 통제하기 위한 방안에 대한 고민은 필요하다) 국가정보기관을 설치하고 해당 기관에 효과적인 정보활동수행을 위한 책임과 권한을 부여한다. 이는 국가안보위협에 적절히 대응하기 위해서는 권한과 역량을 갖춘 국가정보기관이 필요하기 때문이다.[59]

결국 국가정보기관에게 일정정도의 정보활동수행을 위한 책임과 권한을 주면서도 국가기관의 활동이 초래할 수 있는 부정적 폐해를 견제하기 위한 적절한 균형점이 찾아져야 한다. 이와 같은 균형점은 한국이라는 국가가 마주하고 있는 안보환경과 직접적인 관련이 있다. 국가정보기관은 오늘날 한국과 한국민에 가해지는 안보위협에 적절히 대응할 수 있을 정도의 충분한 책임과 권한, 역량이 주어져야 한다. 그러면서도 정보기관에게 주어진 권한과 역량으로 인해 자유민주주의와 인권에 대한 과도한 침해가 일어나지 않도록 적절한 견제방안이 마련되어야 한다. 하지만 불행히도 2020년의 국가정보원법 개정은 그 적절한 균형점에 해당한다고 보기 어렵다. 이는 해당 법 개정이 국가안보위협에 효과적으로 대응할 수 있도록 국가정보기관에 충분한 권한과 역량을 부여하지는 않은 채 과도한 견제만을 초래했기 때문이다.[60]

---

59 윤민우 · 김은영, 『모든전쟁: 인지전, 정보전, 사이버전, 그리고 미래전쟁에 대한 전략이야기』, 68-69.

60 Ibid, 69.

국가정보의 기본개념

Ⅳ 국가정보의 기본개념

이 장에서는 국가정보활동의 분석적, 기능적, 조직상의 특징들을 세부적으로 다루기 이전에 국가정보의 기본개념을 전반적으로 살펴본다. 국가정보와 관련된 여러 개념들과 유형별 구분 등을 먼저 살펴봄으로서 이후에 다루게 될 세부내용들에 대한 이해를 도울 수 있다. 이는 국가정보와 관련된 여러 개념들과 내용들이 일반인들에게는 상대적으로 생소하기 때문이다.

1 정보(Intelligence)

정보(인텔리전스)란 비밀을 그 속성으로 하는 것으로 국가안보와 관련하여 그 소요가 제기되고 수집, 분석을 통해 국가안보 정책에 유용하게 반영될 수 있는 하나의 투입변수이다. 저욥활동은 단순히 정보의 산출에 그치지 않고, 생산된 정보를 방첩(counterintelligence)활동을 통해 보호하는 동시에 합법적 기관에 의해 요청된 공작활동의 수행까지를 포함한다. 첩보의 수집, 분석, 배표의 과정과 그 결과물, 이와 관련된 일련의 방첩 및 공작활동, 그리고 이러한 업무와 관련되어 있는 조직(예를 들면 미국의 CIA나 한국의 국가정보원)을 통칭하는 것이다. 정보는 자료(또는 데이터, data)와 첩보(information)를 재료로 하여 이들을 가공하여 생산한 결과물이다. 이 가공

과정을 분석(analysis)이라고 한다. 정보는 따라서 분석, 여과된 체계화된 지식으로 정책에 직접적으로 유용한 자산을 의미한다.[61]

첩보(information)는 정보기관이 의도를 가지고 무제한적으로 깔려 있는 생자료(raw data)들로부터 추려내는 것이 첩보이다. 때문에 생정보(raw information)라고도 불린다. 통상적으로 인포메이션(information)은 한국말로 정보로 번역되어 사용된다. 하지만 정보활동과 관련해서는 인포메이션을 첩보로 번역하여 사용하기도 한다. 이는 정보(information)와 정보(intelligence)라는 용어의 혼란을 피하기 위한 것으로 보인다. 첩보는 가공, 즉 분석되기 이전 단계의 상태를 말한다. 이 첩보가 수집되고 가공-분석된 결과물이 정보(intelligence)가 된다. 한편 자료(data) 또는 생자료(raw data)는 첩보의 이전 단계이다. 자료를 정보기관이 수집(collect)한 결과물이자 가공-분석되기 전단계를 첩보로 정의할 수 있다.[62]

첩보는 다음의 세 가지 유형으로 구분된다. 첫째는 정태적 첩보이다. 이는 거의 변화가 없는 수집대상이다. 특정 국가의 인구수, 지하자원 등과 같은 것들이 이에 해당한다고 볼 수 있다. 정태적 첩보는 대부분의 경우 공개자료를 통해 직접 획득한다. 둘째는 동태적 첩보이다. 이는 겉으로 나타난 일련의 행위를 결정짓는 심층적인 의도, 동기, 그리고 계획 등을 의미한다. 푸틴의 우크라이나 군사침공 의도나 계획, 시진핑의 대만에 대한 군사적으로 침공 의도나 계획, 김정은의 핵미사일 도발이 의도와 계획 등이 이러한 동태적 첩보에 해당한다. 마지막으로 셋째는 기술첩보이다. 이는 무기체계, 반도체기술, 로봇기술 등과 같은 첨단 국방과학기술 또는 경제산업과학기술에 관한 첩보 등이다. 기술첩보는 정태적이면서 동시에 동태적인 측면을 지닌다.[63]

국가정보(national intelligence)란 한국의 국정원과 같은 국가정보기관이 수집, 분석, 생산, 배포하는 전략정보(strategic intelligence)를 의미한다. 국가정보기관은 부문별 정보기관(departmental intelligence organization)과 다르다. 국가정보기관

61 문정인, "국가정보의 기본개념," 25.

62 Ibid, 25-26.

63 Ibid, 25-26.

은 대통령과 같은 국가 최고통수권자의 직접 지휘통제를 받으며 그 최고통수권자에게 직접 보고하는 기관이다. 따라서 국가안보 전반에 대한 정보를 다룬다. 국가정보기관은 독립적으로 부문별 정보기관들을 조정하는 동시에 국가안보에 필요한 전략정보를 다루는 기관이다.

부문별 정보기관의 대표적인 사례는 국방부 소속의 방첩사령부(DCC: Defense Counterintelligence Command)와 국방정보본부(DIA: Defense Intelligence Agency)이다. 이들 부문별 정보기관은 소속 부처 장관의 지휘통제를 받으며 그 소속부처 수장에게 직접 보고하는 기관이다. 소속 부처의 관할 사항에 관련된 정보 전반을 다룬다. 그럼에도 불구하고 현실적으로 국방정보본부와 방첩사령부와 같은 국가의 핵심 부문별 정보기관들은 대통령에 직접 보고할 수 있는 커뮤니케이션과 지휘통제라인(chain of command)이 구축되어 있는 경우가 많다.

전략정보는 전술(tactical) 또는 작전(operational) 정보와 다르다. 당연하게도 전략정보는 전략수준에서 다루는 정보를 의미하며, 전술 또는 작전정보는 각각 전술과 작전 수준에서 다루는 정보를 의미한다. 전략과 전술, 그리고 작전의 개념의 상대적 차이를 살펴보면 다음과 같다.

전략은 다른 관련 개념들인 전술(tactics)과 작전술(operational arts, 또는 작전 operation), 그리고 비전(vision) 등과 위계적으로 연계되어 있다. 하지만 그와 같은 관련 개념들과는 분명히 차별된다. 통상적으로 전략이라는 개념은 넓은 의미와 좁은 의미 두 가지 차원에서 사용된다. 넓은 의미의 전략은 전략과 전술, 작전술과 비전을 모두 포괄하는 의미로 사용된다. 이 경우에는 의지의 관철, 목적 실현, 또는 승리를 위해 주어진 환경에서 주어진 자원과 병력, 수단을 활용하는 모든 활용술(art) 또는 방법을 통칭한다. 한편 보다 좁은 그리고 엄밀한 의미에서의 전략은 비전과 작전술, 전술 등과 위계적으로 연계되어 있다. 비전은 가장 상위에 있는 개념이다. 비전은 가장 추상적이고 시간적으로 장기적이며, 공간적으로 넓고, 궁극적인 목표에 해당한다. 비전에서부터 상대적으로 보다 구체적이고 시간적으로 단기적이며, 공간적으로 협소하고, 궁극적인 목표에 도달하는 단계적 목표에 해당하는 순서로 전략과 작전술, 그리고 전술이 위치한다. 전술은 따라서 가장 구체적이고 시간적으로 단기적이며, 공간적으로 협소하고, 가장 세부적인 단계적 목표달성 방법에 해당한다. 전술이 모여 작전술을 이루고 작전술이 모여 전략이 되며 전략이 모여 궁극적인 비전의 달성으로 이어진다. 따라서 비전과 전략, 작전술과 전술은 궁극적인 비전을 기점으로 서로 연계되어야 하며 일관되게 통합되어야 한다. 전략은 따라서 비전을 실현하기 위한 (작전술과 전술에 비해 상대적으로) 보다 추상적이고 시간적으로 장기적이며, 공간적으로 넓은 범위의 목표달성과 관련된 활용술 또는 방법에 해당한다고 볼 수 있다.[64]

전략과 다른 개념들과의 관계는 상대적이다. 예를 들면 전략은 활용주체와 목표, 그리고 적용범위 등에 따라 작전술이 될 수도 있고 반대로 작전술이 전략이 될 수도 있다. 한반도 전쟁전략은 한국의 입장에서는 전략수준에 해당할 수 있지만 미국의 입장에서는 인도-태평양 전구에서의 전쟁전략 수행을 위한 한 부분으로서의 작전술 수준에 해당한다. 따라서 비전-전략-작전술-전술 등의 각 수준별로 서로 다른 개념들을 상대적으로 이해할 필요가 있다. 한국에게 북한의 비핵화(또는 한반도 비핵화)는 한반도에서의 평화실현을 위한 궁극적인 전략목표에 해당하겠지만 미국이나 중국, 러시아 등의 입장에서는 북한의 비핵화는 자신들의 글로벌 패권경쟁을 위한 하위영역의 동아시아-서태평양 지역군사 수준의 한 부분에 해당한다. 따라서 이들 글로벌 패권 게임 참여자들에게 북한 비핵화는 더 핵심적인 보다 상위의 인도-태평양 전구(theater) 또는 글로벌 군사전략 차원에서의 경쟁세력과의 군사력 균형유지를 위한 하나의 작전술 수준의 의제에 불과하다. 즉 이들에게 북한 비핵화는 보다 상위의 자신들의 전략 목표실현을 위한 필요조건이지 충분조건은 아니다.[65]

전략과 관련 개념들의 개별적 정의를 이해하는 것 보다 더 중요한 점은 전략과 관련 개념들의 상대적인 관계를 이해하고 이를 수준별로 유기적으로 연계시키고 통합시키는 것이다. 정보활동은 따라서 전략정보-작전정보-전술정보가 각각 유기적으로 연계되고 통합되어야 한다. 비전은 궁극적 목표이자 실현하고자 하는 의지이며, 전략은 이를 달성하기 위한 방법이다. 그리고 전략은 다시 필요에 따라 하위 단

64 노양규, 『작전술』, (충남: 충남대학교 출판문화원, 2016), 21-42.

65 Ibid, 43-74.

위의 전략으로 세분화될 수 있다. 즉, 한 국가의 물리적(physical), 정신적(spiritual) 주권의 확보와 번영이 해당 국가의 궁극적인 목표이자 비전이라면 이를 실현하기 위한 전략은 국가전략(또는 국가안보전략)이 된다. 그리고 이 국가전략은 다시 전쟁전략, 외교전략, 경제전략, 정보전략, 교육전략, 과학기술전략, 문화전략 등으로 세분된다. 전쟁전략은 다시 각 전장권역별로 아시아-태평양 전략, 유럽전략, 북극권 전략 등으로 나눠진다. 작전술은 이렇게 세분화된 전략의 하위단위가 된다. 작전술은 구체적으로 한반도, 동해, 오호츠크해, 타이완 해협 등에서 실제 병력과 무기 등을 활용해서 어떤 시나리오의 전쟁을 수행할 것인지에 대한 방안, 계획, 활용술로 구현된다. 한반도 국지전의 경우에는 서부전선, 중부전선, 동부전선에서의 전쟁수행 계획과 방법, 후방에서의 대분란전(counter-insurgency) 및 민사작전의 수행 계획과 방안 등이 이 작전술에 해당한다. 전술은 다시 이 보다 하위 개념의 구체적인 작전지역(예를 들면, 고지나 야외, 또는 메가시티 도심 등)에서의 병력과 무기운용과 관련된다. 여기서 중요한 점은 전술 운용과 목표는 작전술 운용과 목표와 위계적으로 통합되어야 하고 다시 작전술의 그것들은 전략의 그것들과, 그리고 다시 전략의 운용과 목표는 궁극적으로 비전과 연계되고 위계적으로 통합되어야 한다는 것이다. 따라서 추상-구체, 장기-단기, 넓은 범위-좁은 범위의 수직적 스펙트럼을 따라 비전-전략-작전술-전술이 매우 정교하고 치밀하게 연계되고 통합되도록 설계될 필요가 있다. 각각의 수준에서의 정보는 이 같은 수준별 또는 층위별 유기적 통합을 이루어야 한다.[66]

66 신범식·윤민우·김규철·서동주, 『러시아의 사이버 안보』, (서울: 사회평론아카데미, 2021), pp. 64-87.

2 국가정보의 유형과 범주

국가정보의 유형은 크게 분석적 유형과 기능적 유형, 그리고 수집방법에 의한 유형으로 나뉜다. 이를 각각 살펴보면 다음과 같다.

1) 분석적 유형

국가정보의 분석적 유형은 다음과 같다. 먼저, 기본정보는 과거의 사실이나 이벤트들에 대한 첩보를 수집, 분석해 놓은 것이다. 이는 일반적으로 참고용으로 활용된다. 둘째, 현용정보이다. 이는 국가이익과 관련한 중요한 국내상황들을 우선순위별로 정리해 놓은 일일 정보이다. 셋째는 전략경보정보이다. 이는 현용정보 가운데 일부에 해당한다. 기본적으로 현용정보에 해당하지만 사안의 중요성 때문에 별도로 다루어진다. 예를 들면, 적의 공세적 이상 징후를 즉각적으로 주요 정책 결정자들에게 전달하여 신속한 대응이 이루어질 수 있도록 하는 정보이다. 넷째, 예측정보는 현 상황에 대한 분석뿐만 아니라 미래상황에 대한 예측, 판단까지 포함하는 가장 정선된 정보이다. 대표적인 사례로는 미국의 국가정보예측(NIE: National Intelligence Estimates)이 있다. 미래에 대한 예측을 담고 있음으로 정보의 성격상 신뢰도가 다른 분석적 유형의 정보에 비해 아주 낮다.[67]

2) 기능적 유형

국가정보의 기능적 유형에 따른 분류는 다음과 같다. 첫째, 정치정보가 있다. 이는 상대국의 정치지도자, 정치지형, 여론 등에 대한 정보이다. 정치정보의 핵심은 상대국의 국가 최고통치권자, 주요 고위관료, 유력 정치인, 오피니언 리더 등과 같은 인물에 대한 인물정보에 있다. 둘째는 군사정보이다. 상대국의 군사력과 지휘, 통제, 통신, 정보, 정찰, 감시 등에 대한 정보를 그 내용으로 한다. 전장인식

67 문정인, "국가정보의 기본개념," 28-31.

(battlefield awareness)과 같은 것도 주요한 군사정보에 들어간다. 전장인식은 적의 위치, 움직임, 행동 등을 파악하고 분석하여 상황을 인식하는 것을 의미한다. 이는 첩보, 감시, 레이더, 위성 등 다양한 정보수집수단을 활용하여 이루어진다. 최신 기술의 발전으로 전장인식은 실시간으로 이루어지며, 이는 전투상황에서 전략수립과 의사결정에 큰 영향을 미친다. 셋째는 경제정보이다. 이는 국가의 국제경쟁력 강화, 국내외 경제추세의 중, 장기 예측, 국제경제체제의 불안정성 예측, 전략자원의 추세 및 안정공급, 첨단과학기술의 확보 및 방어, 기타 대형사업의 수주정보 등을 포함한다. 넷째는 사이버정보이다. 이는 온라인 공간에서 취득할 수 있는 여러 데이터와 정보 등을 포함한다. 사이버 해킹 등의 방식으로 사이버 공간에서 정보를 수집할 수 있다. 흔히 이를 기술정찰이라고도 부른다. 한편 온라인에서의 정보의 수집은 인터넷 상에 있는 공개출처정보(OSINT: Open Source Intelligence)를 활용하여 수집할 수도 있다. 이는 인간 행위자의 인터넷 검색을 통해 수행할수도 있으나 최근 들어 인터넷상의 방대한 자료와 정보를 보다 효과적-효율적으로 수집하기 위해 크롤링과 빅데이터 분석과 같은 기술적 방식을 활용하기도 한다. 마지막으로 기타 기능별 정보가 있다. 이 경우에 수집의 우선순위는 정보소비자, 특히 국가 최고통수권자의 선호성에 의해 크게 좌우된다. 이는 당시 사회분위기와도 밀접한 관계를 맺는다. 예를 들면, 1980년대 미국이 심각한 마약문제에 직면했을 때, 국제적 마약 밀거래에 관한 정보가, 2001년 9.11테러 이후 한동안은 국제테러리즘에 관한 정보가 주요한 수집의 우선순위였다. 2020년 이후 코비드-19 사태에 직면해서는 이와 관련된 백심과 보건정보가 주요한 정보수집의 우선순위였다. 최근 들어 미국 및 한국의 경우 북한의 핵미사일위협으로 인해 대량살상무기 및 미사일기술 확산, 통제문제가 주요한 정보의 우선 수집사안이 되고 있다.[68]

3) 수집방법에 의한 유형

국가정보는 수집방법에 따라 다음과 같이 분류할 수 있다. 첫째는 인간정보 이

---

68 Ibid, 31-38.

다. 이는 휴민트(HUMINT: human intelligence)라고 불린다. 사람을 통해 관찰하고나 인터뷰, 또는 여러 사실이나 루머, 돌아다니는 이야기들을 듣는 방식을 통해 정보를 수집한다. 주요한 자료를 사람을 통해 합법적 또는 초법적 방식을 입수하는 것도 휴민트에 들어간다.[69]

사람을 통한 수집방식이 아닌 다른 모든 기술적 수단에 의한 수집방식은 모두 기술정보에 들어간다. 기술정보는 테킨트(TECHINT: technical intelligence)라고 불린다. 이 기술정보는 구체적인 수집기술에 따라 다음과 같은 세부유형으로 나뉜다. 우선 영상정보(IMINT: imagery intelligence)는 영상 및 사진정보를 수집하고 분석하는 활동을 나타낸다. IMINT는 고해상도 위성사진, 항공기반 카메라 이미지, 드론 영상 등 다양한 소스에서 얻은 시각적 정보를 기반으로 한다. 이 정보는 지형, 건물, 군사 시설, 군사 활동, 인프라 구조 등을 분석하여 군사 정보 및 지적 정보를 도출하는데 사용한다. 신호정보(SIGINT: signal intelligence)는 통신 수단을 통해 전송되는 신호를 수집하고 분석하는 정보 수집 분야를 나타낸다. 이러한 신호에는 라디오, 무선 통신, 전자 통신 등이 포함된다. 적의 통신 체계 및 통신패턴, 암호화 기술, 통신 네트워크 등을 이해하고 모니터링하는 것과 관련된 활동이다. 통신정보(COMINT: communication intelligence)는 전자적인 수단을 통해 수집된 통신 정보를 의미한다. 주로 전자 통신, 무선 통신, 전파 등을 통해 이루어지는 통신활동에서 발생하는 정보를 수집하고 분석하는 데 사용된다. 전자정보(ELINT: electronic intelligence)는 전자적인 수단을 사용하여 적의 전자적인 활동 및 시스템에 관련된 정보를 수집하는 것을 나타낸다. 전자기파, 전자 신호, 전자 장비의 활동 등을 감지하고 분석함으로써 적의 레이더 시스템, 통신 시스템, 전자 전술 시스템 등에 대한 정보를 얻는다. 원격측정정보(telemetry intelligence)는 주로 무선 통신 및 원격 측정과 관련된 정보 수집 분야를 나타낸다. 텔레메트리는 원격에서 데이터를 수집하고 측정하는 기술로, 주로 센서 및 측정 장치를 사용하여 데이터를 수집하고 전송하는 것을 포함한다. 텔레메트리 정보는 이러한 데이터 전송 및 수집 활동에 대한 정보를 수집하고 분석하는 것을 의미한다. 이는 항공기, 위성, 우주선, 자동차, 공장 및 기타 시스템

69 Ibid, 39.

에서 센서 및 측정 장치를 통해 생성된 데이터에 대한 정보를 다룬다. 군사 및 과학 연구에서 텔레메트리 정보는 비행체의 성능 분석, 무인 기체의 움직임 및 상태 모니터링, 우주 탐사 임무의 성공적인 진행을 지원하는 데 사용될 수 있다. 측정기술정보(MASINT: measurement and signature intelligence)는 군사 및 정보 수집 분야에서 사용되는 정보 수집 분야 중 하나로, 다양한 물리적인 특성 및 측정값에 기초하여 정보를 수집하고 분석한다. MASINT는 전통적인 IMINT(Imagery Intelligence) 및 SIGINT(Signals Intelligence)와는 다르게, 대상의 특성이나 활동에서 발생하는 다양한 물리적인 특성에 중점을 둔다. 이는 대상의 전자파 특성, 기술적인 특성, 기후 조건에 따른 영향 등을 다루며, 주로 측정 장치 및 센서를 사용하여 데이터를 수집한다. MASINT는 군사적인 지능 수집뿐만 아니라 환경 모니터링, 핵심 시설 분석, 대상의 기술적 능력 파악 등 다양한 분야에서 활용될 수 있다. 이는 대기 조건, 지표 조건, 전자파 특성, 화학적 특성 등을 통해 정보를 도출하고 이를 분석하여 특정 대상에 대한 통찰력을 제공한다.[70]

마지막으로 공개출처정보(open-source intelligence)가 있다. 이는 인터넷 자료, 미디어 보도, 논문, 서적 등 공공에 공개된 자료를 토대로 정보를 수집하고 분석하는 일련의 활동을 의미한다. OSINT가 엄밀한 의미에서 정보기관이 수행하는 정보활동에 들어가는가는 논란의 여지가 있다. 이는 정보기관은 공공이 쉽게 접근하지 못하는 비밀정보의 수집을 주 임무로 하기 때문이다. 따라서 OSINT는 정보기관 이외의 다른 행정기관이나 연구기관에서 수행하여야 한다는 주장도 있다. 하지만 사이버 공간의 확장과 정보통신 혁명, 그리고 미디어 및 출판물의 폭발적인 증가로 인해 최근 들어서는 너무 많은 정보의 양이 문제가 되고 있다. 즉, 공개출처정보의 양이 폭발적으로 증가하여 한 개인이 일상에서 효과적으로 처리할 수 없는 상황이 도래했다. 동시에 공개출처정보의 질 역시 놀랄 만큼 좋아짐으로서 이러한 공개출처정보의 활용가치 역시 중요해졌다. 이러한 상황 때문에 오늘날은 양질의 정보를 어떻게 확보할 것인가의 문제보다 너무 많은 양의 정보를 어떻게 활용할 것인가가 주요한 문제가 되고 있다. OSINT는 이러한 문제인식에 대한 대응이

---

70 문정인, "국가정보의 기본개념," 39-40.

다. 이런 경향으로 인해 최근에는 점차 해외의 정보기관이나 국가안보관련 기관에서도 이 OSINT에 주목하고 있다. 특히 방대한 양의 단편적인 정보를 최대한 많이 수집하여 그 속에서 숨겨진 의미를 찾아야 하는 초국가범죄, 테러, 해외 영향력 공작, 산업경제정보 관련 정보활동에서 이 OSINT는 매우 중요한 역할을 수행할 수 있다. OSINT 활동에서 가장 핵심적인 사안은 대용량 데이터베이스 구축이다. 공개출처정보의 양과 질이 모두 놀랄 만큼 증가했다고 하더라도 한 개인이 하루에 처리할 수 있는 정보의 양은 매우 제한적이다. 이는 한 개인이 하루에 그날 보도되는 모든 기사들조차 다 읽을 수 없다는 간단한 이유로도 입증가능하다. 결국 엄청난 양의 정보들이 대량으로 생산되지만 거의 대부분은 처리되지 않은 채로 인터넷이나 출판물의 더미 속에 파묻혀 버린다. 이러한 정보의 쓰레기 더미 속에서 우리는 바늘하나의 크기에 불과한 필요한 정보들을 찾기 위해 엄청난 시간과 노력을 소비해야 한다. OSINT 데이터베이스는 대량으로 생산되는 정보들을 분류하고 체계적으로 관리함으로서 필요한 경우에 적절히 사용할 수 있게끔 하는 시스템을 구축하는 활동이다.[71]

3 정보활동(intelligence activities) 이외의 정보기관의 활동들

국가정보기관이 수행하는 주요한 업무 가운데 정보활동이외의 활동들이 있다. 여기에는 방첩(counterintelligence)과 비밀공작(covert operations)이 있다. 이를 차례대로 살펴보면 다음과 같다.

방첩은 좁은 의미로서는 국가정보자산보호를 의미하며, 넓은 개념으로서는 체

71 윤민우, "비정통적 안보위협의 도전과 국가정보활동의 새로운 패러다임의 모색," 한국치안행정논집 11권 2호: 30-31.

제수호로서의 보안기능을 의미한다. 이는 방어적 국가정보활동에 해당한다. 방첩활동은 크게 세 가지를 포함한다. 이는 먼저, 적대국 정보기관을 대상으로 침투, 와해공작을 사전에 파악하는 수집공작, 다음으로 적대국 정보기관의 공작원이 자국의 정보기관에 침투하는 것을 방지하고, 침투 시 색출해내는 활동, 그리고 마지막으로 공세적 방첩활동이 있다. 공세적 방첩활동은 역용공작을 의미하는데 예를 들면, 상대방이 침투시킨 공작원을 이중첩자(double agent)로 활용하여 적대국 정보기관을 혼란시키거나 의도적으로 위장첩보(false information) 또는 역정보(disinformation)를 흘리는 공작활동과 같은 것이 있다.

비밀공작은 일련의 비밀행동을 통하여 국가목적을 달성하는 것이다. 국가정보기관은 필요에 따라 이 같은 윤리적, 법적으로 의문의 여지가 있는 활동을 국가안보수호를 위해 실행할 때도 있다. 일반적으로 외교를 통해 얻어낼 수는 없고, 그렇다고 전쟁을 통해 얻어내기에는 위험도가 높은 그런 현안문제에 활용된다. 대표적으로는 오사마 빈라덴의 암살과 이란 나탄즈 핵시설에 대한 공격용 사이버 무기인 스턱스넷을 활용한 사이버 공격 등이 이에 해당한다. 한 국가가 원하는 바를 비밀스런 방법으로 성취하는 것을 비밀공작이라고 정의할 수 있으며, 국가정보기관이나 군의 특수임무부대 또는 첩보부대, 또는 국가의 다른 행정부처 등이 이 같은 임무를 수행한다. 경우에 따라서는 민간인이나 민간기관이 동원될 경우도 있다.

4 국가정보의 구성요소와 정보주기

국가정보의 생산은 일련의 정보주기의 결과이다. 이는 소요제기에서 수집, 분석, 생산, 배포, 환류로 이어지는 일련의 사이클이다. 이 같은 정보주기는 동태적이다.[72]

72 문정인, "국가정보의 기본개념," 41.

그림 Ⅳ-1 국가정보의 구성요소와 정보주기[73]

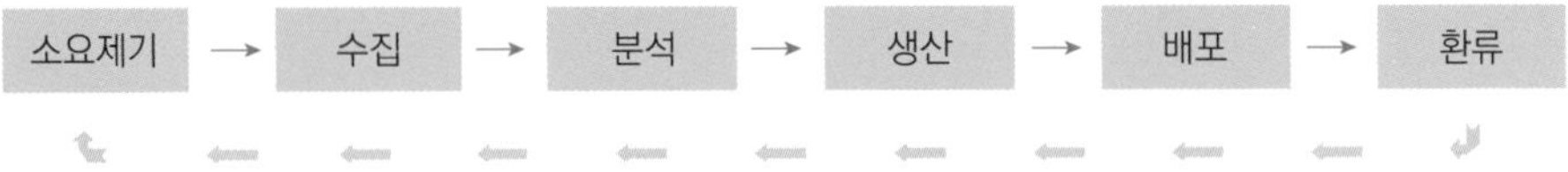

소요제기	→	수집	→	분석	→	생산	→	배포	→	환류

이 같은 각각의 단계를 구체적으로 설명하면 다음과 같다. 먼저 소요제기 단계에서는 정보소비자의 첩보요청이 이루어진다. 정보소비자에는 대통령과 같은 국가최고지도자, 국가안전보장회의, 국가안보실, 안보보좌관, 외교안보수석, 그리고 기타 국가안보정책의 수집, 집행에 관여하는 부서들이 포함된다. 이 가운데 가장 중요한 정보소비자는 당연히 대통령과 같은 국가최고지도자이다. 한편 정보공동체 내부의 교차정보요청이 있을 수 있다. 예를 들면, 국정원이 국방부의 정보본부에 또는 국방부나 외교부 등에서 국정원에 교차정보요청이 있을 수 있다. 이 밖에도 국가정보기관은 자발적으로 필요에 따라 대국민을 대상으로 직접적인 정보제공의 "소요제기"가 있을 수 있다. 이는 국가정보기관의 스스로의 판단에 따른다. 정보소비자의 정보요청에는 ① 국가안보정책의 큰 흐름에 맞추어 필요정보를 요청하는 것, ② 위급상황 시 그에 따른 정보요청을 하는 것, ③ 이미 보고나 배포된 정보에 대한 추가정보요청 등이 포함된다.[74]

다음은 수집 단계이다. 수집의 우선순위는 국가이익의 우선순위와 대체로 일치한다. 국가는 국가정보목표 우선순위(PNIO: Priorities of National Intelligence Objective)라는 것을 설정한다. PNIO는 첩보의 우선순위를 결정할 뿐만 아니라 정보기관의 업적을 평가하는 심사분석에 있어서도 중요한 기준역할을 한다. 일단 수집의 우선순위가 결정되면 수집대상을 식별하고 수집전략을 모색한다. 수집대상은 통상 정보요청의 성격에 따라 결정된다. 수집과정에서 수집방법들 사이의 시너지 효과가 중요하다. 예를 들면 휴민트와 테킨트, 그리고 오신트 간의 중복성(redundancy)과 교차성, 통합성이 함께 시너지 효과를 낼 수 있도록 수집이 진행되어야 한다.[75]

---

73 글쓴이 작성.

74 문정인, "국가정보의 기본개념," 41-42.

75 Ibid, 44-45.

분석은 수집의 다음 단계에 해당한다. 분석은 수집된 첩보를 정제하고 그 속에서 의미를 찾아내는 작업이다. 분석과정은 다음과 같다. 우선 수집된 첩보 및 자료를 처리한다. 이때 첩보의 신뢰성(reliability)과 타당성(validity)을 위해 지역 및 기능 전문가가 필요하다. 다음으로 처리된 첩보를 읽거나, 판독하거나, 분석, 평가함으로서 정책에 활용될 정보를 도출해낸다. 이 같이 도출된 정보는 일반적으로 정보보고서의 형태로 생산된다. 예를 들면 미 CIA의 정보보고서(Intelligence Report)나 커런트 리포트 브리프(Current Support Brief) 등이 이 같은 정보생산물에 해당한다.[76]

그림 Ⅳ-2 CIA의 정보생산물 사례[77]

Approved For Release 2000/06/07 : CIA-RDP79T01003A001500130003-8

CONFIDENTIAL

Current Support Brief

WESTERN-BUILT PLANTS IN RUMANIA
TO BOOST EUROPEAN SATELLITE OUTPUT OF TIRES

CIA/RR CB 63-13

4 February 1963

CENTRAL INTELLIGENCE AGENCY
Office of Research and Reports

CONFIDENTIAL

GROUP 1
Excluded from automatic downgrading and declassification

Approved For Release 2000/06/07 : CIA-RDP79T01003A001500130003-8

분석에는 적시성(timeliness), 간결성(digestibility), 명료성(clarity) 등이 있어야 한다. 이 같은 요건들을 갖춘 분석을 높은 품질의 분석이라 할 수 있다. 명료성의 저

76 Ibid, 45-46.

77 https://upload.wikimedia.org/wikipedia/commons/b/b1/CIA_Western-built_plants_in_Romania.pdf

변에는 객관성(objectivity)이 깔려 있어야 한다. 그러나 정확성(accuracy)은 정보 분석의 주요 기준이 되지는 않는다. 이는 정보 분석은 늘 틀릴 수 있는 개연성을 갖고 있기 때문이다. 이를 정보실패(즉 정보분석의 실패)라도 부른다.[78]

분석된 정보는 정보 생산물(intelligence products)로 생산되고 배포된다. 정보 생산물은 구두보고, 서면보고, 화상보고, 사이버보고 등의 형태로 정보 소비자에게 배포된다. 생산된 정보의 배포는 신속해야 하며, 가급적 보안성이 유지되도록 각별히 주의할 필요가 있다. 또한 배포 후 지속적인 정보지원이 있어야 하며, 생산된 정보의 선별적 개방화 역시 필요하다. 일반적으로 생산된 정보는 일정한 조건이나 기간이 지난 후에 "기밀해제"의 형태로 해당 정보를 공개하거나 알리게 된다. 예를 들면, 미국의 CIA의 경우 승인을 거쳐 공공에게 기밀 보고서가 공개된다. 이때 주요한 기밀사항들은 지워지거나 공백으로 처리되고 내용들이 공개된다. 아래의 그림은 "기밀해제"된 CIA의 일급비밀(Top Secret) 정보보고서이다.[79]

그림 Ⅳ-3 기밀해제된 CIA의 Top Secret 사례[80]

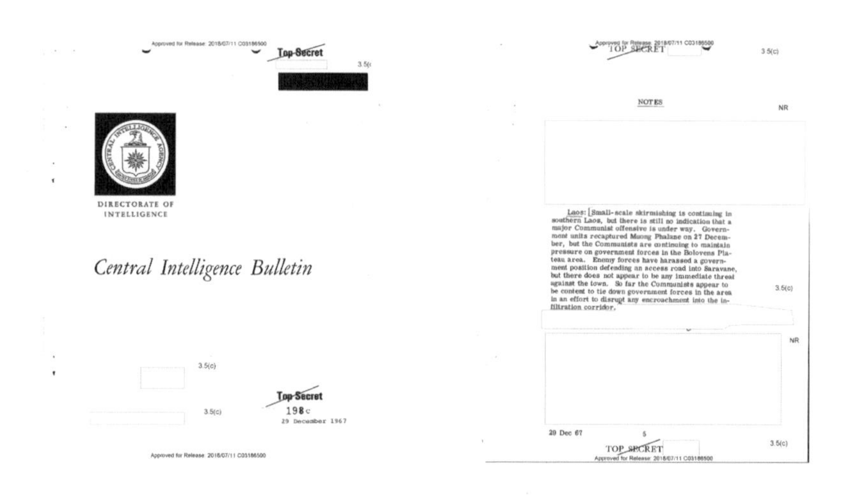

Approved for Release: 2018/07/11 C03186500

Top Secret 3.5(c)

DIRECTORATE OF INTELLIGENCE

Central Intelligence Bulletin

3.5(c)

3.5(c)

Top Secret
198c
29 December 1967

Approved for Release: 2018/07/11 C03186500

Approved for Release: 2018/07/11 C03186500

TOP SECRET 3.5(c)

NOTES

NR

Laos: Small-scale skirmishing is continuing in southern Laos, but there is still no indication that a major Communist offensive is under way. Government units recaptured Muong Phalane on 27 December, but the Communists are continuing to maintain pressure on government forces in the Bolovens Plateau area. Enemy forces have harassed a government position defending an access road into Saravane, but there does not appear to be any immediate threat against the town. So far the Communists appear to be content to tie down government forces in the area in an effort to disrupt any encroachment into the infiltration corridor.

3.5(c)

NR

29 Dec 67 5 3.5(c)

TOP SECRET

Approved for Release: 2018/07/11 C03186500

---

78 문정인, "국가정보의 기본개념," 46.

79 Ibid, 46-49.

80 https://www.intelligence.gov/assets/documents/tet-documents/cia/CENTRAL%20INTELLIGENCE%20BULL_15472930_.pdf

5 국가정보 조직

국가정보의 핵심은 조직(organization)에 있다. 일반적으로 국가정보기관은 나라마다 통합형 또는 분리형 둘 중 하나를 택한다. 통합형과 분리형의 구분기준은 해외정보와 국내 보안방첩을 하나의 기관으로 통합하느냐 아니면 분리하느냐이다. 미국, 영국, 러시아 등의 경우 분리형을 따른다. 미국은 해외정보는 CIA가 국내보안방첩은 FBI가 담당한다. 영국의 경우에는 해외정보는 MI6가 국내보안방첩은 MI5가 맡는다. 러시아의 경우 해외정보는 SVR이 국내보안방첩은 FSB가 책임을 진다. 한국의 경우는 통합형이다. 국가정보원이 해외정보와 국내보안방첩 모두 함께 담당한다.[81]

최근 들어서는 한 국가의 여러 정보기관들을 하나로 묶는 정보공동체(IC: Intelligence community)의 개념이 보편화되고 있다. 그리고 이 같은 정보공동체의 여러 구성멤버기관들을 통합하고 시너지 효과를 낼 수 있도록 하기 위해 정보공동체 전체의 컨트롤타워를 구축하고 있다. 미국은 이러한 체계를 갖추고 있는 대표적인 사례이다. 미국은 CIA와 FBI, NSA 등을 포함한 18개 정보기관들로 정보공동체를 이루고 있으며 이를 이끄는 컨트롤타워로 ODNI(Office of the Director of National Intelligence)를 두고 있다. 이는 정보기관들의 집중과 분산의 대립적 관계를 극복하고, 정보공동체의 시너지 효과를 만들 수 있도록 조율(coordination)할 필요성에 따른 것이다. 미 ODNI의 모토(motto)는 이를 잘 표현하고 있다. 그것은 "우리는 더 강하고 더 안전한 국가를 위해 우리의 정보 공동체를 통합한다(We Unify Our Intelligence Community Toward A Stronger, Safer Nation)"이다.[82]

국가정보 조직의 구성과 운용과 관련해서 까다로운 문제는 "누가 감시견을 감시할 것인가?"의 문제이다. 국가정보기관은 자유민주주의 국가에서는 민주적으로 통제할 필요가 있다. 하지만 동시에 국가안보를 위해서는 국가정보기관과 그 활동

---

81 문정인, "국가정보의 기본개념," 50.

82 https://www.dni.gov/

의 비밀을 보호할 필요가 있다. 따라서 자유민주주의 국가에서는 국가정보기관에 대한 국민의 지지와 신뢰가 매우 중요하다. 국가정보기관에 대한 민주적 통제의 수준은 국가안보상의 필요성이라는 맞부딪히는 기준과의 균형점에서 찾아져야 한다. 이를 위해서는 그 국가가 현재 부딪히고 있는 국가안보상의 위협의 수준과 강도, 그리고 국가정보기관의 민주적 통제의 필요성 사이의 적정 균형점에 대한 끊임없는 모색과 재조정이 필요하다. 중요한 것은 이 균형점은 시간과 상황에 무관하게 불변 고정되어 있는 것이 아니라는 점이다. 오히려 그 균형점은 그 국가가 직면하는 국가안보상의 위협수준과 상황적 필요성 등에 따라 끊임없이 움직이는 가변적인 성격을 갖는다. 따라서 국가정보기관은 정통성(legitimacy), 합헌성(constitutionality), 신뢰성(credibility), 국민으로부터의 존경(respect) 등을 끊임없이 구해야 하고 끊임없이 변화하는 국가안보위협 상황에 유연하게 반응해야 한다.[83]

83 문정인, "국가정보의 기본개념," 52-53.

정보활동

V 정보활동

정보활동(intelligence activity)은 국가정보기관의 가장 본질적인 업무 또는 기능에 해당한다. 정보활동은 수집(collection)과 관련된 첩보활동과 첩보를 통해 수집한 것들을 정보분석(intelligence analysis)하는 활동으로 구분될 수 있다. 이를 각각 살펴보면 다음과 같다.

1 첩보수집

1) 개념과 발전

첩보(information)란 처리되지 않은 자료(unprocessed material)를 의미한다. 정보순환과정 중 처리과정과 생산과정은 거의 동시에 이루어지고 있어 이들 두 과정을 별도로 분리하지 않고 일반적으로 평가, 분석이 이루어진 자료를 정보라고 하고 평가, 분석 단계를 거치지 않은 자료는 첩보라고 정의한다.[84] 첩보는 영어로 인포메이션(information)으로도 표현되지만 에스피오나지(espinoage)로 표현되기도 한

---

84 염돈재, "첩보수집론," 문정인 편저 『국가정보론』, (서울: 박영사, 2002), 82.

다. 보편적으로 간첩행위 또는 스파이 활동 등과 같은 개념들도 사용되는데 이 같은 개념들 역시 첩보에 해당한다. 첩보는 수색정찰(Search and Reconnaissance)과도 유사한 의미로 사용된다. 수색 또는 정찰 또는 수색정찰이라는 용어를 정보기관이나 정보기관의 부서 또는 부대 명칭에 쓰는 경우도 있다. 경우에 따라서는 수색정찰과 첩보를 동의어로 쓰는 경우도 있다. 수색정찰의 개념 역시 평가, 분석 단계를 거치지 않은, 수집에 방점을 둔 정보활동을 의미한다.

하지만 엄밀한 의미에서 첩보와 수색정찰은 서로 다른 개념 및 활동을 나타낸다. 첩보는 조직, 국가, 또는 단체가 다른 조직, 국가, 또는 단체의 비밀 정보를 획득하기 위해 일부 개인을 숨겨서 파견하는 행위이다. 주로 국가의 안보, 국제 정치, 군사 정보 등을 수집하여 자국의 이익을 추구하는 데 사용된다. 수색정찰은 적의 위치, 상황, 활동 등을 파악하기 위해 직접 탐색하고 조사하는 행위를 의미한다. 일반적으로 전투 상황에서 적의 위치, 강약, 행동 계획 등을 알아내기 위해 사용된다. 첩보와 수색정찰은 둘 다 정보 수집에 중점을 두지만, 첩보는 주로 비밀 정보를 획득하는 것에 중점을 두며, 수색정찰은 적의 위치와 상황을 파악하여 전투 결정에 활용하는 데 중점을 둔다. 또한, 첩보는 보통 숨겨진 방법으로 이루어지고, 정보를 획득하는 과정에서 적발되지 않도록 높은 비밀성을 요구한다. 수색정찰은 전방에서 직접 적에게 접근하여 정보를 수집하기 때문에 상대적으로 공개적인 활동일 수 있다.

하지만 이 같은 엄밀한 개념 구분에도 불구하고 실제 정보수집활동의 현장에서는 첩보와 수색정찰은 거의 동의어처럼 쓰이기도 한다. 예를 들면 정보기관의 하위 부서 중에 “기술정찰국”이라는 부서명이 있는데 이는 해킹 등 사이버 수단을 통해 적 또는 상대국의 기밀정보를 수집하는 임무를 담당하는 곳이다. 기술정찰은 사이버 해킹을 간접적으로 의미하며, 첩보의 개념으로 사용되고 있는 것처럼 보인다. 이 같은 실제 개념의 활용사례들을 볼 때 엄밀한 개념 구분보다는 분석, 평가 되지 않은 단계에서의 모든 정보(information)의 수집활동을 “첩보(information 또는 espionage)”라고 이해할 수 있을 것이다.

이 같은 첩보수집이 국가전체의 계획에 따라 현대적, 체계적, 국제적으로 이루어지기 시작한 것은 2차 세계대전 이후의 일이다. 이 같은 첩보수집은 냉전동안 비약적으로 발전하였다. 냉전시기에 국가정보라는 개념이 확립된 가운데 체계적인 정보수집활동이 전개되었다. 이 시기에 기술적인 수단을 이용한 첩보수집활동, 즉 기술정보(TECHINT) 수집활동이 비약적으로 발전하였다.[85]

2) 과정

첩보의 수집은 기획과 지시과정에서 시작된다. 정보소요자에 의해 정보요구가 제기되면 첩보활동이 이루어진다. 이 정보요구는 대체로 다섯 가지로 구분된다. 이는 다음과 같다. 첫째, 반드시 알아야 할 필요가 잇는 사항, 둘째, 알아두는 것이 좋은 사항, 셋째, 고위층의 관심사항, 넷째, 현재에는 필요치 않으나 장래 언젠가는 필요할지도 모르는 사항, 그리고 마지막으로 다섯째는 의회가 수집의무를 부과한 사항이다. 이 가운데 정보기관은 특히 첫째, 셋째, 그리고 다섯째의 수집에 역점을 둔다.

첩보수집의 우선순위는 대체로 국가정보목표 우선순위(priority of national intelligence objectives)로 나타난다. 일단 이 국가정보목표 우선순위가 결정되면 각 정보기관에 대한 세부적인 수집임무가 부여되며, 각 부문 정보기관들은 첩보기본요소(EEI: Essential Element of Information)를 작성하여 수집에 임한다. 한편 갑작스런 사안에 대한 첩보수집요청은 특별첩보수집요청(SRI: Special Requirement of Information)이라고 부른다. SRI로 요청된 정보들은 우선적으로 수집된다.[86]

3) 첩보의 출처와 수집방법: 공개정보와 비밀정보

첩보의 출처는 공개출처와 비밀출처로 구분될 수 있다. 일반적으로 정보작성에 사용되는 정보의 85퍼센트에서 90퍼센트 정도는 공개출처에서 획득된다. 하지만 정보기관에서 특히 관심을 갖는 분야는 비밀출처로부터의 첩보수집이다. 공개출처 정보의 종류에는 신문, 잡지, 방송, 통신사, 여행사, 책, 보고서, 논문, 정부공식연감이나 통계자료, 백서, 인터넷 자료 등이 있다. 일반인들도 접근 가능한 정보출처는

---

85 염돈재, "첩보수집론," 84-85.

86 Ibid, 86-88.

모두 공개출처에 해당한다고 볼 수 있다. 반면 비밀출처는 일반인들이 접근가능하지 않은 정보출처에 해당한다. 접근과 수집이 쉽지 않은 정보를 인간정보나 기술정보, 또는 사이버해킹 등의 방식으로 수집할 수 있다. 인간정보 방식의 비밀출처는 정보관, 공작원, 협조자, 주재관보고, 포로, 피의자, 또는 망명자 등이 있다. 기술정보는 앞서 언급한 다양한 기술적 방법들이 동원된다. 위성, 이지스함, 고고도 정찰기, 정찰풍선 등 다양한 기술적 수단이 사용될 수 있다. 사이버 해킹의 경우 여러 다양한 악성프로그램이 활용되며, 전문해커를 매수하거나 고용, 또는 회유하기도 한다.[87]

오늘날 인터넷의 발달로 공개정보의 중요성이 커졌다. 그럼에도 불구하고 비밀정보는 여전히 중요하다. 이는 다음과 같은 이유들 때문이다. 상대방의 의도나 능력이나 취약점, 가능한 행동방책 등을 적시에 정확하게 판단하기 위해서는 여전히 비밀정보가 필요하다. 오늘날과 같은 정보화 사회에서는 정보의 우위가 국력과 전쟁의 승패를 결정짓는 중요한 요소가 된다. 따라서 공개정보를 잘 활용하는 것도 중요하지만 비밀정보가 갖는 정보 우위 확보에서의 결정적인 비중을 간과할 수 없다. 군사상황이나 테러조직, 초국가범죄조직 등 특수조직이나 업무와 관련된 사항을 정확히 파악하기 위해서는 비밀정보 수집이 필수적이다.

4) 인간정보(HUMINT)를 통한 첩보

(1) 정보관(Intelligence Officer: IO)

정보관은 정보기관의 정식직원인 공무원이다. 정보관은 다른 이름으로도 불린다. 정보관이 어떤 첩보활동이나 비밀공작을 수행할 경우 공작담당관(case officer) 혹은 조종관(handler)으로 지칭되기도 한다. 정보관은 일반적으로 백색정보관(white 또는 legal officer)과 흑색정보관(black 또는 illegal officer)으로 구분된다. 백색정보관은 정부의 공식적인 직함(official cover)을 가진 자를 말하며, 흑색정보관은 일반 민간인으로 위장한(non-official cover) 정보관을 의미한다. 보통 정보관이 대학교수, 미디어 저널리스트, 선교사, 연구원, 기업체 현지 주재원, NGO 활동가 등으로

87 Ibid, 88-89.

신분을 위장하고 활동한다.[88]

백색정보관과 흑색정보관은 각각 장점과 단점을 가진다. 백색정보관의 장점은 ① 일상적인 활동을 통해 정보원(intelligence source)에 접근하기가 쉽고, ② 주재국의 관리나 주재국에 주재하는 제3국 외교관 등을 쉽게 접촉할 수 있고, ③ 정보관에 대한 주재국 국민의 접근이 용이하며, ④ 통신, 급여 및 활동비의 수령 등 행정적으로 편리하고, ⑤ 신분이 보통 외교관등으로 보장되어 있어 주재국의 체포나 납치, 암살위협 등으로부터 안전하다는 등이 있다. 반면 단점은 ① 대부분 신분이 알려져 주재국 보안당국의 감시대상이 되기 쉽고, ② 외국 공관원으로서의 신분이 확실하여 특히 적대국일 경우 주재국 국민들이 접촉을 기피하는 경우도 있으며, ③ 외교관계가 단절될 경우 더 이상 주재가 어려워 각종 활동을 중단해야 한다는 것 등이 있다. 흑색정보관의 경우 장점은 ① 신분은폐가 백색정보관에 비해 쉽고, ② 따라서 위장신분(cover)에 적합한 광범위한 접촉이 가능하며, ③ 외교관계가 단절될 경우에도 계속적인 주재가 가능하다는 등이다. 반면 단점은 ① 적절한 위장(cover)을 제공해 줄 수 있는 협조업체의 확보가 어렵고, ② 가장신분의 확보 및 정착에 많은 시간과 비용이 소요되며, ③ 통신 등 행정절차가 어렵고, ④ 위장 구실에 적합한 활동을 해야 하므로 본연의 임무인 정보수집 업무를 등한히 할 가능성이 있으며, ⑤ 외교관 혹은 주재관 등으로서의 법적 보호를 받을 수 없어 신분상의 위험이 수반된다는 등이 있다. 그럼에도 불구하고 백색정보관이건 흑색정보관이건 수행하는 업무는 대체로 비슷하다.[89]

(2) 공작원 및 협조자

공작원 및 협조자는 정보관의 지휘 · 통제 · 조정 · 영향을 받는 정보기관의 정식 직원이 아닌 행위자들이다. 대부분의 정보는 이들 공작원이나 협조자를 통해 수집된다. 공작원은 정식보수를 받는 경우에 해당하고 협조자는 실제 사용된 경비 이외의 보수는 지불하지 않는 가운데 협조하는 자를 의미한다. 하지만 현실에서는 공작

88 Ibid, 92.

89 Ibid, 92-93.

원과 협조자의 구분이 그렇게 뚜렷하지는 않는 것처럼 보인다. 공작원의 경우 정보관의 통제 아래에 있는 반면 협조자는 정보관의 통제 아래에 있지 않다. 또한 공작원의 경우에는 의식적으로 협조하지만, 협조자의 경우 의식적으로 협조하는 경우도 있지만 무의식적으로 협조하는 경우도 있다. 여기서 무의식적이란 자신이 첩보활동에 연루되어 있다는 사실을 인지하지 못한 채 정보관의 첩보활동을 도와주고 있다는 의미이다.[90]

이 같은 공작원과 협조자의 활용은 물색, 포섭(혹은 모집), 운용의 3단계로 이루어져 있다. 먼저 물색단계에서는 물색대상자를 먼저 선정한다. 이를 위해 일상적인 접촉과정에서 파악한 지식이나 언론보도나 책, 보고서 등을 활용해 입수한 정보, 유튜브나 SNS 등 인터넷 상에서 알아낸 사실들, 학회나 세미나, 기타 모임 등에서 파악한 정보들 등 여러 가지 루트와 자료들을 활용한다. 일단 목표집단(target group)이 선정되면, 구체적인 물색활동을 시작한다. 이는 기자들의 취재활동에서의 취재원 접촉이나 교수나 연구원들의 연구조사에서의 샘플수집(sampling) 과정과 유사하다. 공작원 및 협조자에는 자발적으로 공작원이 되는 자발적 공작원(walk-ins)과 적과 우리측 사이를 오가는 이중 공작원(double agent), 그리고 오랫동안 잠복해서 활동을 수행하는 두더지(mole) 등 다양한 유형이 있다. 공작원은 또한 시기에 따라 단기 공작원과 장기 공작원으로 나뉘기도 한다.[91]

(3) 비밀연락(clandestine communication)

본격적인 첩보활동이 시작되면 가장 중요하게 대두되는 것이 수집된 첩보의 연락문제이다. 입수된 중요한 정보를 적절한 시기에 빠르게 전달하기 위해서는 연락수단들이 확보되어야 한다. 비밀연락의 수단들에는 직접 접촉, 연락원, 안전가옥(safe house, 속칭 안가), 편의주소, 전화, 우편, 신문, 방송, 택배, 이메일, 유튜브, SNS, 위성통신 등 다양한 것들이 있다.

연락의 방법은 정상선, 보조선, 예비선, 비상선 등이 있다. 이 같은 다양한 방법

---

90 Ibid, 93-94.

91 Ibid, 94-96.

들은 구분되어 운용된다. 정상선(normal line)은 가장 정상적인 상태에서 일상적으로 사용되는 연락방법이다. 보조선(supplementary line)은 정상선을 보조하기 위해 사용되는 연락방법으로, 흔히 어떤 사고로 인해 정상선의 사용이 어려울 경우, 혹은 정상선의 보호를 위해 정상선의 사용을 감소시키고자 할 경우에 사용된다. 예비선(reserve line)은 정상선이나 보조선의 이용이 어려울 경우 임시적으로 사용하기 위한 연락수단으로써 긴급 시 연락이나 정상선 및 보조선에 의한 연락이 단절되었을 경우 사용하는 연락방법이다. 비상선(emergency line)은 공작망이 위험에 처했을 경우 이를 알리기 위해 사용하는 비상적인 연락수단이다.[92]

(4) 인간정보 수집의 문제점

인간정보 수집은 그 본질적 성격으로 인해 다음과 같은 문제점을 가진다. 우선 정보의 신뢰성에 문제가 있을 수 있다. 인간정보는 그 타당성과 신뢰성의 확인이 매우 어렵다. 인간정보의 출처들은 과장, 왜곡, 조작, 축소될 여지가 있고, 인간의 인지능력의 한계로 인해 사실이 잘못 전달되거나 이해, 해석될 수 있다. 다음으로 적의 기만정보에 취약하다. 대부분의 정보기관들은 상대국을 교란시키기 위해 기만정보를 유포하거나 이중 공작원을 이용한다. 인간정보 수집에서 이 같은 기만정보를 걸러내기가 쉽지 않다. 따라서 오염된 정보를 입수했을 개연성이 있다. 셋째, 대상국가 또는 단체의 보안체계가 강하기 때문에 정보원(information source)에 접근이 어렵다. 따라서 인간정보를 활용하기가 매우 어렵다. 북한의 경우 김정은 측근에 접근하기가 매우 어려우며, 국제테러단체나 초국가범죄조직의 경우에도 사정은 비슷하다. 넷째, 첩보수집대상 조직의 특성 때문에 문제점이 제기되기도 한다. 예를 들면, 테러단체나 마약조직, 국제해커조직의 경우 대부분 소규모인데다가 조직의 결속력이 높고 비밀리에 운용되기 때문에 외부인의 침투가 어렵다. 그리고 일단 해당 조직이나 단체에 침투하더라도 범죄나 테러와 같은 불법행위에 가담해야하기 때문에 법적인 문제가 발생할 수 있다. 또한 수집한 정보를 토대로 해당 단체나 조직에

92 Ibid, 96-97.

대한 수사가 이루어질 경우 정보원이 노출될 위험성이 커진다. 마지막으로 인간정보 수집을 위해 활용했던 공작원이나 협조자의 처리 문제가 어려운 문제를 야기하는 경우도 있다. 해고된 공작원이나 협조자가 과거의 협조를 미끼로 계속 정치적, 금전적 요구를 하는 경우도 있으며, 정보활동을 통해 알게 된 정보를 다른 목적으로 활용하여 문제가 되는 경우도 있다.[93]

5) 기술정보(TECHINT)를 통한 첩보

(1) 기술정보 수집방법

기술정보 수집방법에는 ① 암호해독, ② 감청, ③ 항공정찰, ④ 위성정찰, ⑤ 기지와 플랫폼 운용, ⑥ 사이버 에스피오나지(espionage) 등이 있다. 이를 각각 살펴보면 다음과 같다.

암호해독(cryptanalysis)은 가정 고전적인 기술정보 수집방법에 속한다. 암호해독은 전쟁 또는 안보 상황에서 매우 결정적인 이점을 가져다준다. 암호는 해독되어야만 쓸모가 있는 것은 아니며, 암호 메시지를 수집, 비교하여 암호의 패턴을 찾고 패턴의 의미를 추정함으로써 중요한 정보를 얻을 수도 있다. 양자컴퓨팅과 같은 초고성능 컴퓨터를 이용해 암호를 해독할 수도 있다. 최근 들어 스테가노그라피(Steganography)와 같은 암호조립 기술도 발전하여 암호해독이 점점 더 어려워지고 있으나 이에 병행하여 암호해독 기술도 빠르게 발전하여 이를 상쇄하고 있다. 예전에는 난수표 등을 이용하였으나, 최근에는 SNS, 이메일, 유튜브 동영상, 블록체인 등 다양한 정보통신기술을 활용하여 암호화된 정보가 전달되고 있으며, 따라서 암호해독 역시 점차 이와 같은 새로운 양상들에 적응해 가고 있다. 향후 암호해독에서 AI, 양자컴퓨팅 등의 첨단기술이 점점 더 보편화될 것으로 전망되고 있다.[94]

감청(eavesdropping)은 전자전(electronic warfare)으로 이해되기도 한다. 감청은 공기중을 이동하는 전파는 인터셉터(intercept)하여 대화내용이나 통신내용, 기

---

93 Ibid, 97-99.

94 Ibid, 99-100.

타 정보 등을 수집하는 방법이다. 이는 고전적인 방법으로 1차 세계대전부터 사용되었으며, 최근에는 감청기술이 더욱 발전하여 통신회선에 직접 침입(wiretaps)하지 않으면서도 사무실이나 가정에 전자장치를 설치하거나 경우에 따라서는 차량이나 드론 등을 활용하여 대화나 통신내용을 도청하기도 한다. 또한 레이저 빔을 이용하여 근거리에서 사무실, 카페 등의 대화내용을 도청하기도 한다.[95]

항공정찰은 일반적으로 U-2나 SR-71 등과 같은 고고도 정찰기를 활용한다. 하지만 최근 북한의 무인기 도발, 러시아-우크라이나 전쟁, 이스라엘-하마스 전쟁 등의 양상을 보면 소형 드론 등이 항공정찰에 매우 효과적으로 활용되기도 한다. 과거 항공정찰은 기상에 영향을 많이 받았으나 오늘날은 적외선 카메라 등의 개발로 문제가 거의 해결되었다. 따라서 날씨에 구애받지 않고 밤, 낮 구분 없이 항공정찰이 이루어질 수 있다. 과거에는 고고도 항공정찰은 미국과 소련 등 일부 국가들의 전유물이었으나 최근에는 한국도 고고도 항공정찰 역량을 확보하는 등 항공정찰의 역량을 가진 국가들이 증대하고 있다.

위성정찰은 오늘날 첩보수집 가장 핵심적인 역할을 한다. 위성정찰과 관련된 미국의 국가정찰국(NRO: National Reconnaissance Office)과 우주군 정보국(Space Force Intelligence)은 매우 중요하고 가장 비밀스런 정보기관들로 알려져 있다. 이는 오늘날 위성정찰의 중요성을 단적으로 암시한다. 한국의 경우도 2023년 12월 첫 독자 군 정찰위성의 발사에 성공하면서 이 같은 위성정찰의 역량을 갖추었다. 북한 역시 이 사안의 중요성을 인식하고 자체 군사정찰위성을 2023년에 쏘아 올려 위성을 궤도에 안착시키는데 성공했다.

한 국가의 위성정찰역량은 우주군사역량과 직결된다. 우주군사역량에는 다음의 세부영역들이 포함된다. 첫째, 우주상황인식이다. 이는 작전지역내 가용 우주자산을 활용한 우주에 대한 정확한 상황인식을 바탕으로 위협요소를 실시간으로 관측, 추적하여 지상군과 해군, 공군의 임무수행에 영향을 미치는 적 우주능력이나 의도를 파악하는 것을 의미한다. 둘째, 지상통제국 운영이다. 이는 인공위성이 궤도에서 정상적으로 운용되도록 하기 위해 지상에서 관제 및 통제하는 것으로 군이 자

95 Ibid, 100.

체적으로 운용하는 위성을 통제할 수 있는 역량을 구비해야 하는 것과 관련이 있다. 셋째, 위성통신이다. 이는 고기동부대에 대한 중단 없는 정보통신지원을 위해 대용량 트래픽을 실시간으로 처리하는 네트워크 인프라 구축 등 시·공간적 제약 없이 초연결 정보통신능력을 탄력적으로 제공해야 하는 것을 의미한다. 넷째, 감시, 정찰이다. 이는 기상 및 특정 활동 등의 각종 첩보를 인공위성에서 탐지, 수집, 추적 하여 군에 제공하는 활동을 의미한다. 다섯째, 위치·항법·시간이다. 이는 자체적인 위성항법시스템을 구축하여 지휘소로부터 전투원, 플랫폼까지 모든 전투력이 시, 공간상 정확한 곳에 투사되도록 필요한 정보를 제공해야 하는 것을 의미한다. 여섯째, 우주자산보호이다. 이는 아군의 우주·지상·바다·하늘 연결체계가 적의 미사일, 레이저 무기 등과 같은 물리적 수단과 사이버 침해, 전자전 같은 비물리적 수단으로부터 우주전 수행의 자유를 보호받을 수 있는 능력을 구비해야하는 것을 의미한다. 일곱째, 우주위협제거이다. 이는 우주영역에서의 잠재적 위협요소를 식별하고 공세적 활동을 하기 위한 물리적(미사일, 레이저 무기 등)·비물리적 수단(사이버 공격, 전자전 등)을 확보해야 하는 것을 의미한다. 여덟째, 우주수송이다. 이는 우주발사체에서 인공우주물체를 탑재하여 궤도상에 안착시키는 것으로, 우주 발사체 기술 확보를 의미한다.[96] 한 국가가 위성정찰 역량을 확보하기 위해서는 위에서 언급한 우주군사역량을 통합적으로 확보해야 한다.[97]

위성정찰을 위한 위성의 운용에는 우주공간의 지형(topography)이라는 환경적 조건과 긴밀히 연계되어 있다. 지구궤도(terrestrial orbits)는 고도와 임무활용성에 따라 4가지 카테고리로 구분된다. 먼저 저지구궤도(low earth orbit)는 지구 표면으로부터 150-800킬로미터 상공이다. 이 궤도는 특히 지구관찰위성(earth observation satellites), 유인우주비행체(manned space flights), 그리고 국제우주정거장(international space station)에 유용하다. 이 궤도에서 운용되는 저궤도 위성은 앞서 언급한 고고도 항공정찰기와 함께 첩보수집을 위한 매우 핵심적인 자산이다. 두

96 육군교육사령부, 미래 작전환경분석서, 2022년, 48.

97 윤민우, "세계 주요국의 우주군사전략: 러시아와 인도," 신범식 엮음., 미래전의 도전과 항공우주산업 (서울: 사회평론아카데미, 2023), 294-295.

번째 중지구궤도(medium earth orbit)는 지구로부터 800-35,000킬로미터 상공에 해당한다. 이 궤도는 GPS와 같은 항법위성(navigational satellites)에 활용된다. 세 번째 고지구궤도(high earth orbit)는 지구로부터 35,000킬로미터 이상의 상공에 해당한다. 이 궤도에서는 위성이 지구의 자전속도와 비슷하게 회전하기 때문에 지구를 하루에 한 번 주기로 돈다. 이는 위성이 지구의 한 지점에 고정되어 있는 결과를 초래한다. 이 때문에 이 궤도는 군사와 민간 통신위성과 탄도미사일 발사 탐지목적 위성을 위한 가장 최적의 위치이다. 마지막으로 고도의 타원궤도(elliptical orbit)는 지구를 돌 때 같은 고도에 머물지 않는다. 이 궤도에서 위성은 250킬로미터 상공에서 40,000킬로미터 상공까지 가변적인 고도로 지구를 돈다. 이 때문에 이 궤도의 위성은 북극과 남극 지역을 관찰할 수 있다. 한 국가가 위성정찰 역량을 충분히 확보하기 위해서는 다양한 궤도에서의 위성을 운용하면서 촘촘히 위성들의 네트워크를 구축하여 지구를 둘러쌈으로서 지구의 모든 지점들을 공백 없이 24/7 기준으로 들여다 볼 수 있어야 한다.[98]

기지와 플랫폼(bases & platforms) 역시 기술정보 수집을 위해 이용된다. 이 같은 기지나 플랫폼은 주로 대사관, 군사기지 등에 설치되기도 하지만 선박, 항공기 등을 이용하여 해상이나 공중에 설치되기도 한다. 상대국의 영토 내에 기지나 플랫폼 설치가 불가능할 경우에는 공해(international water)나 국제영공(international air space)에 혹은 인접국의 국경지역에 설치된다. 최근에는 KF-21, F-35 등과 같은 첨단 전투기와 세종대왕함 또는 정조대왕함 같은 이지스함, 잠수함 등에 첨단 레이더(예를 들면 SPS-560K 3D 탐색레이더, AN/SPY-1D(V) 다기능 위상배열 레이더), 광학추적장비, 소나 등이 미사일 등 무장과 함께 장착되어 있어 이 같은 전투 플랫폼이 동시에 감시정찰자산으로 이용되기도 한다. 따라서 이 같은 항공기나 수상함, 잠수함 등은 지상 기지와 마찬가지로 기술정보 수집의 플랫폼으로 불 수 있다. 기지나 플랫폼은 장기적, 전략적 정보수집 계획의 일환으로 설치, 운용되기도 하지만 조기경보나 전투수행을 위한 정보지원 목적으로 사용되는 경우도 많다. 기지나 플랫폼에서 수집된 신호정보를 활용하여 상대국의 레이더나 통신을 교란하기 위한

98 Ibid.

전자교란장치(ECM: electronic countermeasures)를 운용할 수 있으며 역교란장치(ECCM: electronic counter countermeasures)를 통해 상대방의 전자교란장치를 무력화시킬 수도 있다.[99]

마지막으로 사이버 에스피오나지는 오늘날 가장 빈번하게 활용되고 있는 기술정보 수집의 한 방법이다. 일반적으로 해킹으로 잘 알려져 있다. 각국의 정보기관들은 자체적으로 또는 민간의 해커나 핵티비스트, 또는 민간사이버보안기업 등 다양한 민간 프록시들을 동원하여 적극적으로 사이버 해킹을 시도하여 첩보를 수집하고 있다. 이 같은 활동을 기술정찰이라고 부르기도 한다. 미국의 NSA(national Security Agency), 중국의 전략지원군(Strategic Support Force)과 MSS(Ministry of State Security), 러시아의 GRU(Гла́вное разве́дывательное управле́ние 또는 GU, 정보총국), FSB(Федеральная служба безопасности Российской Федерации, 연방보안국), SVR(Sluzhba Vneshney Razvedki, 해외정보국), 그리고 영국의 GCHQ(Government Communications Headquarters) 등이 사이버 에스피오나지에 매우 적극적으로 관여된 정보기관들로 알려져 있다. 북한의 경우 정찰총국이 한국과 미국, 러시아 등 적대국과 동맹국을 가리지 않고 해외 각국들을 상대로 사이버 에스피오나지 활동을 수행하고 있는 것으로 파악되고 있다.

(2) 기술정보 수집상의 문제점

기술정보 수집은 다음과 같은 문제점 또는 한계점을 가진다. 먼저 막대한 비용이 소요된다. 따라서 국가경제력의 뒷받침 없이는 활용하기 어렵다. 다만 오늘날에는 사이버 에스피오나지의 경우 저비용으로 고효율을 낼 수 있는 기술정보 수집을 할 수 있어 경제력이 취약한 국가들이나 테러단체 등이 경제적으로 강력한 상대방에 대한 비대칭 수단으로 적극적으로 이를 활용하는 경향이 있다. 다음으로 많은 시일이 소요된다. 인공위성의 경우 개발과 배치, 운용에 10년 이상 소요된다. 다른 기술적 수단 역시 비슷한 양상을 보인다. 기술정보 수집의 경우 너무 과다하게 중복

---

99 염돈재, "첩보수집론," 104-105.

수집되는 경우도 문제점으로 나타난다. 항공정찰과 위성정찰, 기지나 플랫폼 운용 등이 중복될 소지가 커서 정보자산들의 운용의 비효율과 조율의 문제가 발생할 수 있다. 의미해석과 판독에도 어려움이 있다. 위성사진이나 레이더 식별 정보 등이 정확히 무엇을 의미하는 지는 정보분석가의 판독을 거쳐야 하는데 상대방의 의도와 전략 등을 정확히 파악하는데 한계가 있다. 장비의 대체가 어려운 점도 한계로 지적된다. 고가의 첨단장비를 운용함으로 기존 장비의 교체나 대체 등이 쉽지 않다. 해외기지나 플랫폼 유지에 많은 정치적, 외교적 비용이 소요될 수 있다. 적의 전자전 또는 사이버전과 같은 기술적 침투로부터 보안상의 취약점이 존재한다. 특히 위성 등 고가의 기술정보 자산은 오늘날 정보통신 기술의 고도화로 오히려 사이버 해킹과 같은 위협에 더 취약해지는 비대칭성의 아이러니가 나타난다. 기술이나 예산의 부족 등으로 인해 몇몇 국가들만이 이 같은 기술정보수집을 운용할 수 있다. 하지만 앞서 언급한대로 사이버 에스피오나지는 이에 대한 경제력, 기술력이 취약한 국가의 비대칭적 대안이 된다. 마지막으로 미국과 같은 초강대국에 대한 정보의존과 안보의존이 심화된다는 문제점도 나타난다. 따라서 인간정보와 마찬가지로 기술정보 역시 그 장점과 단점이 함께 존재한다.[100]

6) 인간정보(HUMINT)와 기술정보(TECHINT)의 비교

오늘날 첨단과학기술과 첨단정보통신환경에서는 기술정보의 비중과 중요성이 더욱 증대되었다. 기술정보는 인간정보에 비해 상대적으로 더욱 빠르고 정확하게 정보요구를 충족시킬 수 있는 수단이 되고 있다. 하지만 그럼에도 불구하고 인간정보가 여전히 중요한 것도 사실이다. 이는 다음과 같은 이유들 때문이다. 첫째, 기술정보는 외부로 나타난 사항만을 알 수 있을 뿐 인간의 머릿속에 있는 것은 알아내지 못한다. 둘째, 기술정보의 수집에는 많은 인력, 예산과 시간이 소요됨으로 지속적인 관찰이 필요하지 않을 경우 활용하기가 어려운 수집수단이다. 셋째, 긴급한 정보요구가 있을 경우 인간정보 수집수단이 더욱 유용하다, 넷째, 인간정보와 기술정

100 Ibid, 105-107.

보는 상호보완적인 경우가 많다. 이 같은 점을 모두 함께 고려해보면 각국의 정보목표와 정보요구, 상대국가의 폐쇄성 여부, 자국의 기술수준과 예산 등을 종합적으로 검토하여 인간정보와 기술정보 가운데 어떤 것을 어떤 정도의 배합으로 활용할지가 판단되어야 한다.[101]

7) 정보기관과 타 정부부처 및 기관과의 관계

첩보활동에 있어 유의해야 할 문제 가운데 하나는 정보의 공유 문제와 첩보수집을 위한 정보기관과 타 정보기관 및 정부부처, 기관들과의 협조 또는 공조이다. 기관들 서로 간의 정보공유는 필수적이다. 9.11테러 발발의 주요한 원인들 가운데 하나가 미 CIA와 FBI 간의 정보공유와 공조의 "없음" 때문이었다는 것은 매우 잘 알려진 사실이다. 정보의 수집자체를 위한 협조, 정보수집 과정에서 발생하는 문제점 해결을 위한 협조 문제 등이 기관 간 관계에서 중요한 사안으로 떠오른다. 한편 정보요원의 현지 주재국에서의 활동과 관련하여 현지 주재 대사에게 어느 정도까지 통보해야 하는가도 협력, 공조와 관련해서 중요한 문제이다. 첩보수집과정에서 야기되는 각종 외교적 문제들이 국가 대외정책수행의 부담요인이 될 경우가 있는데 이는 정보기관과 외교담당부처 간에 불화가 발생하는 주요한 원인이다. 따라서 알려야 하는가 알려야 한다면 어느 정도까지 알려야 하는가는 매우 중요한 사안이 된다. 정보기관은 첩보수집활동이 가져올 편익(benefit)과 문제점이 발생할 경우 치러야 할 대가를 면밀히 분석한 후 수집활동에 임하여야 할 것이며, 외교담당부처는 정보기관의 고충을 이해하는 자세를 가지고 적극 협력해 주는 것이 바람직하다.[102]

---

101 Ibid, 109-111.

102 Ibid, 111-113.

2 정보분석

1) 개념

정보분석(intelligence analysis)은 첩보수집 못지않게 국가정보활동에서 중요한 영역이자 자산이다. 정보분석이란 매일 산출해내는 방대한 양의 첩보를 검토, 정선하여 국가안보정책에 활용할 수 있도록 하는 작업이다. 이는 정보(intelligence)와 정책(policy)이 만나는 수렴점이다. 정책결정자들에게 상황을 보다 정확하게 숙지토록 도와주고 문제 상황의 파악과 정책선택을 보다 명료히 해준다. 정보분석의 핵심은 정보분석결과를 제공받는 정책결정자가 제한된 시간과 조건에서 소화할 수 있게(digestible) 적절한 분량과 명료한 내용으로 분석결과물을 생산하는 것이다. 여기에는 정보보고서의 생산의 경우 적정 수준의 분량과 명확하고 이해하기 쉽고 전달력 있는 표현과 문장, 형식 등이 포함된다.[103]

정보분석은 다음의 다섯 단계로 이루어져 있다. 1단계는 수집된 첩보물을 분류하고, 기록하는 단계이다. 이는 첩보를 통해 수집된 생산물을 1차로 처리하는 단계에 해당한다. 2단계는 수집 첩보원의 신빙성과 첩보의 신뢰성을 평가하는 단계이다. 이는 첩보생산물의 세척과정으로 볼 수 있다. 3단계는 분석단계이다. 이 단계에서 분석요원에 의한 질적분석과 계량분석이 이루어진다. 4단계는 분석된 첩보들이 통합되는 단계이다. 이전 단계에서 각각의 분석행위자에 의해 분석된 결과물들이 이 단계에서 통합된다. 미국의 경우와 같이 ODNI와 같은 정보공동체의 컨트롤타워가 있을 경우 각 개별 정보기관들에서 1차로 분석된 결과물들이 다시 ODNI에 모여서 2차로 한 번 더 통합분석되는 과정을 거치게 된다. 마지막 5단계는 통합되고 분석된 결과물에 군가해서 미래에 대한 예측판단을 하는 해석단계이다. 이 마지막 단계를 거쳐 최종 정보분석생산물이 만들어지게 된다.[104]

---

103 문정인, "정보분석론," 문정인 편저., 『국가정보론』, (서울: 박영사, 2002), 115.

104 Ibid, 115-116.

분석결과인 정보생산물은 다음과 같은 네 가지 유형이 있다. 그것들은 기초기술정보, 현용정보, 경보정보, 그리고 판단(speculative evaluative)정보이다. 기초서술정보는 대상국가 또는 조직의 역사, 지리, 경제력, 군사력과 같은 고정된 기초적 사실들을 기록해 놓은 것이다. 현용정보는 최근 또는 현재 발생하고 있는 상황에 대해 보고하는 것이다. 경보정보는 주요 적국의 군사동향 등을 사전에 탐지하여 그 기습공격을 예방하거나 대비할 수 있도록 해주는 것이다. 판단정보는 미래 발생할 수 있는 개연성을 예측, 판단해 주는 평가, 판단하는 것이다.[105]

분석결과 도출된 정보의 질에 대한 판단의 근거로는 다음과 같은 것들이 있다. 바꾸어 말하면 이는 분석된 정보 생산물이 품질이 어떠한 가를 평가할 때 그 기준이 되는 것들이다. 먼저 국가안보정책수립에 대한 적실성(relevancy)이 있다. 정보분석은 항상 정책수립이나 판단의 자료로 활용되기 때문에 정책수립과 긴밀한 연계성이 있어야 한다. 다음으로 적시성(timeliness) 있어야 한다. 좋은 정보란 제때 활용될 수 있어야 한다. 이는 정보분석이 항상 시간적 제약을 전제로 한다는 것을 의미한다. 정보분석은 정책결정자의 판단이나 정책수립에 도움이 되지 위한 목적이기 때문에 적시성을 잃은 생산물은 그 가치가 없다. 또한 정보소비자의 소요요청에 잘 부합해야 한다. 이는 정보분석이 정책수립이나 판단과 늘 함께하고 이를 지원하기 때문이다. 하지만 유의할 점은 이 같은 정책과의 부합성이 강조되더라도 분석의 객관성과 타당성, 신뢰성은 유지가 되어야 한다. 마지막으로 정보분석은 간결하고 명려해야 한다. 복잡한 현상을 단순화시켜 정보소비자의 이해를 도와주고 명확하게 파악된 사실과 파악되지 않은 사실을 정리하여 정보소비자에게 전달해야 한다.[106]

2) 정보분석이론

정보분석에 있어서의 이론적 접근은 크게 다음과 같이 세 가지로 나누어 볼 수 있다. 먼저 기술학파이다. 이는 정보분석의 기능이한 비밀리에 수집된 첩보에 대한

---

105 Ibid, 116.

106 Ibid.

전문가의 견해를 정책결정자들에게 전달하는데 있다고 보는 입장이다. 따라서 분석관의 역항은 영상첩보나 암호첩보를 기술적으로 해석해주고 그 의미를 정보소비자들에게 전달해 주는데 그친다고 본다. 안보정책수립과 관련된 분석은 정책결정자들의 고유 영역에 속하며 분석가들은 단순히 기술적 조언자에 지나지 않는다.[107]

다음으로 과학적 예측학파가 있다. 이는 사회과학적 방법론을 통해 이미 발생한 사건들의 인과관계를 규명해내고 이를 근거로 미래에 대한 예측판단을 하는 것이다. 이 같은 접근은 미국 CIA 분석부서를 만드는데 기여한 셔만 켄트(Sherman Kent)에 영향을 받았다. 분석의 대상은 비밀첩보뿐만 아니라 공개자료까지도 포함된다. 정보분석관들이 정책결정자들의 요구에 주목해야 하지만 너무 지나치게 그들의 요구에 부합하여 분석결과의 객관성, 타당성, 신뢰성이 상실되어서는 안 된 다고 본다. 미국의 정보기관들은 대부분 이 입장을 취하고 있다.[108]

마지막으로 기회분석학파가 있다. 이는 켄달(Kendall) 분석학파로도 불린다. 이 입장에 따르면, 정보분석관은 정책결정자들과 멀리해서는 안 되며 그들의 선호성을 파악하고 이를 정보분석의 근거로 삼아야 한다는 입장이다.[109]

3) 분석대상의 분류

정보분석의 대상을 분류해 볼 수 있다. 먼저 분석대상을 개념적으로 분류할 수 있다. 여기에는 공개된 사실, 비밀(secret), 역정보(disinformation), 그리고 미스터리(mysteries)가 포함된다. 공개된 사실은 공개출처를 통해 얻어진 첩보 또는 시각적으로 확실성을 갖고 확인할 수 있는 일련의 첩보를 말한다. 최근 들어 오프라인과 사이버 공간을 통한 정보량의 폭발적 증대와 AI, 빅데이터, 데이터마이닝, 머신러닝, 딥러닝, 구글어쓰 등의 민간이 쓸 수 있는 대용량 정보수집-분석 기술의 발전, 민간부문의 연구 또는 조사역량의 증대, 정보의 자유로운 소통 등으로 공개출처 정

107 Ibid, 117.

108 Ibid.

109 Ibid, 118.

보의 중요성이 매우 커지고 있다. 따라서 이 같은 공개된 사실의 분석대상으로서의 가치가 과거와 달리 증대되었다. 하지만 공개출처가 갖는 신뢰성의 문제, 역정보의 위험 등 때문에 정보분석관은 이를 다룰 때 신중할 필요가 있다.[110]

다음으로 비밀이 있다. 국가정보기관의 본연의 임무는 이 비밀자료를 수집하고 분석하는 것이다. 비밀에는 외국정부가 대외 공개를 회피하고 숨기고 있는 일련의 현안, 상황, 정책, 전략, 그리고 작전계획 등이 포함된다. 이 같은 비밀은 상대적인 측면이 있다. 북한이나 중국과 같은 폐쇄적인 독재국가에서는 상당히 많은 사안들이 비밀로 분류되어 공개되지 않는다. 반면 미국과 같은 자유민주주의 국가들의 경우에는 국가안보전략, 국가정보전략, 정책, 기구, 제도 등 상당히 많은 내용들이 온라인 등에 공개되어 있다. 비밀을 토대로 하는 정보분석은 언제나 사실과의 오차(error)가 있을 수 있다는 것을 염두에 두어야 한다. 이는 파악한 비밀자료와 공개된 사실들을 조합하고 파악되지 않은 미싱링크(missing link)를 가설-검증-확률적 추정과 예측을 통해 파악해내고, 전체적인 판단 또는 결론에 도달하는 사회과학을 기반으로 한 활용술(arts)의 영역이다.[111]

또한 역정보가 있다. 이는 적대국이 상대국 분석관들, 정책결정자들, 대중들을 기만하고 오판하도록 만들기 위해 의도적으로 흘린 거짓 또는 왜곡된 정보를 의미한다. 역정보는 기만정보 또는 허위조작정보 등으로도 불린다. 역정보를 이용한 기만공작은 정보분석에 중대한 위협이 된다. 정보분석의 오류는 정책결정자들의 오판으로 이어져 국가안보를 크게 위태롭게 할 수 있다. 하지만 반대로 이 같은 역정보를 정확하게 판단해 내고 분석해 낼 경우에 오히려 적의 의도와 목적, 공작기법 등을 파악해 낼 수 있는 좋은 정보가 된다.[112]

마지막으로 미스터리는 상당한 노력을 기울인 첩보의 수집과 정보분석을 통해서도 여전히 알 수 없는 의문사항이나 현안을 의미한다. 국가정보활동은 늘 불확실성속에서 이루어진다. 이는 인간의 의도, 선호, 욕구, 관심사, 심리 등이 애매모호

---

110 Ibid, 119.

111 Ibid, 119-120.

112 Ibid, 120.

한 회색지대에 존재하며, 휘발성 있고, 가변적이기 때문이다. 이 같은 미스터리 역시 정보분석의 주요 대상이 되는데 이는 마치 포커게임에서 상대방의 패와 베팅을 추정하는 것과 같다. 인간의 이기심, 욕구, 인과성, 논리 등의 보편적 법칙 또는 기준에 비추어 이 같은 미스터리들을 다루고 정보분석결과를 도출해 낼 수 있다.[113]

정보분석은 언제나 답을 도출해 내어야 한다. 이는 모든 포커판에서 내가 돈을 베팅을 할지, 얼마나 할지, 아니면 베팅을 포기할 지를 판단하고 행동으로 이어져야 하는 것과 같다. 정책결정자들은 언제나 판단을 내리고 구체적인 행동을 해야 한다. 따라서 정보분석은 불확실성의 영역에서도 늘 이 같은 판단과 구체적인 행동을 도울 수 있는 명확한 답을 내놓아야 한다. 경우에 따라서는 때문에 불확실성 속에서 분명한 답을 내 놓아야 하는 정보분석가들에게 배짱(gut) 또는 용기가 요구된다.

정보분석의 대상은 기능적으로도 분류가 가능하다. 기능적 분류는 수집대상에 따라 분석대상이 결정된다. 크게 전통안보와 비전통안보 분야로 나뉠 수 있는데 전통안보에서는 적대국의 군사동향, 정치구조 및 동향, 경제상황, 주요 인물들 동향 등이 포함된다. 비전통안보에는 테러, 초국가범죄, 사이버, 식량, 기후, 에너지, 공급망 등 여러 신흥안보(emerging security) 이슈들이 포함된다. 미국 정보공동체 '2022년 연례위협평가' 보고서는 이와 같은 정보분석의 기능적 분류 사례를 잘 보여주고 있다. 이에 따르면, 중국, 러시아, 이란, 북한 등의 적대적 국가들과 보건안보위협, 기후변화와 환경파괴, 신흥기술(emerging technology), 초국가 조직범죄, 국제테러리즘, 폭력적 극단주의 등의 기타 초국가 이슈들로부터의 위협, 세계 각 지역별 갈등과 불안정성 등이 제시되고 있다.[114]

정보분석대상은 지역별로도 분류가 된다. 이에 대한 우선순위는 국가마다 다르다. 글로벌 패권국가인 미국의 경우는 인도-태평양, 유럽, 러시아, 중동, 중앙아시아, 아프리카, 남미 등을 대상으로 정보분석 대상을 분류할 수 있다. 한국과 같은 지역 중견국가들의 경우 북한, 중국 등과 같은 직접적인 주요 안보위협국가들에 포커스를 맞출 수밖에 없다. 이스라엘의 경우 이란과 중동이 주요 관심사이며 인도-태

113 Ibid, 120-121.

114 Ibid, 121-123.

평양 국가들은 중국, 유렵 국가들은 러시아에 주요 정보분석의 지역별 우선 순위를 둔다.[115]

4) 정보분석기구

정보분석 전담부서가 독자적인 영역을 가지면서 각 정보기구에 설치되어 있다. 미국 CIA 내에 설치된 분석부서(Directorate of Intelligence)가 대표적이다. 우리나라 국가정보원의 경우에도 분석부서가 설치, 운용된다. 이는 부문별 정보기관의 경우에도 마찬가지이다.

최근 들어 정보분석의 질을 높이고 각 정보공동체 구성원들의 정보분석결과를 통합, 조정하여 보다 질 높은 통합정보분석결과를 도출하기 위해 정보공동체 컨트롤타워를 설치하고 각 기관의 정보분석 결과를 다시 통합하여 2차로 정보분석을 하는 경향이 나타나고 있다. 미국, 영국, 오스트레일리아 등에서 이 같은 움직임을 보인다. 미국의 경우 국가정보장실(ODNI: Office of Director of National Intelligence)이 이 같은 정보공동체 컨트롤타워로서 통합정보분석 기능을 담당한다. 영국의 경우에는 합동정보위원회(JIC: Joint Intelligence Committee)가 미국의 ODNI와 유사한 기능을 수행한다. 해당 위원회는 여러 정부부처들과 정보기관들을 통합하고, 영국의 가장 핵심적인 정보통합·분석·배분을 수행하며, 핵심 정보생산물을 만들어 내고, 가장 상위층(즉 수상)의 정책결정을 지원한다. 오스트레일리아의 경우에는 국가정보실(ONI: Office of National Intelligence)이 이 같은 역할을 한다. 해당 기관은 오스트레일리아의 정보공동체의 컨트롤타워로 평가(Assessment)와 정보공동체 참여기관들의 조율(coordination)과 관리 등의 임무를 수행하며, 고위급 정부관료들(senior government officials)에 대한 정보 분석 및 평가를 제공한다.

---

115 Ibid, 123-124.

5) 정보분석기법

(1) 자료형과 개념형 분석기법

정보분석기법은 우선 자료형과 개념형으로 나누어 살펴볼 수 있다. 이는 접근방법의 차이이다. 자료형은 소요가 제기된 현안문제에 대해 가능한 모든 첩보를 수집하고 수집된 첩보를 바탕으로 모자이크를 하듯 큰 그림을 그리는 방식을 취한다. 이 시각에서는 정확한 정보판단은 정확하고 완벽한 첩보를 수집했을 때만 가능하다고 보고 수집에 우선순위를 둔다. 그러나 이 같은 접근법은 두 가지 점에서 한계를 가진다. 하나는 현실적으로 현안에 대해 모든 첩보를 다 수집하는 것은 불가능하기 때문에 부분적 첩보를 가지고 전체 그림을 그려내야 하는 어려움이 있다. 더불어 전체 그림을 그리기 위해 얼마나 많은 또는 충분한 첩보가 필요한지 알기 어려우며, 완전한 그림을 그리기 위해 끝까지 관련 첩보를 수집해야 하는 무한회귀의 오류(fallacy of infinite regression)가 발생한다.[116]

한편 개념형 분석기법은 이 같은 자료형에 대한 대안으로 등장했다. 이는 분석관이 자료수집에 들어가기 전에 하나의 가정적(hypothetic) 큰 그림을 그리고 그 그림의 근거자료로 요구되는 세부적인 첩보수집을 특정하고 이를 수집, 분석함으로서 가설적 큰 그림의 타당성과 신뢰성을 확인해 간다. 즉 정보분석결과물이라는 미지수를 해결하기 위해 하나의 이론적 가설 모델을 미리 설정하고 이를 바탕으로 첩보수집과 정보분석이 이루어지는 것이다. 이는 사회과학방법론에서 널리 받아들여지고 있는 가설설정-이론모델설정-자료수집-자료분석-검증-결론도출의 과정과 매우 유사하다. 최근 대부분의 정보분석기관들이 이 같은 개념형을 채택하고 있다. 이는 특히 요즈음처럼 정보양이 폭발적으로 증대된 정보환경에서 첩보수집-정보분석의 비용-효과 측면에서 장점이 크다.[117]

개념형 분석기법에는 다음 세 가지 유형들이 있다. 첫째 상황논리에 기초한 내재적 접근이 있다. 이는 분석 현안의 맥락에서 분석의 방향을 잡는 것이다. 지역적

---

116 Ibid, 130.

117 Ibid, 130-131.

특수성을 감안하여 간주관적(intersubjective)으로 접근한다. 예를 들면, 북한을 분석함에 있어 북한의 시각에서 북한을 분석하는 것이 이에 해당한다. 둘째 보편이론적 접근이 있다. 게임이론, 죄수의 딜레마, 합리적 선택이론 등과 같은 보편이론의 적용이 정보분석에도 얼마든지 가능하다는 입장이다. 보편이론은 단순한 서술을 넘어 변수들 사이의 인과관계를 규명해주고 궁극적으로는 미래예측을 가능하게 해준다. 통상 사회과학적 연구방법론을 강조하는 분석관들이 이 모델을 선호한다. 셋째 비교역사모델이 있다. 이는 분석 현안에 대한 심층적 분석을 하고, 그와 유사한 사건들을 역사적 맥락에서 추적하는 동시에 과거의 역사적 사례가 오늘의 분석 현안에 어떠한 함의를 주는 가를 추적하는 방법이다. "역사는 반복된다"는 입장에서 과거사례를 통해 현재를 이해하고 미래를 예측한다.[118]

(2) 질적분석과 계량분석

정보분석은 질적분석과 계량분석 두 가지 방법으로 이루어질 수 있다. 질적분석(qualitative analysis)은 분석관의 직관과 분석 대상에 대한 전문적 지식과 경험, 통찰력 등을 바탕으로 맥락적 특수성을 설명하는데 중점을 둔다. 일반적으로 글이나 자료를 읽거나 보거나, 관찰함으로서 분석관이 이해하고, 이를 분석관이 구술하거나 문서로 작성함으로서 분석이 이루어진다. 분석관의 언어, 역사, 지역, 관련 전공 또는 전문 분야 등에 대한 전문적 역량을 필요로 하며, 따라서 대체로 각 전공의 박사급 또는 이에 준하는 수준의 전문 인력을 분석관으로 활용한다.[119]

계량분석(quantitative analysis)은 정보를 수치적인 값으로 변환하여 분석하는 과정을 말한다. 데이터를 수치로 정량화하고 통계적인 방법을 활용하여 의사결정이나 판단을 도출하는데 활용된다. 각종 통계분석이나 사회관계망분석, 빅데이터분석, 지리정보분석 등 수치나 데이터를 활용하여 분석하는 것을 의미한다. 계량분석은 실증주의 전통에 기초해 있다. 사회현상은 계량화할 수 있다는 가정에 기초를 둔다. 계량분석에는 인과모델을 바탕으로 통계 프로그램을 활용하여 분석하는 방법과

---

118 Ibid, 131-132.

119 Ibid, 132-133.

게임이론을 적용한 방법, 시뮬레이션을 활용한 분석, 네트워크 분석, 데이터마이닝을 통한 빅데이터분석 등 다양한 방법 등이 사용될 수 있다. 최근에는 AI 딥러닝을 활용한 정보분석도 활용되고 있는 것으로 보인다.

다양한 계량적 정보분석 기법 중에서 몇 가지 주요한 계량 분석 기법들을 제시하면 다음과 같다. ① 통계적 분석(Statistical Analysis): 통계적 분석은 수집한 데이터를 요약, 해석하고 패턴이나 관계를 찾는 데 사용된다. 평균, 중앙값, 표준편차, 회귀분석 등의 통계적 도구를 사용하여 데이터의 특성을 이해하고 예측한다. ② 회귀분석(Regression Analysis): 변수 간의 관계를 분석하고 예측하는 데 사용되는 통계적 기법이다. 종속 변수와 독립 변수 간의 관계를 나타내는 회귀식을 도출함으로써 변수 간의 상호 작용을 이해할 수 있다. ③ 시계열 분석(Time Series Analysis): 데이터가 시간에 따라 어떻게 변하는지를 분석하는 기법이다. 시계열 분석은 추세, 계절성, 주기성 등을 파악하여 미래 동향을 예측하는 데 사용된다. ④ 확률적 모델링(Probabilistic Modeling): 불확실성을 고려하여 모델을 구축하는 기법으로, 주로 확률론적 모델을 사용하여 데이터와 현상을 설명한다. ⑤ 데이터 마이닝(Data Mining): 대규모 데이터 세트에서 패턴, 규칙, 트렌드 등을 발견하고 이해하는 기법이다. 다양한 기계학습 및 통계 기법을 활용하여 정보를 추출한다. ⑥ 모의실험(Monte Carlo Simulation): 무작위 수를 생성하여 모델을 여러 번 시뮬레이션함으로써 불확실성을 다루는 기법이다. 이러한 기법들은 다양한 분야에서 의사 결정과 문제 해결에 활용되며, 데이터 중심의 접근을 통해 신뢰성 있고 효과적인 결과를 얻을 수 있도록 도와준다.

일반적으로 질적분석과 계량분석은 장, 단점을 가진다. 질적분석은 정보분석에 풍부한 내용과 미묘한 디테일, 숨겨진 함의 등을 담을 수 있으나, 분석관 개인의 편견과 선입과, 분석의 오류, 신뢰성의 한계 등이 나타날 수 있다는 단점이 있다. 반대로 계량분석은 인간 행위자인 분석관의 편견과 선입관, 분석오류, 신뢰성의 한계 등을 통제할 수 있어 신뢰성과 타당성을 확보할 수 있다는 장점이 있으나 계량화된 네이터 분석 이면에 숨어있는 디테일과 함의, 그리고 풍부한 내용을 설명할 수 없다는 한계가 있다. 이 때문에 가능하다면 질적분석과 계량분석을 함께 진행하는 통합분석(트라이앵귤레이션, triangulation)을 통해 서로 교차 검증함으로서 각각의 장점의 시너지 효과를 내는 방안이 적합해 보인다.

6) 정보분석방법론: 표준메뉴얼

정보분석방법론의 표준 단계가 제시될 수 있다. 이 같은 단계가 반드시 기계적으로 적용되어야 하는 것은 아니지만 대체로 정보분석이 이 같은 단계를 따라 이루어지는 것이 바람직하다는 의미에서 대략적인 방안을 제시한다. 이는 사회과학연구방법론의 과정 또는 절차와 유사하다. 본질적으로 사회과학에서 이루어지는 연구와 정보기관에서 수행하는 첩보수집-정보분석, 그리고 기자(reporter)들이 수행하는 취재와 보도는 같은 성격을 가지는 활동이다. 따라서 대체로 비슷한 절차 또는 단계를 거친다.[120]

첫째, 1단계는 정확한 문제설정이다. 정보소요의 제기 시 정확히 요청되는 문제가 무엇인지를 식별할 필요가 있다. 이와 함께 주어진 데드라인 내에서 분석보고서를 산출하기 위한 최적의 수행방안 또는 실행전략에 대해서도 명확히 할 필요가 있다.[121]

둘째, 제기된 문제에 대한 가설 설정이 필요하다. 과거의 사례들과 사회과학에서 통용되고 있는 여러 이론들, 여러 전문가들의 의견들, 국가 행위자의 이해와 전략기조, 논리와 합리성 등을 복합적으로 고려하여 현안에 가장 최적의 가설을 설정할 필요가 있다. 가설 설정을 위해서는 개념화(conceptualization)와 변수의 식별과 정의(operationalization)를 명확히 하고 가급적 명확한 변수들 간의 인과관계(causation) 또는 상호관계(correlation)를 설정할 필요가 있다.[122]

셋째, 설정된 가설을 검증하기 위해 관련 첩보를 수집한다. 제한된 첩보만을 가지고 가설을 경험적으로 검증할 경우 오류에 빠지기 쉽다. 이때 가급적 분석관의 주관성을 배제하고 첩보 수집을 담당하는 정보관, 관련 전문가와 학자, 공개출처자료들, 싱크탱크들, 그리고 해외 동맹국의 정보기관들과의 광범위한 협조와 협력을 통해 첩보를 확보할 필요가 있다.[123]

---

120 Ibid, 135.

121 Ibid.

122 Ibid.

123 Ibid, 135-136.

넷째, 수집된 첩보자료들에 대한 분석을 바탕으로 가설을 검증하는 단계이다. 이 단계에서 중요한 것은 설정된 가설을 기정사실로 받아들여서는 안 된다는 점이다. 가급적 설정된 가설에 대해 위증(falsification)의 노력을 해야 한다. 설정된 가설을 지지하지 않는 증거들을 찾으려고 노력하고 대안적 가설들을 검토하는 등 보수적인 태도를 견지해야 한다. 특히 분석관의 편견과 선입관, 주관성, 인지편향성 등의 문제가 정보해석에 끼여들지 않도록 주의하여야 한다.[124]

다섯째, 가설을 선택하는 단계이다. 해당 가설과 여러 다른 대안 가설들을 비교해보고, 복수의 분석관들이 각기 따로 가설을 선택한 이후 그 결과들을 서로 교차검증해 보거나, 일차적으로 선택된 가설에 대해 여러 내, 외부 전문가들 또는 학자들의 자문을 받아 최종 가설을 선택할 수 있다. 그리고 분석관에 의해 최종 선택된 가설은 최종 정책결정권자가 선택하고 판단하게 되는데 이때 분석관은 정책결정자가 현명한 판단을 할 수 있도록 도와줄 수 있다. 셔만 켄트(Sherman Kent)에 따르면, 선택된 가설의 개연성(probability)을 다음과 같이 5가지의 확률단계로 표시할 필요가 있다. 이는 가설이 맞을 확률이 가장 높은 것에서 낮은 순서로 "거의 확실한(almost certain, 93%)", "대체로 가능한(probable, 75%)", "반반의 가능성이 있는(chance almost even, 50%)", "대체로 가능하지 않은(probably not, 30%)", "거의 확실하지 않는(certainly not, 7%)" 등이다.[125]

여섯째, 지속적인 모니터링이 필요하다. 가설이 선택되었다 하더라도 그 가설에서 도출된 결론이 절대적이고 최종적인 것이 되지는 않는다. 이는 국가안보의 현실이 "생물"과 같은 늘 변화하는 과정에 있기 때문이다. 따라서 분석 현안에 대해 지속적으로 추적관찰하고 그 변화내용을 미래의 분석의 대상으로 삼을 필요가 있다. 이 같은 지속적인 작업을 통해 정보분석의 역량과 노하우를 지속적으로 쌓아나가야 한다.[126]

---

124 Ibid, 136.

125 Ibid, 136-137.

126 Ibid, 137.

7) 정보분석 시 유의사항

정보분석 시 유의사항에 대해 셔만 켄트(Sherman Kent)sms 다음과 같이 제안하고 있다. 이는 정보분석관 뿐만 아니라, 정보와 자료를 다루는 기자, 학자, 연구자와 같은 모든 사람들이 명심해야할 내용이다. 이를 구체적으로 제시하면 다음과 같다.

❶ 지적으로 엄밀해야 한다. 정보판단은 사실과 신빙성 잇는 제보에 근거해야 하며 모든 정보 출처(source)는 일관성과 신빙성에 기초하여 검토 및 평가되어야 한다. 또한 수집 첩보 상의 불확실성이나 괴리를 명확히 해야 한다.[127]

❷ 분석의 가정과 거기에서 파생된 결론을 명백히 기술해야 한다. 설정 가정과 도출된 결론에 안주하면 안 된다. 어떠한 조건하에서 이들이 오류를 범하게 될 것인가를 집요하게 추적하고 불확실성이나 오류를 범할 소지가 높다라면, 대안적 결과들을 식별하고 어떤 상황 하에서 이들이 발생할 것인가를 규명해야 한다.[128]

❸ 다른 정보판단을 고려할 수 있어야 한다. 분석관 자신의 전문성의 한계를 인정하고 자신의 견해에 대한 집착을 피해야 한다. 정보분석 과정에서 자신의 결함을 보강할 수 있는 조언을 모색하고 다른 분석관들의 아주 강한 견해차가 있을 경우 이를 분명히 해야 한다.[129]

❹ 정보판단에 대한 집단적 책임을 져야 한다. 자신의 정보분석에 대한 내부적 조정이 이루어질 수 있도록 충분한 시간을 허용해야 한다. 또한 국가정보기관(CIA와 같은) 분석국(DI)의 모든 견해를 대변하고 옹호해야 한다. 개인적인 견해를 분명히 할 필요가 있지만 상부에서 요구할 때만 제시해야 한다.[130]

❺ 언어구사를 정확하게 해야 한다. 자신의 독특하거나 새로운 식견 또는 사실

---

127 Ibid, 138.

128 Ibid.

129 Ibid.

130 Ibid.

을 가급적 빠르게 전달해야 한다. 활력있는 구두 보고를 하고 가급적 짧고 명확한 문구를 사용해야 한다. 지나친 세부 묘사를 피하고 기술용어의 사용을 최소화해야 한다. 분석국(DI)의 보고서 작성 지침을 항상 참고하고 짧은 보고서가 언제나 더 낫다는 점을 유념해야 한다.[131]

⑥ 내부의 맹점을 대조하기 위해 외부 전문가를 활용해야 한다. 자신의 분석과제와 관련하여 새로운 외부 연구와 전문가들을 찾아 지속적으로 자문을 구해야 한다. 자신의 분석과 관련된 언론매체의 보도 경향에 주목하고 이들로부터 얻을 것이 있는가를 고찰해야 한다. 핵심적 이슈에 관해서 외부의 반응이 자신의 생각과 일치하는지를 대조해야 한다.[132]

⑦ 분석의 과오를 인정하고 실수를 통해 배워야 한다. 정보분석은 아주 풀기 어려운 과제들과 불확실성에 초점을 맞추기 때문에 오류를 범할 소지가 크다는 것을 인정할 필요가 있다. 과거의 정보판단이나 해석을 주기적으로 검토하고, 그 성공과 실패의 원인과 성격은 어떠했는가를 규명해야 한다. 그리고 이전의 정보분석 라인이 적절치 못했다는 것을 발견했을 경우 즉시 정책입안자에게 알려주고 그 사유와 함의를 설명할 필요가 있다.[133]

⑧ 정책 입안자의 관심사항에 주목해야 한다. 정책 입안자의 현안 문제에 적실성과 시의성이 있는 정보를 전달해야 한다. 자신의 정보분석이 국가의 정책에 어떤 함의를 가지는지를 분명히 해야 한다. 특히 정책 입안자가 위협을 다루고, 결단을 내리는 동시에 정책목적을 달성할 수 있는 실행가능한 정보를 제공해야 한다.[134]

⑨ 분석관 자신의 정책 의제를 추구해서는 안 된다. 개인적인 정책 선호도가 정보 분석의 성격을 좌우해서는 안 된다. 정책 입안자들이 정책 대안을 요청할 때, 가급적 정중하게 그러나 단호하게 이를 비껴나가야 한다. 정보는 정

131 Ibid.

132 Ibid.

133 Ibid.

134 Ibid, 139.

책 선택에 있어서 불확실성과 위험도를 감소시켜 주고 그 실행에 있어서 이상적 기회를 식별함으로써 정책 입안자들을 도와주는데 있지, 그를 대신하여 정책을 선택해 주는 것은 아니다.[135]

8) 정보분석 생산물

정보분석의 생산물로는 다음과 같은 것들이 있다. 예를 들면, 미국의 대통령 일일보고(PDB: Presidential Daily Brief), 일일국가정보보고(NID: National Intelligence Daily), 고위 행정부 정보보고(SEIB: Senior Executive Intelligence Brief) 등이 있다. NID 또는 SEIB는 통상 국가안보관련 부서의 차관보급 이상 고위관리와 의회의 관련 위원회에 배포된다. 한국에서는 일일주요정보보고서 등이 있다.[136]

정보분석부서의 핵심 역할은 국가정보예측판단보고서(NIE: National Intelligence Estimates) 및 특별국가정보판단보고서(SNIE: Special National Intelligence Estimates) 작성에 있다. NIE는 중요현안문제의 사태발전 가능성에 대한 정보판단을 제시해 준다. NIE와 SNIE는 합의에 기초한 정보산출의 대표적 유형이다.[137]

경우에 따라서는 시간적 제약 때문에 분석부서가 아니라 수집부서에서 직접 작성하는 사례도 흔히 있다. 특히 현용 보고서의 경우 그러하다. 주로 수집부서에서는 주요 상황발생시 즉각적 보고서를 작성하고, 분석부서에서는 앞서 언급한 것처럼 보다 전문화된 정보분석 판단보고서를 작성한다.[138]

9) 정보판단과 정보실패

정보예측 판단은 언제나 실패할 개연성을 내포하게 있다. 이를 정보실패라고 한

135 Ibid.

136 Ibid.

137 Ibid, 140.

138 Ibid.

다. 정보실패는 분석관의 실패, 조직상의 실패, 그리고 배포상의 실패 등 세 가지로 나누어 볼 수 있다. 이들 각각을 살펴보면 다음과 같다.

(1) 분석관의 실패

분석관의 실패에는 분석관의 인지(cognition)상의 실패와 분석관 개인의 능력상의 실패로 나누어 볼 수 있다. 전자에는 자기 반사적 오류(mirror image)와 집단사고(group thinking)의 문제가 있다. 자기 반사적 오류는 분석관 자신이 처한 현실인식을 분석 대상국에도 그대로 적용하는 데서 발생하는 오류이다. 집단 사고는 분석관이 속한 집단의 경직성과 분석상의 편견 때문에 발생한다. 해당 집단 또는 기관의 조직적 특성 때문에 개인의 개별적 의견이나 판단이 허용되지 않고 집단적으로 사고하는 경향이 나타나는데 이는 정보분석의 실패로 이어진다. 이 밖에도 앞서 언급한 것처럼 분석관의 실패로 이어지는 분석관의 인지상의 실패에는 ① 모든 것이 정상적으로 돌아가고 있다는 정상화 편향, ② 자신의 희망과 관련된 정보를 선별적으로 받아들이는 선택적 지각, ③ 결과가 낙관적일 거라는 희망사고(wishful thinking)로 들여다보는 낙관주의 편향 등이 있다. 분석관의 능력상의 실패는 글자그대로 분석관의 자질의 문제이다.[139]

(2) 조직상의 실패

이는 글자 그대로 조직 또는 제도상의 경직성 때문이다. 9.11테러의 원인이 된 미 CIA와 FBI 사이의 정보공유의 실패도 이 같은 조직상의 실패 사례에 해당한다. 이 같은 문제점을 극복하기 위해 정보공동체가 구성되고 ODNI가 설치되었다. 정보분석의 관료화 경향과 정치화 현상도 조직상의 실패 사례에 해당한다. 정보기관이 지나치게 정치화하여 특정 국내 정치적 편향성을 갖게 되고 이것이 정보분석에 영향을 미치는 것은 정보실패로 이어질 수 있는 주요한 문제가 된다. 다른 한편으로는 정보기관이 지나치게 행정조직화 관료화하여 경직되는 것도 또 다른 정보실

---

139 Ibid, 144-146.

패의 요인이 된다. 때문에 정보기관 본연의 특성을 유지하는 노력이 요구된다.[140]

(3) 배포상의 실패

배포상의 실패는 제도적 미비로 인해 배포 채널 상에 하자가 나타나는 경우에 나타난다. 앞서 언급한 9.11테러의 원인이 된 미 CIA와 FBI 사이의 정보공유의 실패는 배포상의 실패 사례이기도 하다. 또한 시이성을 놓친 관련 정보의 배포도 배포상의 실패에 해당한다. 적시성(timeliness)을 놓친 정보분석은 아무리 정확하더라도 그 가치가 없다. 이 밖에도 정보소비자의 설득 실패에서 오는 배포 및 정보실패도 있다. 정책결정자들이 어떤 특정한 믿음이나, 신념, 편견 등을 갖게 되면 이들을 설득 하는 것이 매우 어렵다, 이때는 타당한 정보분석이 이들에게 배포되지 않을 수 있으며 배포되더라도 이들을 설득하지 못할 수 있다. 이는 정보실패로 이어진다.[141]

---

140 Ibid, 146-148.

141 Ibid, 148-149.

VI 보안방첩활동

Ⅵ 보안방첩활동

1 개념

보안방첩활동(security & counterintelligence activity)은 방어의 의미를 갖는다. 앞서 언급한 정보활동이 적 또는 상대국에 대한 공세적 활동이라면 보안방첩활동은 적 또는 상대국이 우리를 상대로 수행하는 정보활동, 그리고 뒤에 설명할 비밀공작 등의 공격을 어떻게 방어할 것인가와 관련된 활동이다. 이 같은 보안방첩활동의 실패는 국가에 큰 위기를 가져올 수 있기 때문에 국가정보기관이 수행하는 매우 중요한 역할이 된다. 전, 평시를 막론하고 국가에 대한 방위는 군의 전쟁수행과 군사활동 등과 함께 이 정보기관이 수행하는 보안방첩활동이 주요한 기둥(pillar)이 된다.

보안방첩활동의 의미를 명확하게 짓는 것은 매우 어렵다. 이는 보안(security), 방첩(counterintelligence), 그리고 관련된 또 다른 개념인 외사(foreign affairs) 등의 용어들이 함께 뒤섞여 사용되기 때문이다. 이는 위협의 성격 때문에 그렇다. 적의 스파이 활동은 해외로부터 들어오는 위협이다. 따라서 이는 당연히 외사의 영역이 된다. 한편 오늘날은 테러단체와 같은 비국가행위자가 주요한 보안과 방첩의 위협이 되기도 한다. 또한 국가행위자, 테러단체, 해커, 국제조직범죄 등이 서로 연계되고 뒤섞여 복합위협을 초래하는 경우도 있다. 사정이 이렇다 보니 위협의 현실을 다루는 과정에서 보안과 방첩, 외사 등을 엄밀히 분리하는 것이 쉽지 않고 또 실효적 의

미도 없다. 따라서 보안, 방첩, 외사는 함께 연계된 개념으로 이해하는 것이 필요하다. 이 같은 점을 염두에 두고 각각의 개념을 살펴보면 다음과 같다.

보안(security)은 정보, 자산, 시스템 및 기타 자원을 외부 위협으로부터 보호하기 위한 전략과 조치의 모음을 나타낸다. 앞서 언급한 것처럼 보안은 영어의 시큐리티(security)로 표현되는데 이 시큐리티는 경우에 따라서는 "안보"로 또는 "보안"으로 번역이 된다. 대체로 안보는 국가나 사회일반, 추상적, 장기적, 거시적, 넓은 범위 등에서 사용되면서 거시정책, 전략 등을 의미하는데 반해 보안은 국가기관이나 민간기업이나 조직 등과 같이 일선에서 정책실행을 수행하는 구체적, 단기적, 미시적, 좁은 범위 등에서 사용된다. 이들 기관 또는 행위자들이 수행하는 구체적인 조치, 방안, 절차 등과 관련된 개념으로 보안이라는 개념이 사용된다.[142]

보안은 기밀성, 무결성, 가용성 등과 같은 핵심 보안 속성을 유지하고 강화하기 위한 다양한 방법을 포함한다. 이 같은 보안의 주요 개념들은 다음과 같은 의미를 가진다. 기밀성(Confidentiality)은 정보가 오직 그에게 권한이 있는 사람만 접근할 수 있도록 하는 보안 속성이다. 암호화, 접근 제어 및 인증 등의 기술이 이를 보장한다. 무결성(Integrity)은 정보가 변경되지 않고 원래의 상태를 유지하는 것을 의미한다. 무결성은 데이터의 정확성과 신뢰성을 보호한다. 가용성(Availability)은 정보 및 시스템이 필요할 때 항상 사용 가능한 상태를 유지하는 것이다. 공격, 장애 또는 기타 문제로부터의 회복력이 이에 포함된다. 접근 제어(Access Control)는 인증 및 권한 부여를 통해 사용자나 시스템이 특정 자원에 접근하는 것을 제어한다. 이는 비인가 접근을 방지하고 기밀성을 유지한다. 신원확인(Authentication)은 사용자나 시스템이 자신이 주장하는 신원을 증명하는 과정이다. 비밀번호, 바이오메트릭스, 스마트카드 등이 사용될 수 있다. 보안 정책(Security Policy)은 조직이나 시스템에서 보안을 유지하기 위해 정의한 규칙과 절차를 나타낸다. 이는 보안 관행 및 규정을 명시하고 준수를 강제하는 데 사용된다. 위험 관리(Risk Management)는 조직이나 시스템이 직면한 위험을 식별하고 분석한 뒤, 적절한 대응책을 마련하는 프로세스를 의

142 신범식 · 윤민우 · 김규철 · 서동주, 『러시아의 사이버 안보』, (서울: 사회평론아카데미, 2021), 19-20.

미한다. 암호화(Encryption)는 정보를 해독하기 어렵게 만들기 위해 텍스트나 데이터를 다른 형태로 변환하는 기술이다. 이를 통해 기밀성을 유지할 수 있다. 백업 및 회복(Backup and Recovery)은 데이터의 손실을 방지하고 시스템을 고장 또는 공격으로부터 회복하기 위해 주기적인 데이터 백업 및 회복 계획하는 것과 관련된 활동이다. 종종 이 백업 및 회복은 복원력(resilience)과 관련이 있다. 이는 적의 정보활동이나 비밀공작으로부터 받은 피해로부터 빠르게 일상으로 복귀하는 역량을 의미한다. 마지막으로 사이버보안(Cybersecurity)은 컴퓨터 시스템, 네트워크, 소프트웨어 및 데이터를 사이버 스파이활동 이나 다른 사이버 공격으로부터 보호하기 위한 모든 분야와 활동이다. 보안은 계속해서 진화하고 새로운 위협에 대응하기 위해 지속적으로 발전하고 있다. 이는 기술, 정책, 교육 등 다양한 측면에서 다루어지며, 전반적으로 국가시스템의 안정성과 신뢰성을 유지하는 것이 목표이다.

방첩(counterintelligence)은 적의 정보활동, 비밀공작, 및 방첩활동에 대응하여 자국의 정보 및 기밀을 보호하고 안전을 유지하는 데 중점을 둔 정보기관의 활동이다. 이는 국가, 군사, 경제, 정치, 시회, 문화 등 다양한 분야에서 발생하는 적의 정보수집 및 스파이 활동에 대비하는 데 사용된다. 방첩은 각종 비밀 정보를 보호하고 국가 안보를 유지하는 데 기여하며, 특히 국가 간의 적대적인 관계에서 중요한 역할을 한다. 방첩의 주요 특징 및 활동은 다음과 같다.[143] ① 적의 정보수집 대응: 방첩은 적이 자국의 정보를 수집하려는 시도에 대응하여 방지하고 발견하는 활동을 수행한다. 이는 특히 적의 스파이나 정보 수집 조직을 탐지하고 분석하는 데 중점을 둔다. ② 스파이 및 적의 에이전트 식별: 방첩은 적의 에이전트나 스파이를 식별하고 추적, 제거(체포 등)한다. 이를 통해 적의 정보수집 활동을 최소화하고 방지한다. ③ 허위 정보 유포 및 디스인포메이션(disinformation) 대응: 방첩은 적의 디스인포메이션 및 허위조작정보 유포에 대응하여 이를 방지하고 국가의 목적에 부합하지 않는 정보의 영향을 최소화한다. ④ 보안 강화: 방첩은 국가핵심기반시설(critical infrastructure)과 같은 국가의 중요한 시설, 정보, 과학기술 등에 대한 보안을 강화하고, 내부적으로 발생할 수 있는 정보 누출을 방지하기 위한 대책을 마련한다. 최

143 최운도, "외사·방첩론," 문정인 편저., 『국가정보론』, (서울: 박영사, 2002), 186-187.

근에는 미국 등에서 선거제도자체를 국가핵심기반시설로 지정하여 이에 대한 해외로부터의 침해나 침투, 선거개입을 보안방첩 차원에서 다루고 있다. ⑤ 인간정보(HUMINT): 방첩은 자국의 정보를 보호하기 위해 적의 인간정보 활동에 대응한다. 이는 스파이나 적의 에이전트와의 인간적 접촉 및 정보 교환을 포함한다. ⑥ 기술적 대응: 방첩은 기술적인 수단을 사용하여 전자통신, 네트워크, 시스템 등을 보호하고, 해킹, 전자전 등과 같은 적의 기술적인 정보수집에 대비한다. 방첩은 국가 안보에 큰 영향을 미치며, 국가의 경제적, 정치적, 군사적 이익을 보호하는 데 기여한다. 국가 차원에서 정부 기관, 군사 기관, 경찰 등 다양한 조직에서 수행된다. 한국의 경우 국가정보원과 국군방첩사령부, 사이버사령부, 경찰 안보수사국 등이 보안방첩임무를 수행하는 주요한 기관들이다.

외사(foreign affairs)는 외국인 또는 외국인과 연계된 내국인에 의한 국가안전 및 이익저해활동을 견제, 차단, 와해, 처벌하기 위해 관계기관에서 수행하는 일체의 대응활동이다. 여기에는 적국의 스파이 활동뿐만 아니라 국제테러단체에 의한 테러위협 및 관련활동, 초국가조직범죄로부터 야기되는 각종 범죄의 위협, 해킹, 마약밀매, 무기밀거래, 금지물질이나 물품의 거래, 자금세탁 등 일체의 해외로부터 야기되는 안보위협이 모두 포함된다. 때문에 외사의 경우 보안, 방첩을 포함하고 있으면서 그 외 다른 해외로부터의 각종 안보와 안전의 위협들을 다루고 있다고 보면 된다. 한편 보안과 방첩은 해외로부터의 위협 이외에도 국내로부터 야기되는 적국을 이롭게 하는 국가안보의 위협도 업무의 범위에 포함된다. 따라서 외사에 포함되지 않으면서 보안, 방첩에 해당되는 사안이 있을 수 있고 그 반대도 가능하다. 하지만 이 같은 엄밀한 구분이 실제 현실에서는 크게 실효적 의미는 없다. 많은 경우에 적국의 정보활동이라는 사안의 성격상 자연스럽게 외사의 영역을 담고 있고 이는 또한 보안, 방첩의 문제에 해당하기 때문이다. 반대로 보안, 방첩 역시 내국인으로부터 야기되는 위협이라고 하더라도 많은 경우에 해당 내국인은 해외 세력과 직, 간접적으로 연계되는 경우가 일반적이고 또한 최근 들어 보안, 방첩의 의미도 적대국과 같은 국가행위자 이외에도 해외기업에 의한 산업스파이 행위, 테러단체, 초국가범죄세력, 해커조직 등과 같은 다양한 비국가 행위자로부터의 위협대응으로 영역을 넓혀가는 추세이다. 따라서 사실상 외사, 보안, 방첩은 거의 함께 쓰인다. 따라서 이 장에서 다룰

보안방첩은 외사의 의미 역시 포함하고 있다.[144]

2 유형

방첩활동은 수동적(passive) 방첩과 능동적(active) 방첩으로 나뉜다. 이를 각각 살펴보면 다음과 같다. 수동적 방첩은 적대적인 정보기관이 중요한 정보나 지식에 접근하는 것을 차단하는 활동이다. 이는 보안활동이라고도 불린다. 수동적 방첩에 해당되는 활동은 정보의 기밀분류화(classification of information)와 보안(security) 활동을 포함한다.[145]

기밀분류화는 정부의 주요 문서나 파일과 같은 것을 1급비밀(Top Secret), 2급비밀(Secret), 대외비(Confidential) 등으로 분류하여 정보의 유출을 막는 조치이다. 대체로 이 같은 기밀등급분류는 유출시 국가안보에 대한 손상정도에 따라 이루어진다. 1급비밀은 '치명적 손상'을, 2급비밀은 '심각한 손상'을, 대외비는 '손상'을 초래할 것으로 예상되는 경우에 해당한다.[146]

보안활동은 인사 보안(Personnel Security), 물리적 보안(Physical Security), 통신 보안(Communications Security), 그리고 사이버 보안(Cyber Security) 등으로 이루어져 있다. 인사보안은 신원조사, 동향파악, 보안교육 등의 업무로 구성된다. 인사보안의 대상은 정보기관의 직원뿐만 아니라 관계부처나 정부기관, 관련 민간부문 기업, 조직, 단체, 관련된 민간인들 등 기밀정보와 관련된 일체의 인원을 포함한다. 물리적 보안은 분류된 정보에 대한 외부자(허가받지 않은 인원)의 접근이 물리적으로 불가능하도록 하는 일체의 조치들이다. 여기에는 제한지역, 제한구역, 통제구역 등

144 Ibid.

145 Ibid, 188.

146 Ibid, 189.

보호구역의 설정, 시설보안, 방벽설치 또는 탐지장비설치 등을 통한 접근금지조치 등 여러 관련 활동들이 포함된다. 통신보안은 전선과 전파를 이용한 커뮤니케이션의 도청방지를 목적으로 한다. 여기에는 보안관련 자재와 장비의 운송과 취급과정에서의 정보누출을 차단하기 위한 자재보안, 통신수단으로서의 암호에 대한 보안, 그리고 통신과정에서의 도청과 통신방해를 저지하기 위한 송신보안 등이 포함된다. 통신보안에는 컴퓨터보안도 포함될 수 있다. 하지만 사이버 보안 영역의 중요성이 커지면서 이는 과거 통신보안의 일부로 간주되던 것에서 벗어나 별도의 사이버 보안의 영역으로 확장, 발전했다. 국가정보기관에서도 이를 반영하여 사이버 보안이 하나의 독립된 영역으로 받아들여지고 운용되고 있다.[147]

사이버 보안(cyber security)은 컴퓨터 시스템, 네트워크, 소프트웨어 및 데이터를 사이버 공격, 비인가 접근, 데이터 유출 등으로부터 보호하는 보안활동의 하나이다. 사이버 보안은 기밀성, 무결성, 가용성과 같은 핵심 보안 속성을 유지하고 강화함으로써 정보 시스템을 안전하게 보호하는 데 중점을 둔다. 사이버 보안의 주요 개념과 활동은 다음과 같다. 첫째는 기밀성(Confidentiality)이다. 이는 민감한 정보가 오직 그 권한이 있는 사람들에게만 접근 가능하도록 하는 것이다. 암호화, 접근 제어 및 신원 확인 기술을 활용하여 이를 달성한다. 둘째는 무결성(Integrity)이다. 이는 정보나 데이터가 변경되지 않고 원래의 상태를 유지하는 것을 의미한다. 이는 데이터의 정확성과 무결성을 보존하여 데이터를 변조하는 것을 방지한다. 셋째는 가용성(Availability)이다. 이는 정보 및 서비스가 필요할 때 항상 이용 가능한 상태를 유지하는 것이다. 공격, 장애 또는 기타 문제로부터의 빠른 회복력이 중요하다. 넷째는 접근 제어(Access Control)이다. 이는 사용자 또는 시스템이 특정 자원에 접근하는 것을 제어한다. 권한 부여, 다단계 인증 및 식별 기술을 사용하여 비인가 접근을 방지한다. 다섯째는 신원 확인(Authentication)이다. 이는 사용자 또는 시스템이 자신이 주장하는 신원을 증명하는 과정이다. 비밀번호, 스마트 카드, 얼굴 인식, 지문인식 등이 사용될 수 있다. 여섯째는 암호화(Encryption)이다. 이는 정보나 데이터를 해독하기 어렵게 만들기 위해 텍스트나 데이터를 다른 형태로 변환하는 기술

147 Ibid.

이다. 통신 내용이나 저장된 데이터의 기밀성을 유지하는 데 사용된다. 일곱째는 방화벽(Firewall)이다. 이는 네트워크에서 외부와 내부 간의 통신을 제어하고 모니터링하여 비인가 접근을 차단하는 기술이다. 여덟째는 안티바이러스 소프트웨어(Anti-virus Software)이다. 이는 악성 코드와 바이러스로부터 시스템을 보호하는 소프트웨어의 확보와 운용을 의미한다. 아홉째는 사이버 위협 탐지(Intrusion Detection)이다. 이는 시스템에 침입하려는 시도를 감지하고 경고하는 기술이다. 열째는 사이버 보안 정책(Cybersecurity Policy)이다. 이는 국가기관이나, 민간조직, 단체, 기업 등에서 시행하는 사이버 보안에 대한 규정과 지침을 정의하고 이를 문서나 메뉴얼로 만들며, 이 같은 정책을 실행하도록 가이드하는 활동이다. 사이버 보안은 따라서 각 조직 및 개인으로 하여금 적절한 보안 대책을 적용하여 정보 시스템을 안전하게 유지하도록 하는 일체의 활동이다.

한편 보다 통상적이고 적극적인 의미의 방첩은 능동적 방첩으로 정의된다. 능동적 방첩에는 "적대적 정보기관들의 활동을 붕괴시키거나 무력화시키는 것을 목적으로 이루어지는 행위의 실행과 정보의 수집"활동이 포함된다. 이에 따라 방첩기관 또는 방첩부서의 네 가지 기본 기능은 다음과 같이 제시될 수 있다. 첫째는 적대적 정보기관에 침투하는 것이다. 둘째는 전향자와 전향가능성이 있는 요원이나 인사들에 대한 평가이다. 셋째는 적대적이거나 우호적인 정보기관에 대한 연구와 자료수집이다. 넷째는 적대적 정보기관과 그 활동을 붕괴시키거나 무력화시키는 것이다.[148] 여기에 한국의 경우 탈북자 또는 북한이탈자들의 관리도 중요한 능동적 방첩의 임무에 포함된다. 최근 들어서는 중국, 북한, 러시아 등과 같은 해외 적대세력의 악성 정보를 이용한 영향력 공작에 대한 대응도 중요한 능동적 방첩의 한 분야로 다루어지고 있다. 이를 미국에서는 해외 악성 영향력(FMI: Foreign Malign Influence) 위협, EU에서는 해외정보조작개입(FIMI: Foreign Information Manipulation and Interference) 위협으로 정의하고 있다.

---

148 Ibid, 190.

3 한국에 대한 주요 보안방첩 위협실태

한국에 대해 정보(스파이 또는 간첩)활동의 주요 위협 국가는 북한과 중국이다. 이들의 정보활동은 매우 공세적 · 적극적이며, 이로 인한 국가안보위협은 심각하다. 가장 주된 주적[149]인 북한의 경우 다양한 온, 오프라인 스파이 활동과 사이버 범죄 활동 양상을 보이고 있다. 특히 최근 들어, 북한의 스파이 활동과 관련된 캄보디아 커넥션이 눈에 띈다. 북한은 캄보디아를 통해 피난처 또는 위장신분 등을 지원받는다고 보고되었다. 또한 한국의 또 다른 방첩 위해 요인인 중국의 산업스파이 및 스파이 활동, 선거개입과 여론조작을 포함한 영향력 공작 등이 두드러진다. 중국은 일대일로를 통한 글로벌 패권국가를 목표로 한국을 포함 미국, 영국, 유럽, 오스트레일리아 등 주요 서방 자유민주주의 국가들과 일대일로 경로상의 국가들을 대상으로 공세적 · 전방위적 · 무차별적 스파이 활동과 영향력 공작을 온, 오프라인에서 전개하고 있다. 특히 최근 들어 이들 적성 국가들은 사이버 공간상에서의 범죄, 인지적(cognitive) 영향력 공작, 여론 공작, 국방과학산업기술절도, 사이버공격 등을 활발히 전개하고 있다. 이를 자세히 살펴보면 다음과 같다.

1) 북한

(1) 오프라인 정보활동

북한은 한국에 대한 정보활동 또는 스파이활동을 지속적으로 실행해오고 있다. 과거와 비교할 때 최근 달라진 점은 북한의 사이버 공간을 통한 공격이나 스파이활동이 증대한 반면, 공작원이나 정보원 등을 활용하는 오프라인에서의 스파이활동이 줄어든 것으로 보인다는 것이다. 오프라인 활동에서도 2000년 이후로 직파간첩을 직접 보내는 것은 줄어든 반면, 탈북자로 위장하여 한국에 입국하도록 하는 우회 전

149 북한은 대한민국과 휴전상태에 있는 주적으로 국가정보원(이하 국정원)과 국방부 소속 국군 방첩사령부 등의 주된 방첩대상국이다.

략이 증대한 것처럼 보인다. 또한 통계에 따르면, 최근에는 간첩행위에 대한 수사나 체포, 처벌 건수가 매우 적다. 이를 종합하면 최근 정보통신기술의 발달로 북한에서 인원을 직접 보내는 직파간첩이나 탈북자로 위장한 인원 등 오프라인에서의 활동이 줄어들었으며, 상대적으로 온라인에서의 정보활동이 증대했다는 점을 추정할 수 있게 한다. 하지만 이와 같은 추이가 실제 그러한 것인지, 아니면 한국의 대북한 방첩활동이 약화되어서 실제 북한의 오프라인 정보활동에 강도 높게 추적-감시하고 대응하지 않아서 그런 것인지는 확실치 않다.[150]

북한의 오프라인 대한국 침입경로를 살펴보면, 최근 들어서는 인원이 북한에서 직접 한국으로 침투하기 보다는 중국, 캄보디아 등의 제 삼국을 통해 한국으로 입국하거나 제삼국의 인원들을 통해 간접적으로 활동하는 것이 보다 보편적인 것으로 보여 진다. 특히, 국내 입국과 활동이 용이한 중국 조선족으로 가장하여 국내로 들어오거나, 이들 조선족들을 통해서 한국 내에 있는 북한 동조자들을 회유, 포섭하거나, 금품을 대가로 군이나 산업계 인물 등을 포섭하여 군 기밀정보와 내부정보, 과학기술 정보 등을 유출하거나 친북·반국가 세력 네트워크를 구축하고 지원한다. 이와 함께, 국내에 정착한 탈북자들을 대상으로 이들을 회유, 강압, 협박함으로서 다양한 정보수집, 공작, 공개적 사회갈등조성 등의 활동을 수행하고 있는 것으로 판단된다.[151]

2012년부터 2022년까지 최근 10년간 발생한 대표적인 북한의 오프라인 정보활동을 살펴보면 북한의 대한국 정보활동은 다음과 같은 몇 가지 유형들로 식별된

---

150 윤민우·김은영, 『모든전쟁: 인지전, 정보전, 사이버전, 그리고 미래전쟁에 대한 전략이야기』, 175.

151 Chad O'Carroll, "Zooming in: How North Korean conducts spy operations in South Korea," *NKNews*, 2021. 08. 10. https://www.nknews.org/2021/08/zooming-in-how-north-korean-conducts-spy-operations-in-south-korea/ 다만, 이는 언론의 보도와 국가정보원 등의 정보기관의 기소, 경찰의 체포활동이 이루어질 때 언론이 보도되는 것으로 요원을 활용한 실제 대남 스파이 활동의 절대적인 수가 줄어들었는지에 대해서는 확실하지 않고 연구자의 분석에 근거한다. 다양한 변수가 작동하여 밝혀지고 보도되는 스파이 활동이어서 관련해서는 보다 깊이 있는 연구가 따로 필요할 것이다.

다. 북한의 오프라인 정보활동은 ① 한국 내에 있는 친북 동조자들을 포섭하여 이들로 하여금 정보수집, 비밀공작활동, 사회분열 및 반정부 및 반미활동을 수행하게 하는 행위, ② 금품을 대가로 공작원 또는 협조자들을 포섭하여 군이나 산업 등의 기밀을 유출·절취하는 행위, ③ 북한의 직파간첩을 통한 비밀공작행위 및 사회혼란조성행위, 그리고 ④ 탈북자들을 포섭하여 스파이로 활용하는 행위 등으로 구분해 볼 수 있다. 이 가운데 특히 탈북자들을 활용한 정보활동이 김정은 집권 이후에 강화되어 왔다. 이를 구체적으로 살펴보면, ▲ 북한 공작원이 탈북자로 위장하여 한국 내에 거주하는 탈북자들의 정보를 파악하여 북한 당국에 전달하는 활동; ▲ 주민들의 탈북의지를 꺾어 탈북자 수를 줄일 목적으로 탈북자들을 위협하거나 회유하여 다시 재입북하도록 하는 활동; ▲ 재입북한 탈북자들을 대한민국을 비난하는 선전도구로 활용하는 활동; 그리고 ▲ 국내 거주 탈북자들을 활용한 대한국 스파이활동 등이 있다. 이와 같은 탈북자들의 정보활동 활용은 북한의 직파간첩을 통한 대한국 정보활동과도 깊이 연계되어 있다. 국내 탈북자의 증가와 탈북자 사회의 형성은 마치 미국과 서유럽의 이슬람 이민사회가 이슬람 극단주의 테러세력이라는 물고기가 활동할 수 있는 기반인 물이 되고 있는 것처럼 북한 직파간첩(물고기)이 활동할 수 있는 물이 되고 있다는 점에서 주요한 대북 방첩활동의 위협이 된다.[152]

위에 제시된 오프라인 정보활동의 4가지 유형들에 해당하는 구체적인 사례들은 다음과 같다. 첫 번째로 국내 친북세력 또는 북한동조세력을 활용한 정보활동이다. 이는 과거 소련의 적극조치(Active Measure)에 해당하는 정치공작으로 적의 정부와 대중들, 그리고 다양한 대중들 사이를 분열시켜(drive wedges) 혼란과 공포, 그리고 분열과 증오를 조장하고 적의 가치와 제도, 질서에 대한 대중들의 신뢰를 떨어뜨려 적의 정책수행을 마비시키는 것을 목표로 한다.[153] 이를 위해 북한은 통일전선부, 문

---

152 윤민우·김은영, 『모든전쟁: 인지전, 정보전, 사이버전, 그리고 미래전쟁에 대한 전략이야기』, 175-176.

153 Todd C. Helmus, Elizabeth Bodine-Baron, Andrew Radin, Madeline Magnuson, Joshua Mendelsohn, William Marcellino, Andriy Bega, and Zev Winkelman, "Russian Social Media Influence: Understanding Russian Propaganda in Eastern Europe," RAND, Santa Monica, California, 2018, 7-8.

화교류국, 정찰총국 등의 대남공작기관을 활용하여 국내 친북세력을 통해 한국 사회를 분열, 갈등시킨다. 이와 같은 활동은 공개적으로 국가정보원의 해체, 국가보안법의 폐지, 한미동맹반대, 주한미군 철수, 공산주의사회건설 등의 주장으로 나타난다. 이를 통해 북한은 한국 사회의 분열과 증오를 조장하고, 국가안보정책과 추진체계를 무력화하며, 반미친북세력을 리크루팅하고 확산시킨다.[154]

이러한 유형에 해당하는 대표적인 사례는 2021년에 발생한 청주지역의 시민단체 활동가가 연루된 청주간첩단 사건이다. 이 사건에서 관련혐의를 받고 있는 4명에 대해서 국정원은 이들이 북한 통일전선부 문화교류국 소속 공작원의 지령을 받고 미국 스텔스기 F-35 도입반대관련 시위 및 여타 활동을 벌인 혐의를 제기했다. 그리고 이들이 지방의 온라인 신문을 이용하여 북한을 위한 선전·선동 내용을 보도하고 김정은 정권을 찬양하는 내용을 웹페이지에 게시하기도 하였던 사실을 수사를 통해 확인하였다.[155] 국정원의 수사결과에 따르면 이들 친북성향의 시민단체 활동가들은 2017년에 중국과 캄보디아에서 북한 공작원을 만나 '북한노선에 동조하는 사람들을 포섭해 한국에 지하조직을 결성하라'는 지령을 받고 이를 위해 활동자금 2만 달러를 받았다.[156] 당시 청주간첩단 사건 관련자 가운데 한명이었던 충북동지회 소속 김종표는 과거 간첩사건으로 처벌된 이석기를 중심으로 한 범경기동부연합의 주요 인물 가운데 하나였다. 이 범경기동부연합은 이석기를 핵심연결고리로 민노당 및 통진당 당권파 그룹 등과 연계되어 있었으며, 북한의 대한국 공작부서인

---

154 윤민우·김은영, 『모든전쟁: 인지전, 정보전, 사이버전, 그리고 미래전쟁에 대한 전략이야기』, 176.

155 *The Korean Times*, "Activists charged with espionage allegedly used local newspaper for N. Korean propaganda," 2021. 08. 18. https://www.koreatimes.co.kr/www/nation/2021/08/103_313634.html

156 *BBC News Korea*, "'북한 지령 받고 반미 활동했다'...청주 활동가들 '간첩 혐의'," 2021. 08. 09. https://www.bbc.com/korean/news-58112280. 국가정보원에서 이들의 자택과 사무실에서 확보한 USB에는 2017년부터 최근까지 북한과 주고받은 지령문, 보고문 80여 건이 저장되었으며 김정은에 대한 충성맹세 혈서 사진도 포함되어 있었다.

225국과 연결되어 있었다.[157]

북한의 225국은 이전에도 1992년 중부지역당 간첩사건 당시 중부지역당 황인호 등과 연계되었으며, 1999년 민혁당(민족민주혁명당), 2006년 일심회, 2011년 왕재산 간첩사건 등을 주도했던 것으로 알려졌다. 과거 민노당 당원파이자 중앙위원이었던 이정훈은 2006년 일심회 간첩단 사건의 조직원이었다.[158] 또한 2011년 왕재산 사건에서는 주사파 운동권 출신 총책 김 모씨가 90년대에 북한에 포섭된 후 약 20여 년간 북한 노동당 225국의 지령을 받고 정보수집 등의 간첩활동을 하고 지하조직 '왕재산'[159]을 결성하고, 북한체제 선전을 위한 벤처기업 '코리아콘텐츠랩'과 합법적 간첩활동을 위한 위장으로 '지원넷'이라는 기업을 설립해 활동 토대를 구축하는 등 친북 정보활동을 수행하였다.[160] 이와 같은 사례들을 고려할 때, 북한과 국내 친북정치사회단체 및 인물 등과의 연계는 과거부터 지속적으로 전개되어왔으며, 이러한 연대는 최근까지도 지속되고 있는 것으로 판단해볼 수 있다. 이처럼 북한은 자신들의 직파간첩을 이용하기 보다는 대한민국 내의 북한에 동조할 수 있는 친북성향의 인물들과 정치사회시민단체들을 이용한다.

두 번째로, 북한은 자신들에 동조하거나 친북사상을 갖고 있는 대상만을 타깃으로 하는 것이 아니라 이와 같은 정치·사상·가치성향과는 무관한 대상들도 타깃으로 한다. 예를 들면, 금전에 취약한 인물들도 금전적 제공을 미끼로 북한의 대한국 정보활동에 협조하도록 포섭한다. 2022년 4월에 보도된 사건이 이에 해당한다. 이 사건에서 현역 대위와 기업가가 비트코인으로 각각 4,800만과 7,000만원의 가상화폐(virtual currency)를 받는 대가로 북한 공작원(SNS계정명 보리스)에 포섭되어

---

157 윤민우·김은영, 『모든전쟁: 인지전, 정보전, 사이버전, 그리고 미래전쟁에 대한 전략이야기』, 177.

158 군 정보관계자 및 과거 운동권 경력자 인터뷰.

159 북한이 '김일성의 항일유적지'로 선전하는 함경북도 온성의 산 이름을 따 '왕재산'이라 명칭하였다고 함. 『월간조선』, 2011년 10월호. "뉴스추적: 북 225국 지령 '왕재산 간첩단' 사건 조사 뒷이야기"
http://monthly.chosun.com/client/news/viw.asp?nNewsNumb=201110100016

160 Ibid.

군사기밀과 접근 가능한 다른 자료들을 북한 해커에게 전달하였다.[161] 국방부 발표에 따르면, 포섭된 현역대위는 가상화폐거래 기업가로부터 건네받은 시계모양의 카메라를 이용해 필요한 정보를 촬영했다. 이후 해당 기업가는 USB 타입의 해킹장치를 이용하여 비밀정보들을 유출하였다.[162] 당시 간첩활동에 포섭된 현역대위의 소속이 2017년 핵 위기 고조시 창설된 중부권에 있는 육군 특수임무여단으로 유사시 북한 최고위층 전쟁지도부를 제거하는 임무를 수행하는 이른바 '참수작전' 수행부대였다는 점에서 특히 문제가 제기되었다.[163] 이 사건의 뒤에 있던 북한 공작원(일명 보리스)은 두 사람의 체포 뒤에 사라졌는데 해당 북한 공작원이 주로 거처하는 곳이 캄보디아였던 것으로 조사되었다. 보리스와 접촉하던 국내 사업가도 캄보디아를 방문한 기록이 있었다. 한 언론사의 사건 관련 보도에 따르면, 보리스는 캄보디아에서 활동하던 북한의 해커부대 일원일 것으로 추정되었다.[164]

국내 정보관련 전문가의 증언에 따르면, 캄보디아는 최근 북한의 정보원들과 공작원들이 다양한 형태로 위장을 하고 정보활동과 불법적 경제활동을 수행하는 거점으로 활용되고 있다.[165] 보도에 따르면, 대북제제 관련 모니터링을 하는 다수의 해외 정보전문가들 역시 북한의 정보활동과 불법적 경제활동이 캄보디아에서 다수 이루어지고 있다고 지적한다.[166] 북한 공작원들에 의해 운영되는 호텔, 카지노, 여행사,

---

161 『한국강사신문』, "그것이 알고 싶다, 현직 장교 포섭 군사기밀 유출해간 스파이…북한 해커 부대의 실체 추적," 2022. 07. 01
http://www.lecturernews.com/news/articleView.html?idxno=100883

162 *BBC*, "South Korea arrests two for passing military secrets to North," 28 April, 2022.

163 『KBS News』, "'북 지위부 제거 계획' 유출? ... 군, 비밀 수정작업돌입," 2022. 04. 29.
https://news.kbs.co.kr/news/view.do?ncd=5452494

164 〈그것이 알고 싶다〉 1313회, '덫을 놓는 유령 – 어둠 속의 스파이' 편.

165 이 주장은 연구자가 국내의 군사관련 정보기관의 두 명 이상의 정보요원들과의 인터뷰를 통해 전해들은 국내정보기관요원들의 의견임을 밝힌다.

166 *NK News*. "North Korean spy ran hotels, casinos and travel agency in Cambodia: UN report," 2022. 02. 15. https://www.nknews.org/2022/02/north-korean-spy-ran-hotels-casinos-and-travel-agency-in-cambodia-un-report/

식당, 술집 등이 지난 2020년 중반부터 다수 운영되고 있다. UN 전문가 패널 보고서(UN Expert Panel Report to UNSC)에 따르면, 북한의 정찰총국 소속으로 파악되는 김철석이라는 공작원이 캄보디아에서 "C.H. World Travel Co. Ltd." 등 동남아시아 관광에 특화된 회사를 운영하고 있었다. 캄보디아 당국은 위 회사와 회사의 은행계좌를 폐쇄했다고 밝혔지만, 이 회사는 그 이후에도 여전히 합법적으로 등록이 되어 있는 것으로 보도되었다. 더 나아가 해당 보도는 김철석이 위조된 북한대사관직원 여권을 소지하고 있었을 뿐만 아니라, 그 위조 여권을 만드는 데 관련된 서류위조에도 연계되어 있었으며, 캄보디아의 유력한 정치인들과 친밀한 관계를 유지하는 부정부패자들(트리 핍)과 깊이 결탁해 있었다고 지적하였다.[167] 한편, 캄보디아에서 활동하는 한 언론인은 캄보디아에서 북한이 위조화폐를 세탁한다던지 북한 공작원들이 위조된 캄보디아 여권을 공작을 위해 사용하고 있다고 보도하였다.[168] 국내 정보전문가들의 지적과 미디어 보도내용들을 종합하면, 이와 같은 캄보디아의 고위 정치인 및 관료들과 북한과의 긴밀한 커넥션이 북한이 캄보디아를 공작과 불법경제활동의 근거지로 활용할 수 있는 주요한 배경인 것으로 판단할 수 있다.[169]

---

167 FFA 자유아시아방송. 캄보디아, 자국 내 '북 스파이 사업 활동' 부인... "제제 엄격 이행"

168 Ibid. 이러한 언론보도는 수사기관의 수사결과나 재판결과 등을 기반으로 하는 것은 아니어서 북한의 캄보디아 활동과 관련한 전문가들의 의견이 담긴 언론사의 보도임을 명확히 한다.

169 이 같은 언론의 보도 후 2022년 2월 19일자 보도에 따르면 캄보디아 정부는 유엔의 제재위원회의 결의를 준수하고 있다고 밝히며 앞선 언론보도에 대해서 북한사업체가 캄보디아에게 합법적 사업권을 주지 않았다고 관련 보도에 대해 부인하였다. (Cambodianess. 2022. 2. 19. Cambodia Denies the Presence of North Korean Businesses in the Country. https://cambodianess.com/article/cambodia-denies-the-presence-of-north-korean-businesses-in-the-country) 그리고 2022년 2월 24일자 캄보디아 언론의 보도에 따르면 앞선 NK News에 인용된 캄보디아 내 북한 스파이 활동에 대한 UNSC에 대한 보고서가 Report for the UN Security Council [UNSC]에 보고되기 전의 유출된 초본이라고 밝혔다 (KHMER TIMES. 2022. 2. 24. Report on N Korea spy in Cambodia was from a leaked draft, UNSC says. https://www.khmertimeskh.com/501030559/report-on-n-korea-spy-in-cambodia-was-from-a-leaked-draft-unsc-says/. 그러나 이 기사에는 앞선 유출된 초본의 내용이 거짓이라는 기사내용은 발견되지 않았다는 점을 밝힌다.

세 번째로, 고도의 전문적 훈련을 받은 요원을 한국에 직접 침투시켜 공작활동을 수행하는 북한의 직파간첩 사례가 최근 들어 언론에 드물게 보도되고 있지만, 그럼에도 불구하고 북한의 직파간첩을 통한 공작활동 역시 지속되고 있는 것으로 추정할 여지가 있다. 최근 보도된 몇몇 사건들은 이와 같은 추론을 뒷받침한다. 예를 들면, 2019년 북한의 직파간첩으로 의심되는 40대 남성이 국정원과 경찰에 의해서 체포된 사례가 언론에 보도되었다. 이 남성은 제3국에서 국적 세탁 후 제주도를 통해 국내에 들어와 스님으로 위장하고 불교계에 잠입하려고 하였다. 이 같은 직파간첩의 경우 2010년 '황장엽 암살조'로 알려진 정찰총국 소속 공작원 2명이 탈북자로 입국하려던 중 발각된 사건이후 약 9년 만에 처음 언론에 알려진 것이다. 이는 북한의 직파간첩을 통한 정보활동과 공작이 지속되고 있다는 것을 뒷받침한다.[170]

탈북자로 위장한 직파간첩의 정보활동 및 공작수행의 또 다른 사례도 보도되었다. 2021년 11월 12일 영국 일간지 더 디플로마트(The Diplomat)의 보도에 따르면, '국화(Chrysanthemum)'라는 암호명을 가진 북한 탈북자 송 모 씨는 2016년 5월 함경북도 보위부 소속 해외비밀 공작원으로 2018년 한국에 탈북자로 입국하여 스파이활동을 수행하였다. 송 모 씨는 한국 내에 있는 탈북자들의 연락처를 보위부에 넘겨주고 '북에 있는 가족들이 위험해 질 수 있다고 협박'하는 방식으로 이들을 중국을 통해 다시 입북시키고 대한국 비방 프로파간다를 수행하도록 강요하는 등의 활동을 한 것으로 국가보안법 위반혐의로 기소되었다.[171] 엔케이 데일리(NKDaily)의 보도에 따르면, 이와 같은 북한 직파간첩의 활동은 한국뿐만 아니라 중국과 같은 제3국에서도 관찰된다. 이들은 현지에 있는 탈북민의 한국행 시도 움직임을 감시, 관리, 보고하고, 중국 내 탈북민을 유인, 납치하는 등의 활동을 수행했다.[172] 마지막으로, 최근 들어 북한은 국내에 정착한 탈북자들을 이용 탈북자들을 대상으로 한 정

---

170 *BBC News Korea*, "북한간첩: 9년 만의 직파 간첩 체포...직파간첩의 역사," 2019. 07. 25. https://www.bbc.com/korean/news-49107677

171 *The Diplomat*, "Agent Chrysanthemum: North Korean spy indicated for coercing defectors to return 'home'," November 12, 2021.

172 『NK Daily』, "숱한 탈북민 밀고해 표창까지 받은 보위부 여 스파이의 운명은?," 2021. 11. 12. https://www.dailynk.com/20211110-2/

보수집, 공작활동, 그리고 친북활동들을 강화하고 있다. 관련 언론보도를 분석하면 북한에서 전문적으로 훈련시킨 정보요원을 직파하기보다는 이미 한국에 탈북자로 입국하여 정착한 사람들을 공작원이나 협조자로 회유·포섭·협박·기만하여 활용하는 것을 더 선호하는 것으로 보인다. 북한 보위부가 한국에 있는 탈북자들을 포섭하는 방법은 다음과 같다. 먼저 한국에 있는 탈북자들의 연락처와 북한에 남아있는 가족들의 연락처 등의 개인정보를 수집, 파악한다. 다음으로, 수집된 정보를 바탕으로 활용가능 한 것으로 선별된 국내 탈북자들에게 접촉하여 북한에 남아있는 가족들의 목숨과 안전을 담보로 간첩활동을 강요, 협박한다.[173]

2022년 3월에 간첩행위로 기소되어 3년형을 선고받은 한 탈북자는 자신이 북한에 남아있는 형제의 목숨에 대한 위협 때문에 간첩활동에 가담하였다고 법정에서 진술하였다. 이 탈북자는 2018년에 북한에 남아있는 형제로부터 어떤 사람을 만나야 한다는 전화를 받고 북한-중국 국경 인근지역에서 북한 공작원을 접촉했다. 이 후 그는 북한으로 납치되어 국경수비대의 고위간부로부터 북한에 있는 가족의 생명을 대가로 북-중 국경에서 활동하는 탈북 브로커들과 북한 국경수비대들 중 뇌물을 받는 자들, 그리고 미국과 한국에 북한군에 대한 정보를 제공한 자들에 대한 정보를 수집·제공할 것을 요구받았다. 이 후 그는 한국에 다시 입국하여 중국 메신저인 '위챗(WeChat)'을 통해 보위부로부터 지령을 전달받았다.[174] 이와 같은 탈북자들을 활용한 사례는 해당 사례이외에도 다수인 것으로 보고되었으며, 탈북자들은 주로 탈북단체들의 동향과 북한인권활동 내역 등의 정보활동을 강요받는다. 일단 최초의 강요에 응한 탈북자들은 이를 빌미로 다시 협박을 받아 보위부의 정보활동에 계속해서 협조하는 것으로 알려졌다.[175]

---

173 윤민우·김은영, 『모든전쟁: 인지전, 정보전, 사이버전, 그리고 미래전쟁에 대한 전략이야기』, 181.

174 *NK Korea*, "How a North Korean defector was coerced into spying for pyongyang," 2022. 03. 03 https://www.nknews.org/2022/05/how-a-north-korean-defector-was-coerced-into-spying-for-pyongyang/

175 『디펜스 뉴스』, "충격! 북한보위부, 탈북자 북한가족을 인질삼아 탈북단체 내 보위부 스파이 활동 강요," 2019. 08. 20.

이 같은 탈북자들을 활용한 북한공작의 주된 목표는 탈북방지이다. 이는 김정은이 집권직후인 2012년 11월초에 북한 국가보위성의 최우선 과제로 수단과 방법을 가리지 않고 월경 · 월남자가 더 없게 하는 탈북자 제로(0)를 선언한 것과 관련이 있다. 이 같은 김정은의 지침에 따라 보위성 등 북한 당국은 탈북을 억지하기 위해 한국과 중국 등의 탈북자들을 역으로 활용하는 활동을 강화한 것으로 볼 수 있다. 한편 탈북자 활용은 직파간첩 양성과 파견에 따르는 경제적 부담과 위험을 줄이는 실리적 효과도 있다. 이와 같은 요인들이 복합적으로 작용하여 최근 들어 탈북자들을 대상으로 한 간첩포섭활동이 강조되고 있는 것으로 판단된다.[176]

요약하면, 북한의 오프라인 정보활동은 여전히 지속적 · 적극적으로 수행되고 있다. 다만 아래의 그림에서 볼 수 있는 것처럼 과거에 비해 국내 정보 · 수사기관에 의한 직파간첩과 국내 고정간첩 등의 검거 건수는 상당히 줄어들었다. 그러나 이를 단순히 북한의 오프라인 정보활동의 감소로 이해하는 것은 주의할 필요가 있다. 이는 위에서 살펴본 것처럼, 북한이 탈북자 또는 국내친북동조세력 등을 활용하는 등 보다 저렴하고 덜 위험한 다양한 방법으로 여전히 대한국 오프라인 정보활동을 최근까지도 지속하고 있기 때문이다. 또한 검거 빈도수의 감소가 반드시 북한 정보활동 자체의 빈도수나 질적인 위협수준의 저하로 이어지지는 않는다는 점도 인식할 필요가 있다.[177]

---

176 윤민우 · 김은영, 『모든전쟁: 인지전, 정보전, 사이버전, 그리고 미래전쟁에 대한 전략이야기』, 182.

177 Ibid.

그림 VI-1 북한의 대한국 간첩 침투 및 검거 건수[178]

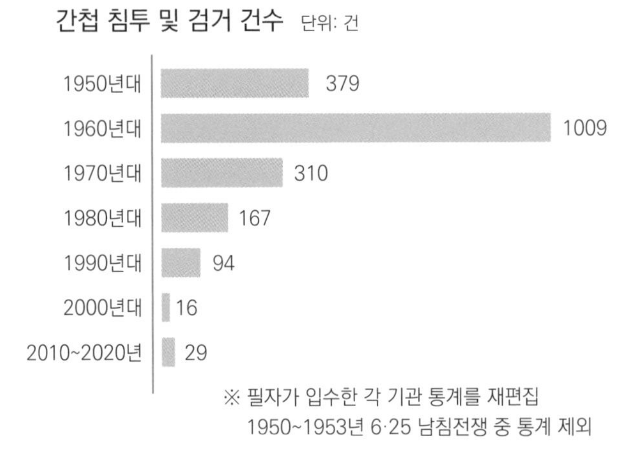

(2) 사이버 정보활동

북한은 한국에 대한 주요한 사이버 위협의 출처이다. 최근 15년간 한국에 대한 가장 치명적인 사이버 공격들은 모두 북한의 소행이었다. 주요한 과거 몇 가지 사례들은 다음과 같다. 2009년 7.7 디도스 공격과 같은 해 11월 고려대 정보보호대학원 이메일 악성코드 유포공격, 2011년 3.4 디도스 공격, 2011년 4월 농협 전산망 마비공격, 2012년 6월 중앙일보 전산망 해킹사건, 2013년 3.20 전산대란, 2013년 6.25 사이버 테러 등에 이르기까지 사회 혼란, 정보 탈취, 개인정보 절취, 금융정보 절도, 금융망이나 전산망 교란, 마비 등 다양한 목적으로 상당히 높은 수준의 사이버 공격을 빈번히 실행했다. 공격대상 역시 청와대, 국방부 등 주요 국가기관 사이트, 농협, 신한은행, 제주은행 등 금융기관, KBS, MBC, YTN, 중앙일보 등 국가의 핵심기반시설들을 포함했다. 이와 함께 북한은 사이버 공간을 통해 여론 공작과 선전·선동·프로파간다 활동 역시 매우 활발히 전개했다. 북한은 65개 친북사이트와 200여개의 국내 인터넷망을 이용하여 사이버 여론전과 프로파간다를 실행

---

178 『주간조선』, "북 공작원 청와대 근무 탈북민 BBC 증언의 진실," 2021. 10. 30. https://weekly.chosun.com/news/articleView.html?idxno=18228

했던 것으로 파악되었다.[179]

사이버 공격의 출처가 북한으로 추정되는 사이버 공격은 2019-2021년 사이에 이전시기보다 더 급격히 증가했다. 통계에 따르면 2019년 1263회, 2020년 1548회, 그리고 2021년 1462회의 북한추정 악성 사이버 활동이 탐지되었다. 이는 2018년 이전까지 기간 중에 북한 추정 사이버 공격 빈도수가 가장 높았던 2016년 1059회와 비교할 때 상당히 증가한 수치이다. 2016년을 제외하고는 2014-2018년 사이에 800회를 넘은 해는 없었다. 이와 같은 북한의 공격빈도는 2004년부터 2021년 사이의 기간에 약 300배 증가한 수치이다. 특히 북한 추정 사이버 공격은 최근 들어 한국 정부 및 연구기관들의 주요 인사들과 코로나 19의 영향과 관련이 있는 제약 및 관련 기관들, 전 세계 방산업체들, 미북정상회담, UN안보리 대북제재 등에 대한 정찰 및 정보수집, 정보탈취, DeFi/NFT 기술 기반의 가상화폐를 노린 사이버 공격이 주로 포착되고 있다. 또한 한국의 정권교체에 맞춰 새로운 정부 정책들에 대한 정보 수집을 위해 정부 인사나 관계기관 전문가 등을 타깃으로 하는 공격이 증가하고 있다.[180]

북한의 사이버 공격 및 스파이활동 능력은 현재 대체로 세계 최고 수준인 것으로 평가되고 있다. 오바마와 트럼프 정권 당시 백악관에서 보안을 담당했던 앤드류 그로토에 따르면, 북한의 해커들은 불과 몇 년 전만 하더라도 그리 높은 수준의 실력을 보이지 않고, 그래서 큰 위협거리가 아니었으나 현재 북한은 세계에서 가장 큰 사이버 위협으로 꼽혀도 손색이 없을 정도로 불과 몇 년 사이에 실력을 엄청나게 키운 것으로 보인다고 경고했다.[181] 미국 정부는 북한의 사이버 공격 및 스파이활동 능력을 세계 최고 수준으로 평가하면서, 미국의 인프라와 기업 네트워크에 위협이 되

---

179 윤민우, 『폭력의 시대 국가안보의 실존적 변화와 테러리즘』, (서울: 박영사, 2017), 251.

180 보안뉴스 기획취재팀, "북한 추정 사이버공격, 2004년부터 2021년까지 300배 이상 증가했다," 『보안뉴스』, 2022년 5월 9일.
https://www.boannews.com/media/view.asp?idx=106606

181 문가용, "북한의 라자루스, 코인베이스 사칭하여 애플 M1 칩셋 공격," 『보안뉴스』, 2022년 8월 19일. https://www.boannews.com/media/view.asp?idx=109208

며, 우주안보에도 위협이 될 수 있다고 지적한다.[182] 미국의 사이버안보기반시설보안국(CISA: Cybersecurity and Infrastructure Security Agency)은 북한이 첩보수집, 사이버공격, 현금 및 가상자산탈취의 목적 등으로 악의적 사이버 활동을 활용하고 있는 것으로 공식적으로 북한의 사이버 위협을 평가했다.[183] 미국 사이버 보안업체 크라우드스트라이크(Crowdstrike)는 북한의 사이버 공격 능력을 러시아에 이은 세계 2위 수준으로 평가하였다.[184]

북한은 일찍부터 사이버 공격역량을 강화해 왔다. 북한은 1991년 걸프전을 통해 사이버 전쟁이 가지는 의미와 중요성을 인식했다. 따라서 북한은 이미 1990년대 중반부터 사이버 전사들을 양성하고 한국과의 경제적·군사적 비대칭을 극복하기 위한 방편으로 비대칭 전력인 핵, 미사일, 그리고 사이버부문 전문 인력들을 양성해왔다. 그 결과로 현재는 상당한 사이버 공격 및 스파이 활동 수행 능력과 조직, 인력을 확보하고 사이버 공격, 스파이 활동, 그리고 범죄행위를 수행하고 있다.[185] 김정은 정권은 사이버전을 "핵, 미사일과 함께 우리 인민군대의 무자비한 타격능력을 담보하는 만능의 보검"[186]으로 표현하며 북한의 3대 전쟁수단의 하나로 간주하고 있다. 지금까지 북한이 양성해온 사이버전 인력은 약 6,800여명에 달하는 것으로 알려졌다.[187]

북한은 사이버 전력을 사이버 범죄, 사이버 공격, 사이버 스파이활동, 그리고 사이버 전쟁 대비 등 다양한 목적으로 활용한다. 먼저, 사이버 범죄와 관련해서 북한은 사이버 전력을 암호화폐해킹, 랜섬웨어 공격 등을 통한 외화벌이의 목적으로 활

---

182 김보미·오일석, "김정은 시대 북한의 사이버위협과 주요국 대응," 국가안보전략연구원 INSS 전략보고 (2021), 1-2.

183 Cybersecurity and Infrastructure Security Agency(CISA), "North Korea Cyber Threat Overview and Advisories," https://www.cisa.gov/uscert/northkorea.

184 김보미·오일석, "김정은 시대 북한의 사이버위협과 주요국 대응," 1-2.

185 신충근·이상진, "북한의 대남 사이버테러 전략분석 및 대응방안에 관한 고찰," 『경찰학연구』, 13(4) (2013).

186 김보미·오일석, "김정은 시대 북한의 사이버위협과 주요국 대응," 4.

187 Ibid.

용한다. 둘째, 사이버 공격과 관련해서 북한은 사이버 전력을 최고 존엄모독에 대한 보복공격, 주요 정부나 금융기관이나 핵심기반시설, 통신 · 방송사 등에 대한 디도스 공격 등을 통해 적대국 정부나 국민들에 대한 위협, 공포 및 불안 조성의 목적으로 활용한다. 셋째, 사이버 스파이활동과 관련해서, 북한은 사이버 전력을 국방기술 및 코비드-19 백신기술등 주요 과학기술탈취, 주요 첨단국방무기기술탈취, 특수임무부대, 정부주요부처, 원자력발전소, 서울대학교 등 주요 기관 및 시설들에 대한 정보탈취, 대남 선전 · 선동 · 프로파간다 유포, 확산 등의 정보심리전 수행 등의 목적을 위해 활용한다. 마지막으로 북한은 사이버 전력을 유사시 한국 및 미국과의 정규전 수행 대비를 위한 사이버 전쟁능력 구축을 위해 증강시키고 있다.[188]

북한의 이와 같은 사이버 전력 구축과 운용에 있어 가장 핵심적인 컨트롤타워는 정찰총국인 것으로 알려져 있다.[189] 이 가운데 특히 정찰총국 산하 엘리트 사이버부대인 '121국'이 북한의 사이버 공격과 스파이활동의 핵심조직이다. 이 121국에는 6,000명의 상근 사이버요원 및 인력이 확보되어 있다.[190] 이 조직의 목적은 국가지원 스파이활동(state-sponsored espionage), 한국을 포함한 세계 각국의 정부기관과 조직들에 대한 파괴적 공격, 그리고 돈을 목적으로 한(financially-motivated) 공격 행위 등을 포함한다.[191] 최근 121국은 한국을 포함한 전 세계의 금융기관이나 암호화폐환전소 등을 대상으로 해킹 및 랜섬웨어 공격 등으로 상당한 금액을 절취하여 불법적으로 수입을 획득한 것으로 알려졌다. 범죄 수익 가운데 일부는 핵과 미사일 개발에 필요한 자금으로 충당되었다.[192]

북한은 이 정찰총국의 지휘를 받는 다수의 해커그룹들을 운용하고 있다.[193] 미

---

188 Ibid, 3.

189 Ibid.

190 Ibid, 4.

191 Pascal Geenens and Daniel Smith, "Hacker's Almanac," radware Analysis Report, (2021), 13. Received via email from radware (A private cybersecurity company).

192 김보미 · 오일석, "INSS 전략보고. 김정은 시대 북한의 사이버위협과 주요국 대응," 4.

193 나용우, "남북 사이버 공간의 특성과 한반도 사이버데탕트를 위한 과제," 2022년 한국국

국 CISA의 보고서와 미 육군보고서(2020), 미 사이버 보안회사 Radware 보고서, 그리고 한국의 국가안보전략연구원(2021)의 보고서 등을 종합해 보면, 북한이 은밀히 운용하는 주요 해킹그룹들은 라자루스 그룹(Lzazrus Group), APT 37, APT38, 블루노르프(BlueNoroff), 스타더스트(Stardust), 천리마(Chollima), 스톤플라이 그룹(Stonefly group: aka DarkSeoul, BlackMine, Operation Troy, Silent Chollima), 안다리엘(Andarial), 김수키(Kimsuky), 탈륨(Thallium) 등을 포함한다.[194] 이 해커조직들은 벨라루스, 중국, 인도, 말레이시아, 러시아 등 해외 도처를 기반으로 활동하고 있다.[195] 이 외에도 북한은 총참모부 산하에 전자전 사령부를 포함하여 여러 하위 단위 전자정보전 집단을 운용하고 있다.[196]

북한의 해커들은 수준이 매우 높은 것으로 평가된다. 라자루스 그룹은 정부, 금융기관, 언론기관들을 주로 공격하는 것으로 알려져 있다. 라자루스 그룹 멤버이자 워너크라이 2.0 랜섬웨어 공격에 책임이 있는 박진혁은 미 FBI 수배명단(Wanted)에 올라 있다. 그는 과거 북한의 프론트 컴퍼니(front company)인 KEJV(Korea Expo Joint Ventures)를 위해 10년간 일했다.[197] 블루노르프와 안다리엘 역시 해외 금융기관에 대한 사이버 공격으로 불법수입을 획득한다. 블루노르프는 약 1,700명으로 구성된 해커조직으로 한국에서 자금탈취에 성공하였다. 안다리엘은 상대국의 전산망에 대한 취약점을 분석하는 1,600명 정도로 구성된 해커조직이다. 2016년 9월 한민구 전 국방장관의 컴퓨터와 국방부 인트라넷에 침입하여 군사작전계획서 ('작계 5015') 탈취를 시도한 바 있다.[198] 최근 활발히 활동하는 김수키 역시 정찰총국 산하조직으로 국제적인 사이버 첩보활동을 수행한다. 보고서에 따르면, 김수키는

제정치학회 하계학술대회 발표자료, 2022년 6월 30일, 277.

194 Ibid.

195 U.S. Army Headquarters, "North Korean Tactics," July 2020, p. E-2, https://irp.fas.org/doddir/army/atp7-100-2.pdf

196 김보미 · 오일석, "INSS 전략보고. 김정은 시대 북한의 사이버위협과 주요국 대응," 4.

197 Geenens and Smith, "Hacker's Almanac," 13.

198 Ibid, 7

한·미·일 정부기관과 싱크탱크 등의 여러 분야 전문가들을 대상으로 한반도 관련 안보문제에 대한 전반적인 첩보활동을 하고 있다. 김수키는 탈륨이라는 해커조직과 동일한 해커조직인 것으로 파악되고 있다.[199]

2) 중국

(1) 일반현황

중국의 정보활동 위협은 북한의 그것과 비교할 때, 보다 더 전일적이고, 통합적이며, 무차별적이고, 애매모호하며, 전략적이고, 집요하다. 이 때문에 중국의 정보활동은 북한의 정보활동에 비해 더 파괴적이고, 위협적이다. 북한의 정보활동은 탈북 억지, 국방 및 과학기술 탈취, 외화벌이, 친북세력구축 등과 같이 비교적 명확한 구체적, 전술적, 각론적 수준의 목표달성을 기도한다. 반면에 중국의 정보활동은 중국의 글로벌 패권추구라는 추상적인 최상위의 전략적 목표실현을 위해 온·오프라인과 스파이를 활용한 전통적 정보활동과 교육문화과학기술교류 등과 같은 비전통적 정보활동이 전일적으로 통합되어 운용된다. 더욱이 중국은 공자학원으로 대표되는 교육문화단체나 유학생, 학자·전문가, 문화예술, 정치인, 지방자치단체 등과 같은 통상적 국제교류를 스파이 활동 목적으로 활용함으로서 정보활동과 통상적 활동 사이의 경계가 훨씬 더 애매모호하다. 이 때문에 외견상 중국의 정보활동이 북한의 그것보다 덜 위협적이고 파괴적으로 보이지 않는 경향이 나타나지만 대상국가에 미치는 실제적 위협은 중국의 정보활동이 더욱 장기적이고, 전방위적이며, 근본적이고, 치명적이다.[200]

중국의 정보활동을 전일적, 통합적, 중장기적으로 가이드 하는 근본 전략은 초한전(unrestricted warfare)이다. 중국은 이 초한전 전략개념에 따라 정보활동을 중국의 글로벌 패권체제(또는 중국식 표현으로 중화천하질서) 달성을 위한 수단으로 인식

---

199 Ibid.

200 윌리엄 한나스·제임스 멀베논·안나 푸글리시, 『중국 산업스파이: 기술 획득과 국방 현대화』, 송봉규 옮김 (서울: 박영사, 2019).

한다. 중국의 초한전은 이와 같은 중국의 궁극적인 세계패권전략목표를 실현하기 위한 구체적 실행 전략이다. 이는 보다 직설적으로 말하면, 규범과 도덕, 상식의 한계를 뛰어넘어 조직범죄와 뇌물, 사이버 기술절도, 정치·선거 개입, 사보타지, 경제보복, 문화공정, 여론공작 등 초법적, 초규범적 수단을 포함하여 모든 수단과 방법을 총동원하여 미국-서방과 전쟁에서 승리하여 중화패권질서를 구축하겠다는 의미이다. 초한전 전략은 미국-서방과 전통적인 전쟁으로는 싸워서 승리할 수 없다는 전략적 인식하에 중국이 채택한 비대칭(asymmetric) 또는 비정통(non-conventional) 전략인 것으로 보인다. 이와 같은 맥락에서 정보활동은 전쟁의 수단으로 간주되며, 통상적, 상식적, 규범적인 전쟁과 평화의 구분은 사라지고 전쟁과 평화가 전일적으로 결합되어 상시적 평화적 전쟁상태 또는 전쟁적 평화상태가 된다. 이런 측면에서 중국의 초한전은 러시아의 게라시모프 독트린과 매우 유사한 측면이 있다.[201]

최근 들어 정보통신과학기술의 발전과 4차산업혁명으로 전장과 비전장의 영역이 수렴하는 회색지대의 확장현상이 두드러진다. 이와 같은 전략 환경에서 정보의 무기화(weaponization of information)가 빠르게 진행되고 있다. 이는 초한전 전략을 근간으로 한 중국의 정보전 위협의 심화로 이어진다. 특히 정보(information), 문화, 교육, 여론, 가치, 과학기술, 경제, 정치사회 등과 같은 인간의 인지 영역(cognitive domain)에서의 인지우세권이 미래전쟁의 승리의 핵심 요소가 될 것으로 전망되고 있다. 이에 따라 러시아는 게라시모프 독트린과 연계된 정보심리전(information psychological warfare)을, 그리고 미국-나토는 인지전(cognitive warfare) 전략개념을 발전시켜 오고 있다. 중국의 초한전 전략은 그와 같은 맥락에서 이해해야 하며, 중국판 인지전 전략의 성격을 갖고 있다. 따라서 중국의 정보활동은 단순한 군사·과학기술 첩보수집이나 프로파간다와 같은 전통적 정보활동 개념으로 보아야 할 것이 아니라 대상국에 대한 인지전 수행을 위한 영향력 공작과 정치·사회·문화 공정, 광범위하고 무차별적인 첩보수집, 무기로서의 정보의 사용 등을 아

---

201 Qiao Liang and Wang Xiangsui, *Unrestricted Warfare* (Beijing: Literature and Arts Publishing House, February 1999); 군관계자와의 인터뷰.

우르는 온·오프라인에서의 전방위적 침공행위로 간주해야 한다.[202] 이 때문에 클라이브 해밀턴 교수는 이를 '중국의 조용한 침공(Silent Invasion)'이라고 묘사했다.[203]

중국의 정보활동 대상은 크게 두 가지로 구분된다. 하나는 경제의 지속적인 발전과 국방현대화를 뒷받침하기 위한 과학기술획득이다. 다른 하나는 대상국에 대한 영향력 공작(influence operation)이다. 전자는 중국의 글로벌 패권 추구를 위한 실천전략인 일대일로를 통한 경제의 지속적 발전과 전쟁능력 강화를 위해 요구되는 산업 및 국방 부문의 첨단과학기술의 지속적 확보를 의미한다. 이를 위해 미국, 영국, 유럽, 일본, 오스트레일리아, 한국 등 주요 선진국들의 과학기술 및 국방기술과 지식, 노하우 등을 획득하려고 시도한다. 그 구체적인 실천방안으로 중국은 전통적 스파이활동과 비전통적 스파이활동, 그리고 오프라인 활동과 사이버 기술절도를 통합하여 운용한다. 비전통적 스파이활동에는 학술교류협력, 기술무역, 해외 브레인 유치, 논문·학술지·서적·보고서 등 오프소스 활용, 유학생과 방문학자 활용, 조선족 및 해외 중국계 디아스포라(diaspora) 활용, 각 부문에서의 친중인사 포섭 및 활용, 조직범죄, 사이버 해킹과 불법 절취 등 온·오프라인을 망라한 다양한 수단과 채널, 방법이 모두 포함된다.[204]

후자는 ① 경제 보복과 약탈적 경제협력, 원조 등을 통한 정치적 영향력 장악, ② 외교적 강압과 압박, ③ 무력시위, 군사 훈련 등을 통합 위협, ④ 환구시보 등 전통적 미디어와 대중 시위 등을 통한 압박, ⑤ 댓글 선동, 가짜뉴스, 가스라이팅 등 사이버 공간을 통한 여론전·심리전, ⑥ 조직범죄를 통한 타국에 대한 은밀한 세력 확장, ⑦ 타국 주요 인사들과 오피니언 리더, 미디어, 정당, 정부, 학계, 문화예술계, 시민사회단체 등에 대한 포섭과 지원을 통한 영향력 확장, ⑧ 중국인(조선족 포함)의 이주, 유학, 취업, 투자, 체류 정책으로 타국에 대한 영향력 확장, ⑨ 문화공정과 역사문화 약탈 등을 포함한다.[205] 이와 같은 영향력 공작은 중국 공산당과 인민

---

202 육군교육사령부 자료 참조.

203 클라이브 해밀턴, 『중국의 조용한 침공』, 김희주 옮김 (서울: 세종, 2021).

204 한나스 외, 『중국 산업스파이: 기술 획득과 국방 현대화』.

205 해밀턴, 『중국의 조용한 침공』.

해방군, 그리고 국가정보기관과 주요 행정부처의 최상위 컨트롤 타워의 조율과 전략적 지침, 지휘 통제에 따라 중-장기적, 전략적으로 추진된다. 예를 들면, 공자학원의 경우 중국 공산당 통일전선공작부장 경력의 인사들이 국무원 교육부 직속기관인 국가한판(국가 한어 국제보급 영도소조 판공실)을 통해 2007년에서 2020년 7월까지 지휘통제 했다. 이는 공자학원의 지휘통제가 은밀히 중국 국가전략지도부의 정보활동의 일환으로 추진되었다는 것을 의미한다. 해외 각국들의 공자학원에 대한 의심과 퇴출 움직임을 완화시키기 위해 2020년 7월부터 공자학원의 운영주체를 중국 국제 중문교육 기금회로 변경했지만 은밀한 정보활동 지휘체계자체를 중단했다고 보기는 어렵다.[206]

영향력 공작의 핵심 전략 목표는 해당 국가 내 친중 세력을 확보하고 이를 확장시켜 중국의 영향력을 극대화하는 것이다. 이와 같은 중국의 영향력 공작은 미국, 오스트레일리아, 캐나다, 영국 등의 서방 동맹국들과 파키스탄 같은 일대일로 상의 국가들에서 매우 심각한 위협으로 제기되고 있다. 중국은 선거개입, 정치권 침투, 학계, 미디어, 과학기술, 교육, 시민사회단체 등에 전방위 침투를 수행함으로서 해당 국가 내 정치진영의 양극화와 진영 간 갈등을 격화시키려고 기도한다. 이를 통해 중국은 자유민주주의 체제 자체에 대한 혐오, 냉소, 무관심, 정부 및 정치경제사회 엘리트들에 대한 불신, 혐오 극대화, 그리고 궁극적으로 국가에 대한 정체성과 국가 시스템 자체를 마비시키는 것을 지향한다.[207]

중국의 정보활동의 특성은 기존의 미국, 러시아, 유럽, 한국 등의 전통적인 정보활동과 달리 매우 혁신적이고 집요하며, 광범위하고, 무차별적이라는데 있다. 전통적인 스파이 기관과 스파이 활동에 더해 학자, 유학생, 기업가, 과학기술자, 사업가, 해커, 범죄조직 등 합법과 불법, 규범과 상식 등을 뛰어 넘는 전방위적인 스파이

---

206 송의달, “반미 넘치고 반중은 없는 한국...주범은 22개 대 공자학원,” 『조선일보』, 2022년 9월 15일.

207 Orinx Kimberly de Swielande and Tanguy Struye, “China and Cognitive Warfare: Why Is the West Losing?.” Bernard Claverie, Baptiste Prébot, Norbou Beuchler, and François du Cluzel, *Cognitive Warfare: The Future of Cognitive Dominance*, NATO Collaboration Support Office (2022), 978-92-837-2392-9.

활동을 전개한다. 이 때문에 스파이 활동으로 인식하지 못한 채 스파이 공작의 타깃이 되는 일이 빈번히 발생하고 있다.[208]

중국의 정보활동 추진체계는 정보활동의 최상위 컨트롤 타워를 축으로 다음의 7가지 루트로 구성되어 있다. 최상위 컨트롤 타워에는 중국의 국가정보기관인 국가안전부(Ministry of State Security: MSS)와 인민해방군(People's Liberation Army: PLA), 그리고 중국공산당(CCP: Chinese Communist Party)이 위치한다. 이들 기관은 시진핑을 정점으로 한 중국 국가최고지휘부의 지도, 지휘, 통제를 받는다. 정보활동의 실행루트는 ① 학술지, 논문, 보고서, 서적 등의 오프소스의 수집, 분류, 보관, 분석, ② 중국에 기반을 둔 과학기술기관들, 단체들, 협회들, 문화예술협회들, 우호친선협회들, 학회들을 통한 정보활동, ③ 타깃 국가에 기반을 둔 기관들, 협회들, 학회들, 대학 및 대학원 학생회, 중국인 단체, 중국계 기업을 통한 정보활동, ④ 타깃 국가에 체류하는 중국 유학생과 근로자, 학자, 사업가, 교포, 언론인, 그리고 이들과 연계된 타깃 국가의 학자, 사업가, 과학기술자, 정부 및 정치 인사들, 오피니언 리더들, 정치사회시민단체, 언론인들을 통한 정보활동, ⑤ 타깃 국가에 체류 중인 중국 외교관들, ⑥ 전통적인 스파이들, ⑦ 사이버 해커들과 댓글부대들로 구성되어 있다.[209]

다양한 민간 추진체계들은 컨트롤 타워에 해당하는 중국 정보기관들에 의해 전략적 지침과 지휘·통제·조율을 받는다. 이와 같은 결합방식은 온라인과 오프라인을 막론하고 같은 방식으로 나타난다. 예를 들면, 중국 사이버 해커들은 중국공산당 중앙군사위원회 산하 인민해방군 내 전략지원군 소속 61398 부대와 국가안전부 기술정찰국에 의해 은밀히 지휘 통제를 받는다.[210] 예를 들면, 2020년 7월에 미 법무부가 기소한 두 명의 해커인 리 샤오유(Li Xiaoyu, aka Oro0lxy)와 동 지아지(Dong

---

208 한나스 외, 『중국 산업스파이: 기술 획득과 국방 현대화』.

209 Ibid.

210 Mandiant, "APT1: Exposing One of China's Cyber Espionage Units," 7-8. http://intelreport.mandiant.com/Mandiant_APT1_Report.pdf.

Jiazhi)는 국가안전부 요원의 지휘통제 및 지원을 받았다.[211] 중국 인민해방군에 의해 지휘통제 되는 중국 해커그룹들은 약 20여 개 그룹 2만 여 명의 APT 요원으로 이루어진 것으로 추정된다.[212] 같은 방식으로 중국의 댓글공작 부대인 우마오당은 중국 당국의 지휘통제를 받고 있으며, 중국 정부는 매년 4억 4800만의 댓글을 위조해 여론조작을 시도한다.[213] 전략지원군 산하 "기지 311(Base 311)"이 인민해방군 내 영향력 공작의 핵심 부대인 것으로 알려져 있다. 국가안전부는 직속기관으로 중국현대국제관계연구원, 국제관계학원, 장난사회학원을 두고 있으며, 중국 내 각 지역의 직할시와 성 및 자치구에도 지역기관을 두고 있다. 이들 기관들은 해외 대상 국가의 지방정부, 민간과의 학술교류, 민간교류, 지방자치단체교류 등의 각종 국제 교류협력을 지휘 · 통제 · 감독 · 조정 한다. 국가안전부 정보요원은 6-10년 단위 해외 장기체류를 기본으로 하는 전문요원과 기술, 데이터 수집활동을 하는 정보원, 여행객, 기업인, 유학생, 연구원 등 잠재적 요원 또는 프록시(proxy) 요원에 해당하는 민간인 인력 풀(pool) 등으로 구성된다.[214] 해외 대상국가의 중국 학생회는 해당 국가 중국 대사관의 교육부 주재관이 은밀히 지휘 통제한다. 이는 다시 중국 국가안전부의 지휘통제를 받는 것으로 판단된다.[215] 중국의 범죄조직인 죽련방을 포함한 삼합회는 국가안전부의 지휘통제를 받는 것으로 알려졌다.[216]

이와 같이 다양하고 복잡한 중국 정보활동 네트워크의 결합방식은 핵심 내러티브를 근간으로 긴밀히 결박되어 있다. 이는 이슬람 살라피 극단주의 내러티브를 축

---

211 Geenens and Smith, "Hacker's Almanac," 10.

212 세인 해리스, 『보이지 않는 전쟁 @ WAR』, 진선미 옮김, (서울: 양문, 2015), 122-123.

213 송의달, "돈 · 선물 · 성관계…세계 휩쓰는 중공의 국내 정치 공작, 한국에선?," 『조선일보』 2022년 7월 22일.

214 송의달, "한국 내 공자학원도 중 스파이공작 첨병?," 『조선일보』, 2020년 1월 24일.

215 한나스 외, 『중국 산업스파이: 기술 획득과 국방 현대화』, 245-289; 해밀턴, 『중국의 조용한 침공』, 293-342.

216 J. Michael Cole, "On the Role of Organized Crime and Related Substate Actors in Chinese Political Warfare Against Taiwan," *Prospect & Exploration*, 19(6) (2021), 55-88.

으로 전세계적으로 중앙지휘부를 메인 허브로 척도없는 네트워크(scale-free network)로 느슨하게 결합된 알카에다나 ISIS의 구조와 유사하다. 중국은 중화민족의 부흥과 글로벌 패권장악, 애국심, 중화민족의 지배적 지위에 대한 역사적 운명 등을 담은 중화극단주의라는 핵심 내러티브를 접착제로 글로벌 네트워크를 구축하고 있다. 중국-베이징 정부는 이와 같은 중화극단주의 네트워크의 플랫폼이자 지휘부로 기능하며, 중국 국무원, 인민해방군과 국가안전부는 실행을 위한 실행 컨트롤타워에 해당한다. 이 중화극단주의 네트워크에 자발적, 비자발적으로 결합된 정부 및 민간 부문 행위자들은 중국의 발전과 패권질서 구축에 기여하는 전사이자 전위대로 자신들을 인식하며 자신들을 전랑(war wolf)으로 표현한다.

중국정보활동 네트워크 결합방식에서 다른 이슬람 극단주의나 극우극단주의 또는 어나니머스와 같은 핵티비즘 네트워크, 또는 미국이나 러시아 등의 다른 스파이활동 네트워크 등과 비교할 때 두드러지는 특징은 민족적으로 중국인에 과도하게 배타적으로 집중된다는 점이다. 이는 러시아와 비교할 때도 두드러진다. 러시아의 경우 미국 내 정보공작에서 포섭대상으로 삼는 민족적 러시아계의 비율이 25%에 지나지 않는데 비해 중국의 경우 중국계 비율이 98%에 달한다. 이처럼 중국은 미국과 오스트레일리아, 유럽 등 해외 공작활동의 경우에 현지의 중국계를 활용하는데 과도하게 집중한다. 중국은 이들의 중국, 중국에 있는 가족들, 중국에 있는 오랜 친구들, 중국문명 등에 대한 의무감을 자극하며, 어떤 방식을 써서라도 중국을 도우려는 개인들의 열망(애국심 등의)에 호소한다.[217] 이와 같은 중국 정보활동 네트워크의 결합방식에서 한국의 경우 조선족이라는 독특한 집단이 문제가 된다. 그간의 경험적 사례들로 판단해 볼 때 방첩활동의 측면에서 이들을 중국인들을 간주하는 것이 보다 타당해 보인다.

지난 20-30년간 중국은 꾸준히 서구국가들과 한국, 일본, 타이완, 러시아, 중앙아시아, 파키스탄 등의 주변 국가들, 그리고 일대일로 경로상의 국가들에 대해 정치적, 경제적 영향력 투사와 지적재산권 침해, 주요 첨단국방산업기술 탈취, 정보통신망 및 물류 공급망 장악 등과 같은 정보활동을 무차별, 전방위, 공세적으로 추진해왔

217 한나스 외, 『중국 산업스파이: 기술 획득과 국방 현대화』, 352-361.

다. 이를 위해 중국은 민간기업, 영화산업, 대학의 첨단기술 연구실 등 다양한 루트를 통해 자금지원 및 투자를 하면서 주요 기술을 빼내오거나 훔쳐왔다. 이러한 활동을 위해 다양한 프로그램들을 운영하고 있는데 그 가운데 대표적인 것이 '천인계획'이다. 이는 매우 성공적이었던 것으로 평가되었다. 천인계획은 2008년부터 중국정부가 국적을 불문하고 과학기술 분야 최고 인재를 대량 영입하기 위한 프로젝트이다. 중국은 인재확보의 과정에서 약점을 잡거나 미인계를 활용하는 등 불법적이고 비윤리적인 방법도 마다하지 않고 사용하고 있는 것으로 알려져 있다. 미국 하버드대 화학·생물학과 교수인 찰스 리버 교수의 사례가 대표적이다.[218] 중국의 무차별적인 과학기술탈취 스파이활동의 일환인 천인계획은 중국이 운영하는 200개의 인재유치 프로그램 중 하나에 불과하다. 월스트리트저널(WSJ)에 따르면, 중국의 천인계획이 예상보다 빨리 인재확보에 성공하자 이제는 만인계획으로 확대하여 2022년까지 인공지능, 바이오 등 첨단 기술 분야에 도전하려는 계획을 세우고 있다. 이러한 만인계획 역시 기존의 산업 스파이활동의 방법과 같이 인재를 유치해 핵심기술을 빼돌리려는 행위가 주요한 전략이라고 볼 수 있다.

중국의 첨단 국방·산업 과학기술 정보탈취는 오프라인뿐만 아니라 사이버 공간에서도 약탈적으로 전개된다. 중국은 이를 위해 다양한 사이버 스파이 또는 해커 조직들을 운용하고 있다. 중국은 미국, 유럽 등 서방 선진국뿐만 아니라 대외확장 정책의 일환인 '일대일로'의 대상 국가들을 타깃으로 사이버 스파이활동을 벌이고 있다. 글로벌 사이버 보안업체인 파이어아이(FireEye)는 자사가 출간하는 연례보고서 'M-Trends 2019'에서 중국의 사이버그룹들 중 하나를 지목하였다. 파이어아이는 중국의 사이버 스파이 조직을 APT 40(Advanced persistent Threat 40)으로 명명하고 '일대일로' 국가들의 엔지니어링, 교통, 국방, 해양, 화학, 연구, 정부, 기술 조직, 교육 등에 대한 광범위하고 약탈적인 스파이활동을 하고 있다고 밝혔다. 이 APT 40 조직이 위치한 중국 하이난 지방은 중국 신호정보기관과 인민해방군 기술첩보활동의 근거지인데, 이 사이버 스파이 조직은 하이난 지역 IP주소를 쓰고 있다는 점 등을 들어서 APT 40이 중국 사이버 스파이 조직의 일부라고 확신한다고 밝

218 Ibid.

혔다. M-Trends 2019에 따르면 이 APT 40의 활동은 일대일로 대상국들 중 동남아시아에 위치한 국가들과 선박 또는 해양 기술과 같은 해양 이슈에 관련된 글로벌 기업체를 유치한 국가들에 집중되어 있다.[219]

중국은 또한 주요 자유민주주의 국가들의 국내 정치사회문화에 개입하여 영향력을 미치려는 공작활동을 집요하게 지속하고 있다. 여기서 중국의 문화공정은 매우 중요한 부문을 차지한다. 중국의 공자학원은 이와 같은 중국 문화공정의 주요한 현지 추진체계이자 거점으로 운용되고 있다. 공자학원은 중국의 전 세계를 대상으로 한 중화문명의 선전을 위해 조직되었다. 특히 2013년 시진핑 체제 출범 이후로 미국과 중국 주변국들, 그리고 일대일로의 대상국가 등에 공자학원이 집중적으로 설치되었다. 이는 중국의 일대일로가 단순한 글로벌 경제·물류 네트워크 구축 사업이 아니라 중화 패권질서 구축전략이라는 점을 보여준다.[220]

FBI에 따르면 공자학원은 문화교류를 한다는 것을 명목으로 미국의 주요 대학교에 설치하지만 중국공산당 사상을 선전하고, 반중정서를 완화하며, 중국의 영향력을 확대하고, 중국 정부의 불법적 스파이활동에 악용할 목적으로 이용되고 있다. FBI가 이러한 사실을 상원정보위원회 청문회에서 밝히면서, 미국 의회는 공자학원의 폐쇄를 주도하고 있다. 공자학원의 미국 내 중국공산당 체제와 중화사상의 선전·선동은 과거 나치독일의 미국 내 친나치 로비와 선전·선동 사례에 비견된다.[221] 미국의 경우 공자학원이 100개가 넘는 대학들과 협력체계를 갖추고 있으며 총 152곳이 운영되고 있다. 유럽의 경우 158개소가 운영되고 있다. 전 세계적으로는 146개국에 548개소의 공자학원이 운영되고 있으며, 각국 대학, 초, 중학교 등에 설치된 공자학당까지 합치면 모두 12,000곳이 넘는다. 이와 같은 기관들에서 중국어 등을 배우기 위해 교육받은 학생들만 약 345만여 명으로 추산된다.[222]

---

219 『보안뉴스』, "중, 일대일로 대상국 겨냥해 스파이 활동," 2019. 06. 16..

220 『주간조선』, "전 세계 '공자학원' 퇴출 바람 속 한국만 무풍지대," 2021. 06. 24.

221 『미래한국』, 2018. 4. 30. "중국공자학원, 스파이혐의로 미 수사 중," 2018. 04. 30. www.futurekorea.co.kr/news/articleView.html?idxno=105769

222 Ibid.

공자학원은 모두 공산당 원로간부에 의해 운영된다. 공자학원의 운영본부는 교육부 산하기관이나 공산당 중앙위 통일전선공작부에 주요직에 있던 인사들이 지속적으로 총이사회 주석직을 오랫동안 맡아왔다.[223] 이 공산당 중앙통일전선공작부는 국내외 여러 정파 및 조직, 유력 인사들과의 연대를 강화하고 통일전선을 형성하여 공산당의 영향력을 지속적으로 확대하는 조직이다. 때문에 공자학원은 공산당이 직접 통제하는 선전조직이라고 볼 수 있다.[224]

한편 공자학원은 현지 정부의 동향과 반중활동을 감시하고 여론을 조작하는 등의 역할을 맡고 있다. 중국에 부정적인 의견을 비치는 학자들이나 연구자들의 중국 입국 비자를 거절하거나 이들을 위협하거나 압력을 가해 반중 의견이 피력되는 것을 억제하는 등의 활동을 하였다. 예를 들면 캐나다에서 티베트인들의 봉기를 옹호한 현지 TV보도에 대해 워털루 대학에 중국에서 직접 파견된 공자학원 원장이 보도한 현지 언론을 비판하며 '언론과 싸우라'고 부추겼다. 이러한 행동에 대해 미국 의회는 중국 공산당이 각국에서 여론조작을 위해 행하는 다양한 수단 중 하나가 공자학원이라고 명확히 지적하였다.[225] 이밖에도 공자학원이 첨단기술을 연구하는 대학 등에 설치되어 군사목적 등을 위해 연구되는 첨단기술을 유출하는 스파이 활동을 할 개연성이 해외 각국들에 의해 지적되었다. 이러한 공자학원에 대한 우려 때문에 캐나다, 미국, 독일, 스웨덴, 프랑스, 호주 등지에서 공자학원의 폐지가 이어졌다.

이와 같은 중국의 정보활동에 대해 해외에서는 중국의 침공(China's invasion)이라고까지 불릴 정도로 중대한 위협으로 인식한다. 미국은 중국의 스파이활동에 대해 2000년 이전부터 인지하고는 있었지만 2008년에서 2011년 사이에 이를 심각한 상황으로 인식하고 본격적으로 경계하기 시작했다. 특히 미국 국가방첩집행실(ONCIX: Office of the National Counterintelligence Executive)의 2011년 보고서는 중국이 패트리어트 미사일이나 F-35와 같은 첨단 무기기술 절도부터 민간기업

---

223 최근에는 이러한 스파이활동 및 선전조직 활동으로 인해 각국에서 조사와 폐쇄조치를 당하자 2020년 7월 공자학원 운영주체를 민간에서 운영하는 것처럼 교체하고 이사장직에도 순수과학자인 칭화대 양웨이 교수가 임명되었다.

224 『주간조선』, "전 세계 공자학원 퇴출 바람 속 한국만 무풍지대".

225 Ibid.

의 반도체, 정보통신기술 등과 같은 핵심 첨단기술, 영업비밀, 코로나 19 백신기술 등 광범위한 산업기밀에 이르기까지 무차별적으로 훔치고 있어 미국의 경제, 안보에 큰 위협이 됨을 분명히 했다. ONCIX의 2011년 보고서는 중국의 산업스파이 활동에 대해서 "중국은 산업스파이 침탈자로 가장 활동적이고 지속적이다. 미국의 민간기업과 사이버안보 전문가들은 중국의 컴퓨터 네트워크 침공의 맹렬한 공격을 받고 있다"라고 진술했다.[226] 미국 하원의 사이버 스파이관련 증언에 나선 CSIS(Center for Strategic and International Studies)의 루이스(Lewis)는 중국이 필요한 기술을 얻는 방법은 서구기술을 필요하면 합법적이거나 불법적인 수단을 모두 사용해서 탈취하는 것이라고 진술하였다.[227] 2018년 미국 FBI의 국장 크리스토퍼 레이는 미국 내 중국 스파이 활동에 대해 "중국의 스파이 활동이 광범위한 분야에서 이루어지고 있다. 옥수수 종자에서부터 우주선까지 훔칠 수 있는 것은 모두 훔친다. 특히 지식재산권 도용이 심각해 미국에 매년 6,000억 달러 이상의 경제적 손실을 입히고 있다. 스파이 활동의 근본 목적은 기술력을 바탕으로 자급자족을 실현하려는 것이며, 궁극적으로 미국 기업들을 세계시장에서 도태시키고 중국이 미국을 대신할 패권국가가 되려는 것이다"라고 진술했다.[228] 2020년 미 국토안보부(Department of Homeland Security)의 국토위협평가(Homeland Threat Assessment)는 중국과 중국의 공산당이 전세계에서 미국의 경제적 리더십에 대한 심각한 도전이 되고 있으며 중국의 지적재산권 침해가 중대한 문제가 된다는 점을 명시하였다.[229] FBI의 최근의 보고에 따르면 중국이 연루된 대미 산업스파이 행위가 10년 동안 14배 증가하였으

226 Office of the national Counterintelligence Executive, "Foreign spies stealing US economic secrets in cyberspace," (2011) https://www.globalsecurity.org/intell/library/reports/2011/foreign-economic-collection_2011.htm

227 J. A. Lewis, "Cyber espionage and the theft of US intellectual property and technology," Center for Strategic and international Studies, (2013, July 9).

228 『동아일보』, "한국 내 공자학원도 중 스파이공작 첨병? 미국에서 논란. 퇴출운동 이어져," 2020. 01. 27.

229 U.S. Department of Homeland Security, "Homeland threat assessment," October 2020.

며 FBI가 수사하고 있는 약 5,000건의 방첩사건 중 중국에 의한 스파이활동으로 보이는 것이 절반이상이라고 하였다. 특히 휴스턴에 위치한 세계최대 의학 클러스터 중 하나인 텍사스 메디컬 센터와 텍사스 아동병원 백신개발센터 등에 대한 중국의 스파이활동에 대한 조치로 미국은 휴스턴 총영사관에 대해 폐쇄조치까지 내렸다.[230]

이처럼 중국의 경제, 군사, 과학기술, 교육·문화·예술에 대한 대대적인 스파이 활동은 중국을 경제, 군사대국으로 만들어 '중국굴기'와 '일대일로'를 완성하고 중국을 전세계에서 가장 강력한 패권국가로 만들려는 분명한 전략적 의도에 따라 수행된다. 따라서 이를 간파한 미국을 포함한 주요 서방 동맹국들은 중국의 정보활동 위협이 단순한 지적재산권 침해나 국방산업과학기술 탈취를 위한 공세적 스파이활동이 아니라 미국과 서방의 리더십과 가치, 경제, 군사, 과학기술, 문명에 대한 근본적인 안보위협으로 인식하고 있다. 예를 들면, 미국의 전직 대통령인 트럼프(Trump)는 2018년부터 중국을 미국의 경제적·군사적 위협으로 인식하고 이에 대한 언급을 지속해 왔다. 뒤를 이은 바이든 행정부의 백악관 핵심참모와 정보기관은 중국이 미국의 가장 중대한 도전이 된다는 것을 확실히 하였다.[231] 미 국가정보장실(Office of the Director of national Intelligence: ODNI)의 '미 정보당국의 연례위협평가'(Annual Threat Assessment of The US Intelligence Community)는 '중국의 강대국 추진'문제를 핵심 사안으로 다루었고, 토니 블링컨 미 국무장관 및 윌리엄 번스 미 중앙정보국(CIA) 국장 등은 중국을 위협으로 평가하였다.[232] FBI는 홈페이지에 "중국 공산당과 정부가 주도하는 각종 스파이 활동이 미국의 민주적 가치와 경제적 행복에 중대한 위협이며, 이에 대처하는 것이 FBI 방첩 활동의 최우선 과제이다"라고 명시하고 있다.[233] FBI 국장은 2020년 7월 7일 허드슨 연구소 연설에서 중

---

230 『매경프리미엄』, "'영사관 폐쇄'로 불붙는 중 스파이 논란…한국은 남 일일까," 2020. 08. 01.

231 『국가안보전략연구원』, "포스트 아프간 미국이 대외정책과 한미관계," INSS 전략보고, No. 156 (January 2022), 6.

232 Ibid. 7

233 『조선일보』, "송의달의 차이나 프리즘: 10년 새 1300% 급증한 중국 스파이들… 한국은 무풍지대? 모든 개인·조직의 첩보 활동 의무화하고 글로벌 기업 무너뜨린 중국의 스파

국과 연계된 미국 내 산업스파이 행위가 최근 10년 새 1300% 증가했으며 미국의 첨단 군사·산업 기밀 탈취를 위해 활동하는 중국의 사이버 스파이만 최소 18만 명에 이르는 것으로 파악하고 있다고 진술했다.[234] 또한 FBI는 중국이 서방 국가들의 정치에 개입하는 활동에 대해 언급하면서 2022년 미국 뉴욕에서 있었던 의회선거의 개입사례를 지목했다.[235]

이와 같은 중국의 정보활동에 대한 위협인식은 미국 이외의 다른 서방 동맹국들에서도 유사하게 나타나고 있다. 최근 들어 화웨이 문제를 통해 고조되었던 중국의 5G 정보통신네트워크 공급망에서의 시장점유율의 확대와 중국의존도의 확대는 단순한 시장논리가 아니라 ICT 공급망과 관련한 정보안보전반의 이슈와 연계되어있다. 또한 5G의 속성상 AI 인프라스트럭쳐(infrastructure), 자율주행 자동차, CCTV, 드론, 로봇 등 다양한 IoT 연계 디바이스들과도 연계되어있어 중국의 ICT 공급망에서의 막대한 영향력 행사는 정보안보, 사이버 위협, 미래전, 미래경제산업 발전 등 전방위적 영역에서 미국뿐만 아니라 EU, 영국, 캐나다, 오스트레일리아 등의 다른 서방 동맹국들의 안보와도 직결되는 사안이다. 이 때문에, 코로나 19 팬데믹 이전에는 다소 유보적이던 영국, 유럽, 캐나다, 오스트레일리아 등 다른 서방 동맹국들이 최근 중국의 스파이 활동과 주권침해에 대해 깊은 우려를 표하기 시작했다. 예를 들면, 2021년에는 EU가 유럽 내에서의 가짜뉴스 확대를 통한 정치적 간섭, 악의적인 투자를 통한 산업정보 유출, 인권유린 등을 자행하고 서구적 가치관에 동조하지 않는 중국을 '체제적 라이벌(systemic rival)'이라고 표현하였다. NATO는 2022년 발간한 개혁방안 보고서 'NATO 2030'에서 '중국은 유럽이 직면한 위협'이라고 명시하였다. 2022년 6월에는 미 크리스토퍼 레이 FBI국장과 영국의 MI5의 켄 매컬럼 국장이 런던회담에서 중국의 불법적이고 무차별적인 산업 스파이활동에 대한 우려를 표명하고 이 사안이 양국 정보당국의 가장 최우선적인 위협이라는 점

이 총력전," 2020. 09. 10.

234 Ibid.

235 Ibid.

을 명확히 하였다.[236] MI5는 최근 중국의 스파이 활동에 대한 감시활동을 2배로 늘렸으며, 대중국 수사진행 건수는 2018년 대비 7배 증가하였다고 밝혔다.

(2) 한국에 대한 위협

앞서 언급한 중국의 초한전 전략과 정보활동 추진체계, 그리고 미국을 비롯한 서방 주요 국가들을 상대로 한 국방 및 산업 부문 첨단과학기술 탈취와 영향력 공작 등은 한국에 대해서도 거의 동일하게 이루어져 왔던 것으로 판단된다. 중국의 글로벌 패권전략추구에서 특히 한국은 주요한 공략대상이며, 중국의 패권질서 내에 반드시 포획해야 하는 핵심 발판(stepping stone)이다. 중국이 미국 및 서방 세계를 대상으로 그어놓은 제1도련선 내에 속한 유일한 자유민주주의 국가가 한국이다. 이점에서 중국은 글로벌 패권 전략의 1단계에 해당하는 제1도련선 밖으로 미국-서방 세력을 몰아내는 반접근-거부 전략을 완성함에 있어 한국의 중국 영향권으로의 포획은 핵심적 전략목표가 된다.[237]

이와 같은 우려를 뒷받침하듯이 국내에서도 다수의 미디어 보도들과 진술들을 통한 증례서술적인(anecdotal) 증거들이 제시되고 있다. 여기에는 중국의 해킹조직을 활용한 사이버 스파이활동과 댓글공작, 여론조작, 산업 및 경제 스파이 활동, 한국판 마타하리라고 불리는 인민일보 인민망 한국대표인 저우위보(Zhou Yubo) 사례에서 나타난 미인계를 활용한 정치 · 경제 · 사회 · 언론 · 학계에 대한 영향력 공작, 한국에 거주하는 중국인들과 조선족들을 활용한 영향력 공작, 중국유학생들을 활용한 스파이활동, 전국 23개 대학에 설치된 공자학원 등을 활용한 정치 · 사회 · 문화 프로파간다 공작, 정치 · 경제 · 안보 분야 국내 주요 인물들에 대한 포섭과 친중화 공작 등이 포함된다. 따라서 앞서 살펴 본 미국과 유럽, 오스트레일리아 등에서 파악된 일련의 중국의 조용한 침공 사례가 한국에서만 예외적으로 진행되고 있지

---

236 『VOA』, "미 FBI, 영 MI5 "중국 산업스파이 큰 위협"... 존슨 영국 총리 사임 발표," 2022. 07. 07.

237 윤민우, "미국-서방과 러시아-중국의 글로벌 전략게임: 글로벌 패권충돌의 전쟁과 평화," 『평화학연구』, 23(2) (2022), 7-41.

않다고 믿을 근거는 없으며, 오히려 한국이 더 위험한 상황에 처해 있다고 보는 것이 타당하다.[238]

중국이 한국으로부터 핵심기술을 탈취한 사례들은 다음과 같다. 이는 2010년 반도체 핵심기술 등 기밀, 2013년 디스플레이 패널 제조기술, OLED 공정 핵심기술, 2014년 디스플레이 제조기술, 2016년 OLED 소재 핵심기술, 고부가가치 선박 설계도면, LNG선 건조기술자료, 2017년 LNG선 건조기술자료, 2018년 OLED장비 기술도면, 2019년 디스플레이 시각기술, 2020년 자동차 자율주행 핵심기술 등이다. 특허청 산하 한국지식재산보호원에 따르면 중국의 산업스파이들은 중국이 바로 응용하기 어려운 미국-유럽의 원천기술보다는 바로 따라하고 적용하기 쉬운 한국 기술을 선호하기 때문에 오랫동안 한국을 산업스파이활동의 주요 타깃으로 삼아왔다.[239] 이와 함께 특허청 내에 특허관련 산업기술 유출을 전담하는 특사경(특별사법경찰)의 절대적 인력부족 문제도 이와 같은 산업기술탈취 증대에 주요한 긍정적(positive) 영향을 미쳤다.[240]

이와 같은 중국의 기술절도는 국내에서도 앞서 언급한 바와 같은 다양한 실행루트를 통해 이루어진다. 예를 들면, 중국정보기관 소속의 정식 정보원이 필요한 인력을 스카우트하는데 직접 개입하거나, 기업의 인수, 합병을 통한 기술 탈취, 기술자산 확보 후 기업을 해체하는 등의 다양한 방법이 활용됐다. 이 밖에도 국내 경쟁사나 협력사에 중국기업의 직원이나 스파이가 위장 취업하여 핵심기술을 절취하는 방법, 국내 기업의 연구에 참여한 외국인 연구원을 접촉하여 기술을 빼내는 방법, 국제 전시회에 출품된 국내 첨단제품을 타깃으로 산업스파이들이 전시담당직원을 회유하거나 해킹을 시도하는 방법 등을 통해 기술절도를 시도했다. 특히 중국의 산업스파이 활동은 삼성이나 SK 하이닉스와 같은 반도체, 배터리, 그리고 바이오 등의 국가주요핵심기술에 집중되고 있다. 최근 2022년에 전직 삼성 임직원 4명

---

238 송의달, "돈·선물·성관계...세계 휩쓰는 중공의 국내 정치 공작, 한국에선?"; 송의달, "한국 내 공자학원도 중 스파이공작 첨병?"; 국내 언론계 주요 인사와의 인터뷰; 인터넷 커뮤니티 및 유투브 관련 자료 검색.

239 Ibid.

240 특허관련 변리사와의 인터뷰.

이 삼성의 자회사를 차리고 반도체 와이퍼 클리닝 제조기술을 중국에 넘기면서 돈을 받았다. 이 역시 부정경쟁방지 및 영업비밀보호에 관한 법률 등에 저촉되는 위법행위에 해당한다.[241]

해외에서 관찰되는 중국의 천인계획은 국내의 주요 과학기술자나 교수, 연구자, 전문가들을 대상으로도 유사하게 작동한다. 앞서 언급한 미국 하버드대 찰스 리버 교수의 사례와 유사하게 국내에서도 중국에 자율주행기술을 넘긴 혐의를 받은 카이스트교수가 천인계획에 참여했다는 의혹을 받았다.[242] 중국은 국내 인재확보의 과정에서도 고액 연봉 제시에 더불어 약점을 잡거나 미인계를 활용하는 등 불법적이고 비윤리적인 방법 등을 무차별적으로 사용할 개연성이 크다.[243] 이와 관련하여, 국내 박사급 인재들과 삼성전자와 LG화학, 한화에어로스페이스 등 반도체, 2차전지배터리, 로봇, 첨단무기 등의 전, 현직 최고급 핵심인재들이 중국의 기업이나 연구소 등으로 스카우트되어 가는 것에 대해 주의를 기울일 필요가 크다.

이 밖에도 중국의 정보기관이 배후에 있을 것으로 추정되는 해킹조직들에 의한 해킹으로 산업정보가 탈취되고 있다. 이러한 해킹조직은 산업정보와 기술유출뿐만 아니라 안보 및 국방관련 과학기술정보에 대한 탈취공격도 실행한다. 미국 법무부가 FBI 수사를 통해 2020년에 중국인 해커 2명이 중국 국가안전부와 연계해 코비드-19 백신 정보를 탈취한 것으로 보고 이 해커들을 기소하였는데, 해당 해커들은 미국뿐만 아니라 한국에 대한 해킹에도 관여되었던 것으로 알려졌다.[244] 2019년 12월부터 2020년 5월까지 국내 바이오 산업계에 대한 해킹시도가 총 854건으로 보고되었는데 해킹을 시도한 인터넷 IP 주소 추적결과 중국이 18%에 달하였던 것으로 알려졌다. 북한 해커집단인 김수키를 포함해 톤토, 코니, 마카오 등 4개의 APT해커

241 『SBS. Biz』, “삼성전자, 파운드리 직원 이어…이번엔 자회사서 기술 유출 적발 세메스 전 직원 등 구속기소,” 2022. 05. 17. https://biz.sbs.co.kr/article/20000062823

242 Ibid.

243 Ibid.

244 Ibid.

그룹이 사이버 공격을 한 정황을 확인했다고 보고되었다.[245] 이는 북한과 중국이 모두 관련된 해킹 공격이었다. 한편 국내 보안업체인 이스트시큐리티는 2019년 한 해 동안 중국인으로 추정되는 APT 해킹조직이 국내 온라인 게임사부터 언론사에 이르기까지 여러 차례 해킹공격을 시도하였다고 보고하였다.[246] 이밖에도, M-Trends 2019 보고서에 따르면, 중국 APT 40은 국내에 있는 세계적인 선박제조 기업들을 대상으로 사이버 스파이활동을 수행했을 것으로 추정된다.[247]

중국 해킹조직들의 공격은 한국의 첨단기술이나 산업기술탈취를 위한 공격에 그치지 않는다. 중국 해커들은 한국 정부를 공격하고 군사 및 안보관련 정보를 탈취하고 있다. 예를 들면, 2022년 중국 해커조직인 텡 스네이크(Teng Snake)가 국방부의 인트라넷을 자유롭게 돌아다니면서 주요 기관들을 해킹하였다. 이 해킹조직은 "한국의 보건부와 국방부를 해킹해 데이터를 탈취"했으며 한국 보건부를 공격했고, 거의 3.8 TB에 달하는 데이터를 유출"하였다고 밝혔다. 이어서 이들은 해당 데이터들이 "한국 전역에 있는 주요 의료기관으로부터 탈취한 핵심 정보를 포함하고 있다"고 주장하였다. 해당 사건에 대한 언론 보도에 따르면, 이 해커조직은 최근에도 90여 곳에 달하는 한국 기업의 사이트 목록과 함께 SQL 인젝션 공격을 통해 데이터베이스를 탈취할 수 있는 취약점이 있는 URL를 공개하는 등 한국을 타깃으로 한 해킹 공격에 적극 나서고 있다.

이 텡 스네이크(Teng Snake)가 단순한 비국가 해킹 조직이라고 보기는 어렵다. 이는 해당 조직이 한국의 북대서양조약기구(NATO) 가입은 새로운 전쟁을 촉발할 것이고, 자신들은 이미 한국 국방부에 대한 기밀문서를 갖고 있으며, 그동안 한국 국방부의 인트라넷을 자유롭게 돌아다녔다고 트위터와 페이스북에 주장하였다는 점 때문이다.[248] 이러한 정치적 주장을 해킹조직이 스스로를 정당화하는 것으로 볼

---

245 정민수·장향배, "사이버 물리 공간에서의 기술 유출 사례 분석연구," 『한국산업보안연구』, 10(2) (2020), 151-173.

246 『서울신문』, 2020. 6.12. "한 바이오기업 집중 공격한 해커들…주로 미·중 IP로 접속," https://www.sedaily.com/NewsView/1Z3ZX5UZDL

247 『보안뉴스,. "중, 일대일로 대상국 겨냥해 스파이 활동," 2019. 06. 06.

248 『보안뉴스』. "[단독] 중국 해커조직 "한국 보건·국방 분야 정부기관 해킹해 데이터 탈취,"

수도 있지만, 오히려 중국정부와 정보기관이 배후에서 이들을 지원하고 있다고 보는 것은 더 합리적이다. 중국은 지난 10여 년 동안 세계 최고의 사이버 초강대국이 되기 위해 노력하면서 세계 최고 수준의 사이버 첩보조직을 만들었다. 시진핑은 사이버 전력강화를 우선순위에 두고 집권직후부터 꾸준히 군 및 정보기관을 재편하여 군과 정보기관, 그리고 민간조직의 유기적 결합을 통해 그 어느 나라도 가지지 못한 해킹기술개발-운용의 인프라를 구축했다. 이와 함께, 중국은 자국의 사이버 연구원들에 대한 강력한 통제를 실시한다. 연구원들의 연구 내용과 지식이 해외에 유출되지 않도록 이들의 활동과 연구내용을 통제하고 있다. 예를 들면, 세계적인 해킹대회 등에 중국의 사이버 연구원들이 출전하기 위해서는 당국의 승인을 받아야 하는 데 이런 승인은 거의 이루어지지 않는다.[249] MIT Technology Review에 따르면, 중국의 해커들이 사용하는 댁신(Daxin)이 2021년에 발각되었는데 이는 '가장 진보된 형태의 멀웨어(malware)'로서 발각되기 전까지 10년 동안 전 세계 정부를 대상으로 한 첩보 작전에 사용되었다고 한다. 이 댁신을 발견해낸 사이버 보안 회사인 시만텍(Symantec)의 연구진에 따르면, 댁신은 '정상적인 네트워크 트래픽 내 통신을 숨기기 위하여 합법적인 연결을 가로채는 방식으로 작동한다. 그 결과 숨는 것이 가능하며 직접적인 인터넷 연결이 불가능한 보안 등급이 높은 네트워크에서 해커들이 바이러스 감염 컴퓨터를 통해 통신을 할 수 있도록 한다. 이 댁신은 적어도 2021년 11월까지 사용되었다고 알려졌다.[250] 이러한 내용들을 종합해보면, 한국 역시 중국 정보당국의 사이버 첩보활동에 노출되어 있었다고 추정하는 것이 더 타당하다. 댁신과 같은 멀웨어는 보안등급이 매우 높은 정부나 국방 네트워크에서도 정보유출

2022. 05. 50. 인용.https://www.boannews.com/media/view.asp?idx=106607

249 Patrick Howell O'Neill, "How China built a one-of-a-kind cyber-espionage behemoth to last," MIT Technology Review. 2022. 03. 12. https://www.technologyreview.kr/%EC%A4%91%EA%B5%AD%EC%9D%80-%EC%96%B4%EB%96%BB%EA%B2%8C-%EC%9C%A0%EB%A1%80%EC%97%86%EB%8A%94-%EC%82%AC%EC%9D%B4%EB%B2%84-%EC%B2%A9%EB%B3%B4-%EC%A1%B0%EC%A7%81%EC%9D%84-%EB%A7%8C%EB%93%A4%EC%96%B4/

250 Ibid.

및 탈취가 가능하기 때문이다.

해외에서와 마찬가지로 공자학원은 국내에서도 중국의 정보활동과 영향력 공작의 전진기지가 되고 있다. 한국의 경우 공자학원이 서울에 2004년 처음 개소된 이래로 현재 전국에 23개의 공자학원이 대학부설기관 또는 독립기관으로 운영되고 있다.[251] 이 숫자는 세계에서 두 번째로 많은 숫자이다. 이를 구체적으로 살펴보면, 서울 · 경기 · 강원권에 연세대, 한양대, 경희대, 한국외대, 인천대, 강원대, 대진대 등 7개, 충청 · 대전권에 충남대, 충북대, 우송대, 순천향대, 세명대 등 5개, 광주 · 전라권에 호남대, 세한대, 우석대, 원광대 등 4개, 부산 · 경남권에 동아대, 동서대 등 2개, 대구 · 경북권에 계명대, 안동대 등 2개, 제주권에 제주대, 제주한라대 등 2개, 그리고 서울 강남구 역삼동에 사단법인 서울 공자아카데미가 설치되어 운영되고 있다.[252] 이들 공자학원들은 중국 역사, 문화, 정치, 경제, 산업 등을 홍보하고, 중국 지도부와 공산당에 대한 찬양과 중화극단주의에 대한 선전 · 선동 등의 프로파간다와 문화공정을 수행한다. 공자학원은 대학 안에 머물러 있지 않고 외부로 활동범위를 뻗쳐 주변 지역의 각급 학교, 유아, 청소년 대상 교육기관에 공자학당을 세우고 중국에 대한 미화와 중국어와 중국문화, 중국사상을 유포, 확산시킨다. 이를 통해 공자학원을 거점으로 주변 공자학당과 협력관계를 구축한 국내기관 · 단체 등을 연결하는 전방위 네트워크를 구축하고 있다.[253] 국내 대학의 관계자에 따르면 중국의 대학들과 교류협정을 맺거나 공자학원을 설치 할 때, 중국 측은 대학 내 정치활동(중국 공산당 활동)의 자유 보장을 요구한다. 이는 공자학원이 단순한 교육문화 기관이 아니라 선전 · 선동의 첨병임을 명확히 보여주는 증거이다.[254]

앞선 해외 사례들과 비교해 볼 때, 국내에서도 중국의 정보기관이 공자학원을 거점으로 활용하여 정보활동과 영향력 공작 등을 수행하는 것으로 쉽게 추론할 수 있다. 특히 공자학원을 거점으로 중국은 국내 대학들에 퍼져 있는 중국인 유학생들

---

251 Ibid.

252 송의달, "반미 넘치고 반중은 없는 한국…주범은 22개대 공자학원."

253 Ibid.

254 『동아일보』, "한국 내 공자학원도 중 스파이공작 첨병? 미국에서 논란. 퇴출운동 이어져."

을 조직화하여 운용하고, 이를 국내 주재 중국대사관의 교육부 주재관이나 정보기관 담당자가 지휘통제를 하는 것으로 추정된다. 한 언론보도에 따르면 공자학원에 대한 스파이 의혹으로 한국정부가 2017년에 공자학원 중국인 강사들의 비자발급을 거부하였는데, 이 와중에도 국내 7만여 명에 달하는 중국 유학생들이 중국 정보기관에 의해 박근혜 대통령 탄핵 촛불시위에 동원되었다는 주장이 있었다.[255] 홍콩에서 인권탄압이 심할 때에도 국내에서 중국의 인권탄압을 규탄하는 한국 시위대들을 대상으로 SNS를 통해 동원된 중국 유학생들이 린치와 언어폭력을 행사하였다. 해외 체류 중인 외국인 유학생들이 조직적으로 해당국가의 사람들을 대상으로 폭력적 공격을 가하는 것이 극히 이례적인 일임을 감안하면, 이들 중국인 유학생들의 행위가 중국 공산당 지도부 또는 정보기관의 지휘통제에 의해 이루어졌을 것이라고 추정하는 것이 타당하다. 또한 해당 국내사례가 해밀턴 교수가 자신의 저서에서 밝힌 오스트레일리아에서 중국인 유학생들이 일으킨 집단적 폭력시위와 매우 유사한 모습을 보인다는 사실 역시 그와 같은 추정을 뒷받침한다.[256]

국내에 침투하는 중국의 영향력 공작의 위협은 공자학원에만 국한되지 않는다. 국내 체류 중인 중국인 유학생과 취업자, 사업가, 화교, 그리고 조선족 등 중국계 디아스포라(diaspora) 인구자체가 중국의 영향력 공작의 트로이 목마로 활용될 위험성이 존재한다. 특히 국내 외국인 인구 가운데 절대 다수를 이들 중국인 디아스포라가 차지하고, 상당한 수에 달한다. 2020년 기준 894,900명의 중국국적을 가진 사람들이 국내에 거주하고 있다. 이들은 국내거주 외국인들 중 약 44%를 차지한다. 한편, 대학에 와 있는 중국 유학생들은 7만여 명에 달하는데 이들은 국내 대학에 있는 전체 유학생들의 약 76%에 달한다.[257] 이들 중국 유학생들과 국적자들이 국내에서 조직적으로 여론을 조작하고 중화극단주의 프로파간다를 유포, 확산시키며, 스파이활동을 하고 있을 수 있다. 이러한 위험성에 대한 국내 정부와 민간의 인식과

---

255 Ibid.

256 해밀턴, 『중국의 조용한 침공』, 333.

257 *The Korea Times*. "'Money or freedom': Is South Korea safe from China's infiltration?," 2022. 06. 22.
https://www.koreatimes.co.kr/www/nation/2021/09/120_315236.html

대응은 다른 서방 동맹국들과 비교할 때 매우 미흡한 수준이다.[258]

국내 중국인을 트로이 목마로 활용한 중국의 영향력 공작은 매우 심각한 방첩 위협으로 받아들여야 한다. 이는 한국국적을 취득한 중국인들이 외국 국적자 가운데 절대다수를 차지하고, 지방선거에 외국인 영주권자들이 투표권을 갖고 있어 중국인들이 국내정치에 조직적으로 개입할 개연성이 매우 높기 때문이다. 지난 2022년 6월 지방선거에서 투표권을 행사한 중국인은 9만 명에 달하며, 이 수치는 전체 외국인 유권자 가운데 78.9%에 달하는 수치이다. 이 외에도 한국 국적을 취득한 외국인 20만 명 중 조선족 포함 중국인이 12만 8400명에 달한다. 이 수치까지 포함하면 중국인들이 국내 선거에 조직적인 몰표를 행사할 경우 심각한 정치적 영향력을 끼칠 수 있다.[259]

이와 같은 우려는 다음의 중국 공산당의 법조항을 고려하면 매우 구체적이고 현실적이다. 2017년에 제정된 중국 국가정보법 7조는 '어떤 조직과 개인도 모두 관련 법에 따라 국가의 정보공작 활동을 지지하고, 돕고, 협조해야 한다.'고 규정하고 있다. 또한 같은 법 14조는 '정보기관 요원들은 유관기관과 조직, 공민에게 정보 수집과 관련해 필요한 협조와 지지를 요청할 수 있다'고 규정하고 있다. 이는 법률적 근거에 따라 중국정부가 모든 중국인들에게 공민으로서 정보수집의 의무를 부여하고 이들을 스파이 또는 공작원 또는 협조자로 활용할 수 있다는 것이다. 이 공민의 범위에는 해외에 있는 다수의 중국인 또는 중국계들(해당 국가의 국적을 취득했던 그렇지 않든 무관하게)이 포함된다. 결국 국내에 체류 중인 조선족을 포함한 모든 중국인들은 중국 정보기관의 공작원 또는 협조자로 운용되고 있거나 또는 잠재적으로 그렇게 될 개연성이 높은 것으로 간주해야 한다.

이와 같은 중국의 무차별적 정보활동과 그 대상은 사이버 공간에서도 동일하

---

258 다만 전직 공무원, 대학교수 등으로 구성된 민간단체인 '공자학원 실체 알리기 운동본부'의 보고서에 공자학원에서 사용하는 교재 일부가 우리 청소년들에게 공산당 체제와 마오쩌둥에 대한 찬양하는 내용이 있고, 티베트의 종교 탄압을 왜곡하는 등의 활동에 대해 우려를 표시하는 정도이다.

259 전경웅, "중국 국적 가진 중국인 9만 명...6월 지방선거에서 투표권 행사한다," 『뉴데일리』, 2022년 4월 12일.

게 관찰된다. 앞서 언급한 중국 국가정보법은 7조와 14조는 사이버 스파이 활동에도 동일하게 적용된다. 또한 2017년에 제정된 중국 사이버보안법 28조는 '(화웨이, 알리바바, 텐센트 같은) 인터넷 서비스 운영자는 공안기관과 국가안전기관에(접속 기술과 암호 해독 등의) 기술지원과 협조를 마땅히 제공해야한다'라고 명시하였다.[260] 이에 따라 인터넷 서비스 운영자는 중국 공안기관과 정보기관의 정보수집 요구 등에 반드시 응해야만 한다. 이는 중국 정보기관들이 언제든지 모든 중국 IT 기업들의 보안구역에 진입하고 서버를 열람할 수 있으며, 서버와 장비 등을 압수 할 수 있다는 의미이다.[261] 따라서 정보유출을 하고 있지 않다는 중국 기업이나 인터넷 서비스 운영자들의 주장은 거짓이다.[262] 미국과 유럽 국가들이 화웨이의 5G 시장 장악을 법으로 막고 있는 것도 이와 같은 화웨이를 통한 중국의 스파이 활동 위협 때문이다.[263] 화웨이가 중국 공산당과 정보기관의 전폭적인 지원을 받고 있는 회사라는 점을 미국정보당국은 이미 수차례 밝혀왔다. 이 점에서 화웨이 등의 중국정보통신기업의 부품이나 장비 등을 사용하고 있는 국내 정보통신망 운용자, 인터넷 사업자, CCTV, 드론 및 자율주행차, IoT 등 4차산업혁명과 관련된 많은 부문이 중국의 사이버 정보활동 위협에 노출되어 있다고 볼 수 있다.

중국 인터넷 서비스는 전 세계적으로 엄청난 양의 개인정보를 포함한 다양한 정보를 무차별적으로 수집하고 있다. 이는 국내에도 동일한 위협이 된다. 실제 이러한 중국의 무차별적인 정보수집활동 사례는 잘 알려져 있다. 중국은 미국 개인신용정보업체 Equifax를 해킹해 미국인 절반 정도의 개인정보를 탈취하였고, 2014년에는 미 연방정부 인사관리처 전산시스템 해킹으로 전·현직 공무원과 계약자 등 2,100만 명의 정보를 탈취하였다. 2018년에는 중국정부소속 해커가 해군 전산망을 통해 미 정부산하기관들과 최소 45개 군수 및 민간 기업에서 기술과 지식재산권

---

260 『조선일보』, "송의달의 차이나 프리즘: 10년 새 1300% 급증한 중국 스파이들...한국은 무풍지대?," 2020. 09. 10.

261 Ibid.

262 Ibid.

263 Ibid.

을 탈취하는 등의 사례들이 보고되었다.[264] '잡식성 정보수집'으로 알려진 중국의 개인신상정보 탈취는 분명한 정보수집목표에 따라 이루어진다.[265] 중국은 탈취한 미국인의 개인정보를 활용하여 중국에 입국하는 미국인들 가운데 정부관련 인물들과 CIA, DIA 등의 정보기관 요원들을 파악하려고 의도한다. 중국은 통제사회이기 때문에 파악된 요주의 인물들에 대해 입국 시부터 24/7의 감시가 가능하다.[266] 이 외에도 중국이 상대국에 대해 정보공작을 하려고 할 때 타깃 대상들의 취약성들을(예를 들면, 빚을 지고 있거나, 부적절한 사생활이 있는 등의 약점들) 식별하여 이를 지렛대로 해당 인물들을 협박, 회유, 매수, 포섭할 수 있다. 국내에서도 유사한 대규모 개인정보탈취사건이 발생하였다. 그 대부분이 북한이나 중국 해커나 정보기관과 관련된 사건이었다.

이처럼 중국의 대한국 정보활동 위협이 오프라인과 사이버 공간을 막론하고 매우 높은 수준임에도 불구하고, 국내에서는 미국과 유럽 등의 다른 서방 동맹국들과는 달리 이에 대한 위협 인식이 매우 낮다. 여전히 중국의 스파이 활동을 심각한 방첩 위협으로 인식하는 정부보고서나 학술연구 등이 드물다. 2022년 사이버 위협을 분석한 '2021년도 사이버위협 주요 특징 및 2022년도 전망'에도 원론적인 수준에서 중국과 미국의 갈등을 다루고 있는데 그치고 있으며, 중국의 국가주도 해킹이나 사이버 공격이 한국에 어떤 안보위협이 되는지에 대한 구체적이고 명시적인 논의는 다루고 있지 않다. 오프라인에서도 중국인들이 국내 선거에 개입하거나 투표권을 행사하는 문제에 대한 안보전략적 차원에서의 문제인식과 접근은 여전히 미흡하다. 중국 유학생 문제 역시 교육부가 '외국인 유학생 유치'를 대학평가에 반영하여 대학들이 중국인 유학생들을 적극적으로 유치하도록 조장하는 결과를 만들어냈다.[267] 지방자치단체 역시 무분별하게 중국과의 교류협력에 적극적이다. 예를 들면,

---

264 Ibid.

265 Ibid.

266 Ibid.

267 FiveEyes의 가입국인 호주에 대한 스파이활동을 강화하기 위해 중국이 호주에 실행한 사례와 매우 유사하다.

전 강원지사였던 최문순은 지난 2019년 중국 인민언론망과 협력하여 강원도 홍천에 한국에 중국문화를 소개할 '한중문화타운'을 건설할 계획을 발표했다. 이 때 최문순 전 지사는 이 프로젝트를 '문화 일대일로'라고 표현하면서 중국의 일대일로를 찬양하는 발언을 해서 문제가 되었다. 결국 국내의 반중정서로 인해 이 프로젝트는 2021년에 무산되었지만, 지방자치단체가 중국의 영향력 공작을 오히려 도와주는 행보를 보인 대표적인 사례로 간주할 수 있다.[268] 이 밖에도 중국이 국내 체류 중국인과 유학생, 그리고 온라인 댓글부대 등을 동원한 국내 여론조작과 댓글공작, 선거개입 등에 대한 의혹제기가 있지만 이에 대한 체계적인 정밀 조사는 이루어지고 있지 않은 것처럼 보인다. 중국의 동북공정에 대한 전략적, 체계적 대응도 미흡하다. 국내 문화예술 및 영화·공연·엔터테인먼트 업계 등이 중국 자본의 의해 잠식되어 가는 것에 대한 방첩차원에서의 대응 역시 전무하다. 이처럼 한국은 국가리더십의 인식부족과 전략부재, 그리고 국민들의 무관심으로 인해 중국의 정보활동 위협에 그대로 무방비로 노출되어 있다.

중국의 대한국 정보활동이 얼마나 치밀하고 전략적이며 전일적이고, 집요한지를 보여주는 일례가 최근에 관찰되었다. 중국의 영향력 공작은 온라인 게임의 프로파간다 효용성에 대해서도 놓치지 않는다. 중국은 한국에 대한 문화공정과 초한전 수행에 있어 온라인 게임 콘텐츠를 특히 한국의 저연령 아동과 청소년, 젊은층을 대상으로 한 중화극단주의 프로파간다의 이상적인 수단으로 인식하고 있는 것처럼 보인다. 이 때문에 중국은 한국의 게임 콘텐츠가 중국사회내로 유입되는 것은 철저히 차단하고 이와는 반대로 중국의 게임 콘텐츠는 한국에 침투, 확산, 유포 시키는 이중의 플레이를 하고 있는 것처럼 보인다. 최근 논란이 된 이순신 장군을 중국 게임 콘텐츠에서 중국문명의 일부로 묘사하고 있는 것은 이러한 관점에서 심각하게 받아들여야 한다.[269] 정보심리전 또는 인지전의 본격적인 등장으로, 프로파간다는 전쟁

---

268 이 역시 글쓴이 개인의 의견이며 특별한 증거가 있지는 않다. 다만, 해외의 사례를 유추해서 중국 공산당과 정보기관의 모두스 오페란디가 국내에도 적용될 것으로 예측한다면 얼마든지 가능한 일이다.

269 이윤정, "중국게임, '이순신 장군=중국 문명' 논란…한국게임 베끼기도 골치," 『경향신문』, 2022년 7월 19일

수행의 중요한 전략적 수단이 되고 있다. 온라인 게임은 프로파간다의 매우 효과적인 통로이자 도구가 되고 있다. 온라인 게임은 따라서 영향공작의 주요한 수단이 되고 있다. 때문에 이제는 온라인 게임과 게임 콘텐츠 산업을 국가방첩위협의 관점에서 바라보아야 할 시점이다.

3) 비전통안보(non-conventional security)의 위협들

(1) 초국가 테러위협

초국가 테러리즘의 위협은 여전한 국제사회의 주요한 위협이 되고 있다. 특히 이슬람 극단주의 테러단체의 위협은 그 정도는 이전보다 약화되었지만 여전히 테러공격과 폭력적 극단주의의 프로파간다를 전파, 확산시키고 있다. 특히 온라인상에서 SNS와 온라인 게임 등 각종 수단을 활용하여 폭력적 테러공격의 노하우와 극단적 믿음들을 유포하고 테러의 지지자들과 전투원들을 리크루팅하고 있다. 또한 아프가니스탄과 아프리카 등지에서 계속 테러공격을 이어나가면서 역내 정정불안의 주요한 요인이 되고 있다.

2021년 8월 미국의 아프간 철군 이후 바이든 대통령은 아프가니스탄 전쟁의 종전을 선언하면서 철군의 정당성을 주장하고 "대단한 성공"이라며 미국의 아프간에서의 군사 활동을 자평했다.[270] 하지만 지난 20년간 전 세계적으로 가장 주요한 안보위협사안이었던 이슬람 극단주의 테러조직의 위세가 꺾인 것은 분명하지만 완전히 사라졌다고 보기는 어렵다. 미국의 이와 같은 자평은 실제 이슬람 테러세력의 위협이 완전히 제거된 것을 확인했다는 의미보다는 중국과 러시아라는 미국에 더 임박하고 중대한 위협과 도전에 대응하기 위해 미국 외교·안보의 초점을 조정하기 위한 과정에서 나온 것이다.[271] 이는 미국이 나토의 반대에도 불구하고 아프가니스탄에서의 철군을 단행하였다는 것에서도 유추할 수 있다.

---

270 White House, "Remarks by President Biden on the Way Forward in Afghanistan," August 31, 2021.

271 Ibid.

미국과 나토가 빠진 아프가니스탄을 탈레반이 장악하였지만 아프가니스탄의 정정불안은 계속되고 있으며, 테러공격도 여전히 지속되고 있다. 탈레반 지도부는 조직 내 갈등으로 내홍에 시달리고 하부 조직에 대한 장악력은 약화되고 있다. 탈레반이 재집권한 뒤 파키스탄 등 주변국가에 흩어져 있던 알카에다와 ISIS 조직원들이 아프가니스탄에서 주도권 경쟁을 벌이는 바람에 아프가니스탄이 다시 국제 지하디스트 세력이 재기하는 근거지가 될 것으로 관측되고 있다.[272] 최근 알 자와히리의 제거와 같이 알카에다와 ISIS는 자신들의 지도자들을 잃는 등 여러 방면에서 쇠퇴를 겪는 듯 보이지만, 다른 한편에서는 탈레반이 재집권한 아프가니스탄에 모여들어 이 지역에서 다시 주도권 경쟁을 벌이며 세를 모으고 있다. 사이버 프로파간다에 능한 지하디스트 테러집단들은 소셜네트워크 등을 이용하여 탈레반 하부조직의 극단화를 이끌어 내고 자신들 조직에 대한 추종자들을 포섭하며 빠르게 세력을 확장하고 있다. 특히 ISIS 호라산은 극렬하고 잔인한 자살테러 공격을 이어가면서 외부에서도 추종자들이 몰리면서 조직원이 크게 확대되고 있는 상황이다.[273]

한편 아프가니스탄이 점점 더 국제 지하디스트 테러단체들이 부활하는 무대가 됨에 따라, 중국, 러시아, 터키 등은 탈레반 정권의 안정지원을 약속하고 자국의 이슬람 세력을 자극하지 말 것을 약속받는 등의 행보를 보이고 있다. 그러나 아프가니스탄을 재집권한 탈레반의 장악력이 약화됨에 따라 이러한 상황이 얼마나 유지될 수 있을지는 알 수 없다. 특히 탈레반은 과거 중국 내 이슬람 소수민족인 위구르족 독립 세력인 동투르키스탄 이슬람 운동을 도운바 있다. 최근 ISIS 등의 다른 경쟁조직들에게 추종자들을 빼앗기고 있는 상황에서 탈레반이 하부조직으로부터 위구르 문제에 대한 압박을 받게 된다면 어떤 선택을 하게 될지 불확실하다. 한편 세력을 회복한 ISIS 등의 글로벌 지하디스트 테러집단이 다시 부상하게 되어 전 세계의 안전을 위협하는 상황도 무시하기 어렵다.[274]

---

272 장지향, "이슈브리프. 탈레반의 아프가니스탄 재집권과 국제 지하디스트 세력의 활성화," 아산정책연구원, 2021년.

273 Ibid.

274 Ibid.

아프가니스탄 이외에도 초국가 테러리스트 그룹들은 코비드-19 팬데믹 상황을 이용하여 새로운 추종자들을 대상으로 극단화시키고 조직원들을 리크루팅하면서 각국 정부의 정통성을 공격하고, 폭력을 선동했다. 이와 같은 활동들은 특히 온라인에서 두드러졌다. 예를 들면, 폭력적 극단주의자들의 펜데믹 이용은 #Corona-Jihad 사례에서 확인할 수 있다. 이들은 코비드 바이러스의 책임을 종교적 소수자들에게 뒤집어씌웠다. 전세계적으로 이슬람 테러리스트들은 코비드 바이러스의 창궐을 오정보(misinformation)와 허위조작정보(disinformation)를 확산시켜 새로운 추종자들과 조직원들을 리크루팅하는 기회로 삼았다. 이들은 코비드-19가 사람들이 미국을 숭배하는 것에 대한 신의 처벌이며 이 팬데믹은 미국이 전지전능하고 절대 패배하지 않는 존재가 아니라는 것을 보여주는 사례라는 반서구 내러티브를 유포, 확산시켰다. 한편 코비드 팬데믹 기간 중에 이라크와 시리아에서 ISIS의 테러활동은 오히려 증대했다.[275]

이와 같은 초국가테러의 위협이 한국에 대한 직접적인 방첩위협이 되고 있는 것은 아니다. 이는 한국이 이들의 직접적이고 우선적인 테러공격의 대상이 아니기 때문이다. 하지만 국내 무슬림 이주민과 외국인 근로자들과 무슬림 커뮤니티 증가와 이슬람 극단주의 전파사례 등을 감안할 때, 한국이 테러자금모금과 추종자 및 전투원 모집, 이슬람 극단주의 유포, 확산, 온·오프라인 테러공격의 경유지 등의 국제테러세력의 배후지로 기능할 개연성을 무시할 수는 없다. 이 때문에 이를 잔존하는 방첩위협으로 보고 주의를 기울일 필요가 있다.

(2) 초국가 범죄조직의 위협

초국가 범죄조직의 위협역시 사회안보 또는 인간안보와 관련된 한국의 방첩위협이다. 이 가운데 최근 특히 외국계 조직범죄단체들의 위협이 두드러진다. 여기에는 중국과 태국 등의 마약범죄조직이 국내 폭력조직이나 조선족, 중국계 디아스포라 등과 연계해 국내에 신흥 마약시장을 형성하고 마약 유통망을 구축하는 것, 그리

---

275 United Nations Office of Counter-Terrorism Centre (UNCCT), "Strategic Communication," 29 May 2022.

고 이와 연계된 암호화폐 등을 이용한 자금세탁, 온라인 및 오프라인 불법도박, 중국과 필리핀 등에 콜센터가 집중된 보이스피싱 등의 활동, 국내 체류하는 외국인들을 중심으로 한 범죄의 조직화 등이 포함된다. 한국에 마약을 공급하려는 가장 주요한 국제범죄조직은 미국, 오스트레일리아, 일본, 동남아 등 전 세계 마약 시장에 진출해 있는 중국계 마약범죄조직이다.[276] 이들 중국계 범죄조직들은 보이스피싱과 도박, 암호화폐를 통한 자금세탁 등의 국제연계망에서도 매우 중요한 핵심 행위자이다. 한편 국내에 체류하는 베트남 등 다양한 국적의 외국인들이 조직적으로 마약, 도박, 사기 등의 범죄행위를 벌이고 있는 것으로 파악된다. 국가수사본부의 최근 자료를 보면 마약 및 지능범죄의 비중이 증가하였다. 또한 국내에 거주하는 외국인들의 범죄행위가 마약매매나 자금세탁, 불법사업 등으로 조직범죄화 되었다고 발표하였다. 2021년 4월에서 6월까지 주요 검거사례를 살펴보면 필리핀 현지 도박사이트 범죄단체검거사례(조직원 60명), 구 소련권 마약판매 범죄단체 검거사례(조직원 53명), 베트남인 국내 밀반입 마약판매 범죄단체 검거사례(17명), 라이베리아 '로맨스 스캠' 사기조직검거사례(조직원 8명), 태국인 마약판매조직 검거사례(조직원 22명 검거) 등이 있다.[277] 이와 같은 범죄조직들은 국내에 있는 외국인들과 외국인 집단 거주 지역을 활동무대로 삼아 국내로 유입되고 자리를 잡았다. 시간이 지나면서 이들이 점차 세력을 확장하여 자신들의 본국과 해외 다른 국가의 본국 출신 조직들과 연계해 국제적 초국가범죄네트워크로 성장할 개연성이 크다. 이 같은 추정은 미국과 독일 등 다른 해외 국가들에서 이민자 공동체를 무대로 한 외국계 조직범죄세력이 성장 궤적을 살펴볼 때 가능하다.[278]

한편 국내 토착 마약·조직폭력 범죄단체 역시 주요한 위협이다. 한 언론보도에 따르면 지난 해 기준으로 국내 폭력조직은 전국에 약 206개 정도이며 약 5,197명

---

276 『뉴스핌』, "[마약중독자의 고백㉜]중국 폭력조직 삼합회와 '마약전쟁 시작'," 2019. 06. 13. https://www.newspim.com/news/view/20190612000908

277 경찰청 브리핑, "2021년 상반기 국제범죄 집중단속(형사)," 경찰청 보도자료, 2021.08.02. www.police.go.kr. https://www.korea.kr/news/pressReleaseView.do?newsId=156465117

278 검찰청 관련 자료.

의 조직원들이 활동하고 있다. 국내 범죄단체들은 과거에는 전국구로 세력을 확대하고 주로 유흥업소를 상대로 갈취하고 집단폭력을 행사하는 양상을 보였으나 최근에는 마약, 도박 등의 소규모 불법시장을 유지하는 경제적 실리추구형으로 바뀌었다.[279] 이들 국내 폭력조직들 중 일부는 상당히 지능화하여 합법적인 사업체로 위장하여 기업의 경영권 양도 분쟁에도 가담하는 등의 모습을 보인다. 범죄단체와 정치권, 지방정부와의 유착관계 의혹들도 제기된다.[280] 또한 이들 범죄단체들이 가상화폐 등을 이용한 국제적 자금세탁에도 관련이 되었다는 의혹제기도 있다. 이러한 사안들 역시 방첩위해요인으로 면밀히 관찰할 필요가 있다. 경우에 따라서는 외국계 범죄조직은 물론 국내 토착 범죄단체들도 북한과 중국 등과 같은 적대적 국가행위자나 초국가 테러단체 등과 같은 비국가 행위자들이 국내에 정치적, 경제적, 사회적 영향력을 투사하는 통로로 활용될 위험성이 존재하기 때문이다.

(3) 비국가 행위자들에 의한 사이버 위협: 해커, 핵티비스트

오늘날 사이버 공간의 확장으로 주요한 사이버 위협은 국가행위자 뿐만 아니라 비국가행위자들로부터도 온다. 흔히 이 비국가행위자들을 해커들로 불리는데 이들은 주요한 방첩위해 요인이 된다. 많은 경우에 이들 해커들 또는 핵티비스트들은 국가행위자의 프록시 병력으로 활용된다. 이 경우는 앞서 북한, 중국 등의 국가행위자의 사이버 위협에서 다루었기 때문에 생략하고 여기에서는 비국가 행위자들에 의한 사이버 위협에만 초점을 맞춘다.[281]

---

279 『NewDaily』, "조폭 '주력 업종' 도박·마약으로 진화… 경기남부지역서 특히 '위세'," 2022. 02. 13. https://www.newdaily.co.kr/site/data/html/2022/02/23/2022022300130.html

280 이 프로그램의 주요 내용은 "제작진은 지난해 7월 21일 방송에서 은 시장이 2016년 6월 6.13 지방선거 기간 폭력조직 '국제마피아파' 출신 사업가로부터 자동차와 운전기사를 제공받는 등 이재명 경기도 지사와 더불어 조폭과 결탁했다는 의혹"의 제기이다. 『한경정치』, "은수미 시장, 조폭연루 의혹 '그알' 손해배상 소송서 졌다…정정보도도 기각," 2019. 12. 19. https://www.hankyung.com/politics/article/2019121988117

281 이와 관련된 사례들은 앞서 북한과 중국의 사이버 공격, 위협 등의 내용을 참고하시오.

비국가 해커들에는 다양한 그룹들이 포함된다. 이들은 대체로 스크립트 키디(Script kiddles), 멀웨어 제작자(Malware authors), 스캠머(scammers), 블랙햇, 핵티비스트(hacktivists), 그리고 애국적 해커들(patriot hackers) 등이 있다. 스크립트 키디는 가장 기술 수준이 낮으며 가장 일반적인 비국가 행위자 해커 그룹이다. 이들은 일반적으로 다른 누군가가 제작한 스크립트나 도구를 자신들의 공격에 활용하며, 스스로 도구나 스크립트를 제작하거나 단순한 사용을 넘어선 기술이나 능력을 보유하고 있지 않다. 멀웨어 제작자는 매우 전문화된 유형의 공격자들이다. 이들은 고유한 멀웨어를 실제로 제작하며, 프로그래밍 기술과 공격 대상 운영체제에 대한 지식을 갖고 있다. 봇넷(botnets)을 활용하는 멀웨어를 개발하고, 루트킷(rootkits)과 같은 복잡한 도구를 제작할 수 있다. 스캠머는 공격자들 가운데 가장 낮은 수준으로 간주된다. 이들은 공격도구에 관련된 기술적 숙련도가 없으며, 스크립트 키디보다도 더 수준이 낮다. 스캠머들은 피싱(phishing)이나 파밍(pharming)과 같은 사회공학적(social engineering) 속성을 가진 도구들을 종종 이용한다. 블랙햇은 해커 세계에서 가장 나쁜 행위자들로 분류된다. 이들은 다양한 동기로 시스템과 네트워크를 공격한다. 이들의 동기는 단순한 스릴(thrill)부터 금전적 이득까지 다양하다.

핵티비스트는 특정한 정치적, 사회적, 의견, 견해는 표출하고 지지하기 위해 자신들의 기술을 사용한다. 핵티비스트의 주요 동기는 시위와 다수의 참여, 위력 행사, 반대 의견 표출 등이기 때문에 DoS(Denial of Service), DDoS(Distributed Denial of service), 웹사이트 훼손(website defacement), 대량이메일발송(mass emailing), DNS(Domain Name Service) 하이재킹(hijacking) 등과 같은 피해는 제한적이면서 컴퓨터 기술 수준은 낮지만 핵티비스트의 정치, 사회적 견해와 주장에 공감하는 다수가 함께 동참할 수 있고, 여론, 언론, 사회에 대한 광범위한 메시지 알림 효과가 큰 공격기법들을 주로 활용한다. 어나니머스는 이 비국가 행위자 핵티비스트 유형에 속한다. 핵티비스트들은 매우 높은 정도의 정치적, 종교적, 사회적 지향성을 가진다. 이들은 언론의 자유(free speech), 인권(civil rights), 종교적 권리(religious right) 등을 포함한 여러 다른 이슈들을 중심으로 결집하고 행동할 수 있다.

마지막으로 애국적 해커들은 핵티비스트의 한 유형이다. 이들은 주로 민족, 국가에 대한 애국심, 충성심, 자부심 등을 매개로 결집되어 있다. 일반적인 핵티비스트들과 유사하게 대중운동과 담론형성, 위력행사 등의 성격을 갖고 있기 때문에 DDoS, 웹사이트 훼손 등의 유사한 공격 기법들을 주로 활용한다. 또한 최근 들어 애국적 해커들은 가짜뉴스나 선전·선동·프로파간다, 댓글공작, 사이버 공간상에서의 내러티브 담론 형성과 심리적 위력 행사 등 사이버 영향공작 또는 인지전도 적극적으로 활용한다.[282]

2022년 상반기 6개월(1월-6월) 동안 전세계적으로 핵티비즘과 DDoS 공격이 급격히 증가했다. 이와 같은 해킹과 핵티비즘, 사이버 공격의 가파른 증가세는 미국과 아시아, 유럽 전역에 걸쳐 보편적으로 관찰되었다. 예를 들면, 악의적인 DDoS 공격의 빈도수는 2021년 상반기 6개월 동안과 비교할 때 2022년 같은 기간에 203% 증가했다. 또한 2022년 상반기 동안의 악의적인 DDoS 공격 사례 수치는 2021년 전 기간(1월-12월) 동안의 공격 빈도수에 비해서도 60% 증가한 것이다. 애국적 핵티비즘을 포함한 핵티비즘 역시 2022년 같은 기간 동안 극적으로 증대했다. 특히 애국심 또는 이데올로기 등의 대의(cause)를 목적으로 한 핵티비즘은 2016년 이후 2022년 올해 들어 전세계적으로 수백만 명의 삶에 영향을 미치는 주요한 위협 요인으로 등장했다. 이와 같은 종류의 핵티비즘은 과거의 단순한 "반사회적 괴짜 부적응자(antisocial geek misfit)" 수준을 훨씬 뛰어 넘어 전세계적으로 다양한 전략적 목적이나 대의를 실현하기 위한 최고 수준의 하나의 무기가 되고 있다.[283]

이와 같은 최근 사이버 위협의 중대한 증가추세는 다른 자료들에서도 확인된다. 2020년에 이미 사이버 공격은 전세계적으로 다섯 번째 순위의 중대한 위협이었고 공공과 민간 부문 전반에 걸쳐 중대한 위협이라는 점은 상식이 되었다. IoT(Internet of Things) 사이버 공격 한 분야만 해도 2025년까지 2022년 수치의 두 배가 될 것이라고 예상된다. 반면에 사이버 공격에 대한 탐지 비율은 극히 낮다. 세계경제포

---

282 Andress and Winterfeld, "Cyebr Warfare: Techniques, Tactics and Tools for Security Practitioners," 194-197.

283 Dan Lohrmann, "Hacktivism and DDOS Attacks Rise Dramatically in 2022," Government Technology, August 21, 2022. https://www.govtech.com/blogs/lohrmann-on-cybersecurity/hacktivism-and-ddos-attacks-rise-dramatically-in-2022

럼 2020 글로벌리스크보고서(World Economic Forum's 2020 Global Risk Report)에 따르면, 사이버 공격 탐지 비율은 미국의 경우 0.05퍼센트 밖에 되지 않는다.[284] 또 다른 자료 역시 사이버 공격 위협의 최근 동향이 매우 우려할 만한 수준임을 보여준다. 해당 자료에 따르면, 전세계적으로 매일 30,000개의 웹사이트가 해킹된다. 전세계 64퍼센트의 민간 기업들이 적어도 하나의 유형 이상의 사이버 공격을 경험했다. 2021년 3월에 2천만 건의 사이버 침해 기록(20M breached records)이 있었다. 2020년에 랜섬웨어(ransomware) 사례가 150퍼센트 증가했다. 이메일은 약 94퍼센트의 모든 종류의 멀웨어(malware)와 관련이 있다. 매 39초마다 웹상에서 새로운 사이버 공격이 어디에선가 발생한다. 평균 대략 24,000개의 악성 모바일 앱(malicious mobile apps)이 인터넷에서 매일 차단된다. 300,000개의 새로운 멀웨어가 매일 만들어지며, 이와 같은 멀웨어는 바이러스(viruses), 애드웨어(adware), 트로전스(Trojans), 키로그스(keyloggers) 등을 포함한다. 2020년에 데이터 침해의 63퍼센트 정도는 금전적인 동기로 발생했다. 2021년에 이와 같은 사이버 침해를 복구하기 위해 전세계 민간 기업들이 6조 달러(USD)를 지불했다.[285]

최근 들어, 특히(2022년), 전세계적으로 사이버 공격위협 수준이 급격히 증대된 데는 다음과 같은 이유들 때문이다. 첫째, 2020년부터 시작된 코비드-19(COVID-19) 팬데믹 영향으로, 사람들의 일상 활동이 오프라인에서 온라인으로 대거 이동하였다. 이와 같은 추이에 맞춰 범죄 역시 오프라인에서 온라인으로 대거 이동한 것으로 관찰된다. 사이버 절도에서 횡령, 데이터 해킹과 사이버 파괴에 이르는 거의 모든 유형의 사이버 범죄가 코비드-19 발생 이후에 600퍼센트 증가하였다.[286]

---

284 Embroker, "2022 Must-Know Cyber Attack Statistics and Trends," August 16, 2022. https://www.embroker.com/blog/cyber-attack-statistics/

285 Jacquelyn Bulao, "How Many Cyber Attacks Happen Per Day in 2022?," *techjury*, July 8, 2022. https://techjury.net/blog/how-many-cyber-attacks-per-day/#gref

286 AP(Associated Press), "The Latest: UN warns cybercrime on rise during pandemic," *abc News*, May 23, 2020. https://abcnews.go.com/Health/wireStory/latest-india-reports-largest-single-day-virus-spike-70826542

어나니머스와 같은 핵티비스트들은 2010년경부터 주요한 국제적 방첩위해요인으로 등장했다. 이들은 주로 국가, 정부기관, 법집행기관, 정보기관들의 정보를 해킹하여 일반에 유출하거나 자신들의 대의에 적대적인 대상들에 대한 사이트 마비나 변조 등을 통해 막대한 정치적, 경제적, 사회적 피해를 야기한다. 유명한 국제 핵티비스트 세력인 어나니머스(Anonymous)가 대표적이며, 이외에도 디도시크릿(Distributed Denial of Secrets), 사이버 파르티잔(Cyber Partisans), 어게인스트더웨스트(AgainstTheWest), 아논 리크스(Anon Leaks) 등이 있다. 다만 핵티비즘이 활발하던 초기에 비해 2015년 이후 지난 몇 년 동안은 핵티비스트들의 활동은 크게 줄었다. 한 언론의 집계에 따르면 2015년에 35건에서 2016년에는 24건, 2017년에는 5건, 2018년에는 2건, 그리고 2019년 5월 까지는 0건이었다.[287] 여기에는 사이버 범죄행위에 대한 사법당국의 제제와 수사가 강력해 진 것이 가장 큰 원인으로 꼽혔다.[288]

그러나 이들 핵티비스트들의 활동은 최근 다시 활성화된 것으로 파악된다. 어나니머스의 최근 사이버 공격 주요 사례로는 2020년 6월 블루리크스(BlueLeaks)와 2022년 대러시아 사이버 전쟁이 있다. 전자는 그해 5월 미네아폴리스 경찰에 의한 조지 플루이드 살해사건에 대한 항의의 차원에서 이루어진 것이며 미국 정부의 검열과 감시(surveillance)에 대한 저항의 차원에서 이루어진 사이버 공격이었다. 미국 법집행기관(American law enforcement agency)에 대한 가장 대규모의 해킹 사건으로 알려진 이 사건에서 어나니머스는 1996년 8월에서 2020년 6월까지 기간 중에 생산된 200개 이상의 미국 법집행 기관들이 퓨전센터(fusion center)에 제공한 내부 정보(intelligence), 블루틴(bulletins), 이메일, 그리고 보고서 269.21 지비바이트(gibibytes)를 해킹해 공개했다.[289] 후자는, 2022년 2월 러시아의 우크라이나 침공

---

287 『보안뉴스』, "어디로 갔나, 어나니머스? 핵티비스트 활동 크게 줄어," 2019. 05. 20. https://www.boannews.com/media/view.asp?idx=79651&direct=mobile

288 Ibid. "IBM에 의하면 미국, 영국, 터키 당국은 지난 몇 년 동안 핵티비스트들의 활동을 집중적으로 단속해왔다고 한다.

289 Nicole Karlis, "Inside "Blue Leaks," a trove of hacked police documents released by Anonymous," salon, June 22, 2020. https://www.salon.com/2020/06/22/

에 대한 보복으로 푸틴의 러시아를 상대로 어나니머스가 사이버 전쟁을 선언하고, 러시아에 대한 사이버 공격작전을 실행한 것이다.[290] 어나니머스는 이와 같은 사이버 작전의 일환으로 러시아 병사 12만 명의 개인 정보를 해킹해서 유포했다.[291] 또한 러시아 주요 방송통신사인 RT.com과 러시아 국방부 웹사이트, 그리고 다른 러시아 정부 소유 웹사이트 등을 사이버 공격으로 마비시켰다. 이밖에도 어나니머스는 러시아 TV 채널을 해킹하여 우크라이나 음악을 방송했으며, 400개의 러시아 감시(surveillance) 카메라를 해킹하여 웹사이트에 공개하고, 러시아 연방중앙은행의 이메일 약 22.5 기가바이트(gigabytes) 용량을 해킹하여 공개했다.[292]

이와 같은 점들을 고려하면 어나니머스와 같은 핵티비즘은 여전히 상존하는 위해요인으로 간주해야 한다.[293] 다만 앞서 언급한대로 핵티비스트들의 절대적인 사

---

inside-blue-leaks-a-trove-of-hacked-police-documents-released-by-anonymous/

290 Joe Tidy, "Anonymous: How hackers are trying to undermine Putin," *BBC News*, 20 March 2022. https://www.bbc.com/news/technology-60784526

291 Carmela Chirinos, "Anonymous takes revenge on Putin's brutal Ukraine invasion by leaking personal data 120,000 Russian soldiers," *Fortune*, April 5 2022. https://fortune.com/2022/04/04/anonymous-leaks-russian-soldier-data-ukraine-invasion/

292 Maria Collinge, "Anonymous: Russian media channels broadcast Ukrainian songs after hacker group declare cyber war," *iNews*, February 27, 2022. https://inews.co.uk/news/world/anonymous-hacker-group-russia-tv-channels-broadcast-ukrainian-songs-1486735; Pierluigi Paganini, "Anonymous hacked the Russian Defense Ministry and is targeting Russian companies," February 26, 2022. https://securityaffairs.co/wordpress/128428/hacking/anonymous-russian-defense-ministry.html; Waqas, "Anonymous sent 7 million texts to Russians plus hacked 400 of their security cams," *Hackread*, March 12, 2022. https://www.hackread.com/anonymous-sent-texts-to-russians-hacked-security-cams/; Waqas, "Confirmed: Anonymous Hacks Central Bank of Russia; Leaks 28GB of Data," *Hackread*, March 26, 2022. https://www.hackread.com/anonymous-hacks-central-bank-russia-leaks-28gb-data/

293 물론 이러한 활동에 참여한 핵티비스트들 중 일부는 우크라이나 정부의 독려를 받고 움직이는 핵티비스트들도 존재한다. 또한 러시아의 편에서 우크라이나에게 사이버 공격을

이버 공격의 수는 줄어들고 있는 추세로 보인다. 그러나 오히려 핵티비즘의 관여대상이 종교, 정치, 핵, 안보, 인권, 정보공유 등으로 더 확장되는 방향으로 나가고 있을 뿐만 아니라 이들의 기술 수준 역시 고도화되고 있어 오히려 위협은 어떤 면에서는 더 증대하였다고 볼 수도 있다.[294]

비국가행위자의 사이버 위협과 관련하여 최근 나타나는 흥미로운 현상은 조직적 사이버 범죄세력이 직접 사이버 공격을 하는 것이 아니라 다크넷 등을 통해 사이버 공격의 기술과 노하우, 도구, 그리고 인프라 등을 제공하고 금전적인 이득을 취한다는 점이다. 이들은 국가행위자나 다른 비국가 사이버 공격자들에게 사이버 공격 또는 범죄를 실행할 수 있는 멀웨어나 스파이 웨어를 제작하여 제공하거나, 네트워크나 프로그램 등의 보안상 제로데이(zero-day) 취약성을 미리 파악하여 이를 알려주거나, 멀웨어나 백도어 등을 미리 심어두고 사이버 공격 또는 범죄를 위한 인프라를 구축하여 이를 판매하거나 하는 등의 사이버 공격과 관련된 각종 서비스를 제공하고 금전적 대가를 받는다. 또한 다크넷 상에서 Bulletproof Hosting과 같은 다양한 의도를 가진 행위자들이 정보기관이나 사법당국의 감시를 피해 안전하게 자료나 정보를 업로드하거나 유포하도록 하는 플랫폼 서비스를 제공한다.[295] 이와 같은 사이버 범죄조직의 다양한 서비스들은 국가행위자 및 비국가 사이버 공격자들의 사이버 공격이나 범죄 행위를 촉진시킬 개연성이 커 주요한 방첩위해요인으로 다룰 필요가 있다.

마지막으로 비국가행위자에 의한 사이버 위협과 관련해서 가장 곤혹스러운 점

감행하는 핵티비스트들도 있다.

294 "엠시소프트(Emsisoft)의 위협 분석가인 브렛 캘로우는 CSO와의 인터뷰에서 "이 같은 상황은 전례가 없다는 점에 주목해야 한다. 이전에는 없었던 새로운 현상이다. 원래 이런 일을 늘 하는 정보기관 외에 양측에 가담한 여러 액티비스트 그룹이 활동 중이며 사이버 범죄 조직도 편을 갈라 전쟁에 합류했다"고 말했다. 캘로우는 "일반적인 관점에서 핵티비즘은 반드시 좋은 것만은 아니다. 명확하게 불법이며, 그 여파를 예측하기도 어렵다. DDoS 공격의 영향이 원래 표적 이상으로 퍼지는 경우도 발생할 수 있다"고 지적했다." IT WORLD. 2022. 3. 7. 인용. https://www.itworld.co.kr/news/228109#csidx9bc7db1beadb6d194e2c5c041e3649a

295 Geenens & Smith, "Hacker's Almanac."

은 정부와 민간보안기업, 또는 일반기업이나 단체들의 직원들이 내부자(internals) 위협의 출처로 돌변할 수 있다는 점이다. 내부자들은 사이버 보안의 측면에서는 가장 곤혹스러운 해커들이다. 내부자는 상당한 수준의 컴퓨터 활용 능력을 지니고 있으며, 주로 과거 정보통신 또는 사이버 보안 관련 전문가나 종사자, 정부 및 민간 기관의 내부 사이버 보안관련 전, 현직 임직원 가운데 내부 불만자들을 의미한다. 이들은 다양한 이유로 내부불만을 가지며, 해당 기관 시스템에 대한 접근 권한을 이용하여 자신이 보안을 책임지는 기관을 상대로 해킹 공격, 정보 절취, 스파이 활동을 실행한다.[296] 내부자 해커들에 대한 방어 조치는 매우 어려운 반면, 이들이 가하는 피해는 매우 크다. 따라서 이 역시 방첩위해 요인으로 인식할 필요가 있다.

(4) 국가 핵심기반시설들(critical infrastructures)에 대한 사이버위협

국가 핵심기반시설(critical infrastructure) 부문에서의 스마트 시스템 구축은 매우 빠르게 진행되고 있다. 이와 같은 핵심기반시설에는 물류시스템에 포함될 수 있는 항만, 공항, 철도, 교통, 운송, 유통뿐만 아니라 사회가 작동하는데 필수적인 기반시설인 상·하수도, 전기, 가스, 원유, 보건의료, 선거제도 등이 광범위하게 포함된다. 최근 들어, 이와 같은 핵심기반시설들이 정보통신 자동화, 인공지능, 머신러닝, 딥러닝, IoT, 블록체인, 디지털·스마트 기술 등의 첨단 정보통신과학기술 등과 긴밀하게 결합되면서 발전하는 추이를 보여주고 있다. 그 대표적인 사례가 SCADA(Supervisory Control and Data Acquisition) 시스템이다. SCADA는 DCS(Distribute Control System), HMIs(Human-Machine Interfaces), MTUs(Master Terminal Units), RTUs(Remotve Terminal Units) 등과 함께 ICS (Inductrial Conrol System)를 구성한다. ICS는 전기, 물, 통신, 제조과정, 물류 등 산업기반시설을 관리하는 통제시스템이다. 하지만 통상적으로 이와 같은 엄밀한 SCADA와 ICS의 구분 없이 기술적으로는 ICS가 더 정확한 표현임에도 불구하고, SCADA가 더 자주 널리 쓰인다.[297] SCADA는 인터페이스, 소프트웨어, 운영체계(operating

---

296 Grainne Kirwan and Andrew Power, 『사이버 범죄 심리학』, (서울: 학지사, 2017), 76.

297 Jason Andress and Steve Winterfeld, "Cyber Warfare: Techniques, Tactics and

system), 그리고 프로토콜 등을 사용한다. SCADA 실패(failure)의 경우에, 그 결과는 매우 광범위하고 심각하다. 이 때문에 핵심기반시설들(national infrastructure)과 관련된 취약성이 증대되었으며 따라서 방첩의 주요한 위해요인으로 등장했다.

특히 이러한 취약성은 최근 과학기술의 발전과 코비드 19 팬데믹으로 더욱 증대했다. 과학기술의 발전은 경제사회의 디지털화와 관련 정보와 지식의 확산을 가져왔다. 이와 같은 경향은 코비드 19로 비대면 활동환경이 일상화되고 재택근무가 증가하는 등의 변화로 더욱 가속화되었다. 이로 인해 핵심기반시설에 대한 사이버 공격의 위협이 커지고 있다. 예를 들면, 최근 운영기술 시스템에 대한 사이버 공격이 증가했다. 디지털 전환의 가속화로 IoT와 운영기술(OT)시스템의 호환이 급격히 늘게 되었다 이 때문에 과거에는 소수의 자동화엔지니어만 알고 있던 특수 영역이던 OT시스템에 대한 정보가 더 많이 알려졌다. 이처럼 과거에 제한적 지식이던 OT시스템에 대한 정보가 확산되자 사이버 공격이 증대되었다. OT시스템에 대한 랜섬웨어공격과 디도스(DDoS) 공격 등이 국가 핵심기반시설인 화력 발전소, 원자력 발전소, 수도 시설 등을 목표로 감행되는 사례가 증가하고 있다.

한편 스마트 공장의 확산으로 이 부문 역시 취약성이 증대되었다. 2018년 대만의 반도체 업체 TSMC와 2019년 노르웨이의 화학업체 노르스크 하이드로(Nor나 Hydor)와 같은 스마트공장이 사이버 공격을 받았다. 앞으로 이러한 스마트 공장은 더욱 지능화가 가속화 될수록 사이버 공격에 노출될 위험이 커지기 때문에 이러한 기술변화와 감염병으로 인한 업무환경의 변화로 국가핵심기반시설들의 취약성이 주요한 문제가 되고 있다.[298]

핵심기반시설의 또 다른 주요한 부문인 물류시스템 역시 취약성이 증대되었다. Not Petya 랜섬웨어는 글로벌 해운회사인 머스크(Maerk)에 상당한 피해를 입혔다. 해당 멀웨어(malware)는 모든 4,000개의 뉴 서버들(new servers)과 45,000개의 새 PC들, 그리고 2,500개의 어플리케이션들에 대한 기반시설 재설치를 야기했다. 그와 더불어 운송지연이 공급체인에 대한 상당한 피해를 야기했다. 머스크는 그

Toold for Security Practitioner," (Waltham, MA: Elsevier, 2011), 122-123.

298 채재병 · 김일기, "최근 사이버안보 동향과 시사점," 국가안보전략연구원 (2021), 3-4.

결과로 추정 3백십만 달러를 잃었다. FedEx도 같은 사이버 공격으로 머스크와 유사한 금액을 잃은 것으로 알려졌다. 2017년에 영국 운송회사 Clarkson PLC는 해킹 공격으로 데이터 유출 피해를 입었다. 해당 회사에 따르면, 공격자는 비인가 접속으로 데이터를 유출했던 것으로 밝혀졌다. 하지만 해당 회사는 유출된 데이터의 규모와 형태에 대해서는 공개하지 않았다. 같은 해에, 독일의 철도회사인 Deutche Bahn 역시 랜섬웨어 공격의 피해를 입었다. 2018년에 랜섬웨어 공격이 브리스톨 공항에 가해졌다. 이 공격으로 비행 정보에 대한 완전한 블랙아웃이 발생했다. 이 때문에 직원들이 화이트보드에 직접 손으로 적어 비행정보를 주기적으로 업데이트 해야 했다.[299]

이와 같은 핵심기반시설에 대한 공격은 최근에도 계속되고 있다. 물류 서비스 회사 Hellman Worldwide Logistics는 2021년 12월에 명백한 랜섬웨어 공격을 받았으며, 이로 인해 회사의 고객들도 사기 통신의 표적이 되었다고 발표하였다.[300] 2022년 3월에는 세계에서 6번째로 큰 미국 글로벌 물류운송기업인 Expeditors International이 공격받았다. 이 공격은 해당 기업의 세관 및 유통 활동을 관리하는 능력을 제한한 후 컴퓨터 시스템을 종료해 운영을 제한하였다. Expeditors사는 구체적으로 공격유형을 규명하지 않았지만 공격으로 인해 고객 운송에 대한 세관 및 유통 활동 관리를 포함한 서비스 운영을 수행하는 데 제한이 있고 시스템 복원 작업을 진행 중이지만 언제 정상적인 운영으로 회복될지에 대해서 명시하지 않았다. Expeditors사는 이로 인해 대부분의 운영이 제한될 것이라고 보고하였으며, 구체적인 공격유형을 발표하지 않았으나 그 유형을 보면 랜섬웨어 공격이라고 추정되었다.[301] 이처럼 글로벌 물류산업에 대한 랜섬웨어 공격은 점점 증가하고 있는 상황인데, 사이버 보안 회사인 BlueVoyant의 보고에 따르면 2019년에서 2020년 사

299 Prabhughate, "Cybersecurity for transfort and logistics industry," 8.

300 Ionut Arghire, "Ransomware Operators Leak Data Stolen From Logistics Giant Hellmann," *Security Week*, December 20, 2021, https://www.securityweek.com/ransomware-operators-leak-data-stolen-logistics-giant-hellmann

301 Decipher Archive, https://duo.com/decipher/tag/cybercrime

이에 이와 같은 공격은 양적으로 3배 증가했다.[302]

이처럼 핵심기반시설에 대한 취약성이 증대되자 이에 대한 사이버 안보(cyber security)의 중요성이 증대되었다. 2019년에 발표된 시만텍(Symantec Corp; 현재는 Broadcom의 한 부분인) 보고서에 따르면, 특히 물류 및 공급망 네트워크가 주요한 사이버 공격의 표적 가운데 하나로 최근 대두되었다. 이와 같은 물류 부문에 대한 사이버 공격 위협은 글로벌 대기업뿐만 아니라 중소기업도 역시 그 대상이 된다. 안티 바이러스는 방화벽과 함께 표준으로 제공되는 피싱 및 맬웨어에 대한 기본 예방 조치임에도 불구하고, 특히 중소기업은 랜섬웨어와 같은 위협에 대한 고급 보안 조치에 투자하지 않기 때문에 매우 취약하고 준비되지 않은 상태로 남아 있다. 물류 및 공급망 부문의 디지털화가 증가하고 효율적인 기능을 위한 IoT, 클라우드 컴퓨팅, AI 및 데이터 분석에서 첨단 기술 지원 솔루션의 도입으로 이 부문은 점점 더 해커와 잠재적인 사이버 범죄자의 관심을 끌고 있다. 오늘날 글로벌 무역을 위한 핵심기반시설로서 물류의 중요성이 커지고 네트워크 전반에 걸친 디지털화의 가속화된 채택으로 인해 이 부문이 사이버 범죄의 다음 잠재적 표적이 되고 있다. 따라서 대부분의 국가들이 디지털 경제를 구현하기 위해서는 특히 물류부문에서 안전하고 잘 보호되는 사이버 공간을 확보하는 것은 지속가능한 성장과 성공을 위해 매우 중요하다. 따라서 사이버 안보를 강화하기 위해 물류부문의 기존 인프라를 재검토하고 사이버 안보 솔루션에 대해 적극적으로 관심을 기울이는 것은 매우 중요해지고 있다.[303]

미국은 이와 같은 문제에 대응하여 '국가사이버안보전략 2018'을 수립하였다. 이는 실효성 있고 강제성을 띠고 있으며, 다양하게 존재하는 국가안보 및 사이버 보

---

302 Nicole Sadek, "Shipping Companies Confront Cyber Crooks as Economies Reopen," Bloomberg Government, June 29, 2021, https://about.bgov.com/news/shipping-companies-confront-cyber-crooks-as-economies-reopen/#:~:text=Ransomware%20attacks%20on%20shipping%20firms,in%20the%20last%20four%20years

303 오일석·이형동, "랜섬웨어에 대한 안보전략적 대응 방안," 제2차 세종사이버안보포럼, 랜섬웨어와 국가안보, 2022년 1월 27일, 발표자료; Aditya Vazirani, "The Rising Significance Of Cybersecurity For Logistics," Entrepreneur, July 6, 2020, https://www.entrepreneur.com/article/352836

안 관련 법령이나 대통령령과의 연계성을 강화시켜 강력한 실행력과 방향성을 담고 있다. 특히 눈에 띄는 것은 국가 핵심기반시설에 대한 사이버 공격 시에는 군사적 대응 및 보복조치에 대한 의지를 천명하고 이를 국가전략에 포함시켰다는 점이다.[304] 한국 역시 이 사안을 주요한 방첩위해 요인으로 식별하고 대응전략을 모색할 필요가 있다.[305]

(5) 민간 네트워크에 대한 사이버위협

사이버 위협으로부터의 취약성은 개인을 포함한 민간 네트워크에도 해당된다. 초연결 사회로의 진화로 통상적 민간 네트워크가 정부나 군, 국가핵심기반시설 등과의 연결성이 강화되어 국가 핵심 타깃에 대한 공격의 우회로로 활용될 개연성이 커졌다. 이 때문에 민간네트워크의 취약성이 국가 전반의 위기나 재난으로 확대될 위험성이 상존한다. 이 때문에 이 문제를 방첩위해요인으로 다루어야할 필요가 증대되었다. 특히 민간 네트워크는 국가 주요 기관과 핵심기반시설 등의 네트워크에 비해 보안에 매우 취약하다. 이러한 민간 네트워크의 취약점을 악용하여 다양한 사이버 공격행위자들이 디도스(DDoS) 공격이나 악성 멀웨어 공격, 랜섬웨어(Ransomware) 공격 등을 감행하면서 금품을 갈취하거나 중요 정보를 빼내거나 스파이 활동을 하거나 공격을 감행하는 등의 목적을 달성한다. 또한 국가나 사회의 주요 인물들의 개인정보의 탈취를 통해 이들을 위협, 포섭함으로서 주요 기밀들을 탈취하거나 이들의 민간 정보를 폭로함으로서 여론공작이나 선전전에 활용하기도 한다.[306] 최근 디지털화와 클라우드(Cloud)로의 마이그레이션(Migration)과 같은 추세가 가속화되었지만 민간부문은 일반적이거나 초보적인 보안조치 수준에 머물면서 클라우드, 홈 네트워크 등 모든 영역에 걸쳐 새로운 수준의 취약성이 증대되었다.[307]

이와 같은 민간 네트워크에 대한 취약성에 대응하기 위한 방첩활동은 국가 정보

---

304 Ibid, 3-4.

305 Ibid, 6.

306 Homeland Security, "Homeland Threat Assessment October 2020," (2021).

307 채재병 · 김일기, "최근 사이버안보 동향과 시사점," 2.

기관과 다양한 관련 민간기관과 단체, 기업들과 긴밀한 연계가 이루어져야 하는데 국내의 경우는 그렇지 못한 실정이다. 따라서 국내의 경우는 민간 네트워크가 특히 매우 취약하다. 예를 들면, 국가정보원은 민간 사업자나 민간인이 거부할 경우 민간을 경유하여 공공기관이 사이버 공격을 받은 경우에도 강제로 조사를 할 수 없다. 실제 현행 「사이버안보 업무규정」이나 「정보통신기반보호법」 등 관련 법규나 업무규정은 민간에 대한 조사와 정보수집에 제한을 두게 한다.[308] 이에 따라 사이버 방첩의 최일선에 있는 국가정보원의 대응 능력에 큰 제약이 가해지고 있다. 2021년 2월 국가배후 해킹조직에 의한 국내 모 대기업 해킹을 국가정보원이 파악하고 해당기업에 감염원인과 악성코드 경유지 등 정보공유를 요청하였으나 업체 측에 의해 거부당한 사실이 있다.[309] 이에 관해 "국정원법 개정으로 국정원 직무에 사이버 안보 업무가 공식적으로 포함되어 위협정보 수집과 대응 기능이 부여되었지만 하위 법령들이 정비되지 않아 실제적인 대응에 어려움이 많다"는 것이 국정원의 입장이다.[310] 이러한 상황에 때문에 대한민국의 국내 민간 네트워크가 해킹조직의 공격을 위한 중간경유지로 악용되고 있다. 지난 2021년 11월 한 국제 해킹조직이 국내의 아파트와 빌딩의 냉·난방기와 배수펌프 등의 자동제어시스템을 해킹하여 40개국에 있

---

308 실제 현행 「사이버안보 업무규정」이나 「정보통신기반보호법」 등 관련 법규나 업무규정은 민간에 대한 조사와 정보수집에 제한을 두게 한다. 예를 들면 「사이버안보 업무규정」 제3조 2항은 '국가정보원은 중앙 행정기관 등 이외의 기관에 대해서는 개별 법령에 근거가 있거나 해당 기관의 명시적인 요청 또는 동의가 있는 경우를 제외하고는 해당 기관의 정보통신망에 대한 접근 시도나 사이버안보 관련 정보의 수집 등의 행위를 하면 안 된다. 대통령령 제 31356호, 2020. 12.21 개정. 제 3조 2항.

309 『연합뉴스』, "사이버안보 통제탑 없는 한국, 경우지로 노리는 해커들," 2021. 12. 19: 그 외에도 2021년 3월에는 에너지 관련 기반 시설을 운영하는 민간기업의 메일이 해킹공격을 당하였지만 전자우편 서버가 정보통신 기반 보호법상 기반시설이 아니라서 조사가 거부되었다. 2020년 11월에는 거액의 가상화폐를 요구한 해킹조직의 공격에 민간 방산업체가 이 사실을 신고해 보안대책을 지원하였으나 이를 시행하지 않다가 2021년 추가 피해를 당하였다. 그러나 이처럼 피해업체가 권고를 따르지 않은 경우에도 현행법상 제제할 방법이 없다. 기사내용 인용.

310 Ibid.

는 인터넷 서버를 공격하였다는 사실이 보도되었다.[311] 또한 2022년 8월 말에는 서울대학교가 국내에서 가장 많은 사이버 공격을 받은 것으로 파악되었는데 이는 서울대학교를 공격의 경유지로 활용하기 때문이라는 것이 국정원 관계자의 설명이었다. 이러한 실정은 사이버 공격자들이 현재 국내 사이버 보안 관련 법령과 국가정보원의 민간조사권한의 제약을 알고 이를 악용하기 때문이라는 것이 국정원의 판단이다.[312] 이러한 취약점으로 인해 지난해 해커조직의 사이버 공격 경유지로 러시아나 미국보다 한국이 더 많이 이용되는 현상이 나타났다.

현재 국내에서는 국가정보원의 국가사이버안보센터(NCSC: National Cyber Security Center)가 해킹이나 사이버 공격에 대해 가장 높은 전문성과 방첩역량을 보유한 기관이다. 또한 사이버 공격과 위협에 대해 실제적인 대응을 수행하는 핵심 센터로서 역할을 담당하고 있다. 그럼에도 불구하고 이러한 국가정보원의 뛰어난 역량을 활용할 수 없는 현재 국내의 정보보호 및 사이버 안보관련 법령의 부재나 취약함은 사이버 위협에 대응하는 한국의 역량을 크게 제한하고 한국의 네트워크를 해킹의 중간경유지로 악용하게 만들고 있다. 이러한 경향이 획기적으로 개선되지 않는 한 국내 민간 네트워크의 취약성은 중대한 취약성으로 남아 있을 것이다.[313]

(6) 지적재산권절취와 경제·산업 스파이위협

첨단과학기술은 글로벌 패권경쟁과 국가이익, 국가안보의 핵심 아젠더로 등장했다. 미래 기술패권을 둘러싼 기술정보보호의 중요성과 경제·산업 방첩활동은 매우 중요한 과제가 되고 있다. 첨단 과학기술들에는 정보통신, 반도체, 인공지능, 자율주행자동차, 전기차 배터리, 로봇, 인공위성, 발사체 등 다양한 부문들이 포함된다. 또한 감염병 이슈에서 보듯이 백신, 바이오물리학, 헬스관련 데이터 및 생명공

---

311 Ibid.

312 Ibid.

313 현재 사이버 관련 안보 법안은 조태용 의원의 사이버안보기본법안, 김병기 의원의 국가사이버안보법안, 윤영찬 의원의 사이버보안기본법안의 세 가지가 있다. 현재 국회에 계류 중이다.

학기술 등도 주요한 첨단과학기술로 간주된다. 각국들은 이와 같은 첨단 과학기술을 둘러싸고 국가정보기관들과 해커들, 학자들, 전문가들과 유학생들, 범죄자들까지 총동원하여 사활을 건 과학기술탈취와 방어의 첩보-총력전을 전개하고 있다. 이와 같은 보이지 않는 전쟁의 타깃에는 정부와 국가기관, 군, 국가연구소 등 국가핵심기관뿐만 아니라 중요기술이나 핵심기술 등을 연구하거나 활용하는 중소기업, 연구기관, 대학연구실, 병원, 제약사 등 통상적으로 첩보의 대상으로 여겨지지 않았던 민간부문들까지 전방위적으로 포함된다. 해외정보기관들은 전통적 산업 스파이 활동과 더불어 우수한 기업에 대한 적대적 합병인수와 내부자 매수 및 인재영입, 학술교류, 유학생 활용, 그리고 해킹 등을 통한 영업비밀 및 정보탈취, 조작, 기만 활동 등 수단과 방법을 가리지 않고 첨단과학기술을 탈취하기 위해 노력하고 있다.

따라서 과거와는 달리 오늘날은 경제·산업 방첩의 중요성이 특히 강조되고 있다. 오늘날은 국가의 경제력이 국력의 핵심이 되고 있으며, 국가안보와 직결되고 있다. 첨단 과학기술은 그와 같은 국가의 경제력을 떠받치는 핵심 기반이 된다. 또한 첨단 과학기술은 국가의 국방력에도 가장 직접적인 영향력을 미친다. 이는 최근 러시아-우크라이나 전쟁에서 확인되었다. 미국이 우크라이나에 제공한 첨단 과학기술은 전쟁의 향방을 바꾸었다. 예를 들면, 테슬라가 제공한 스타링크는 러시아의 사이버 공격에 피해를 입은 우크라이나의 지휘통제시스템을 빠르게 복구시켰다. 차량공유앱 우버와 같은 GIS 아르타 시스템은 활용한 우크라이나 군은 공격개시 시간을 기존 20분에서 1-2분으로 단축시킴으로서 러시아군 1,500명을 전멸시킬 수 있었다.[314] 이밖에도 미국은 C-17 수송기로 이동이 가능한 이동식 마이크로 원자로를 도입하여 해외전진기지의 전력문제를 해결하려고 한다.[315]

특히 한국은 중국, 북한 등의 적성국들의 정보기관들에 의한 경제·산업스파이 활동의 주요 표적이다. 한국은 이들로부터 그간 천문학적 단위의 금전적 피해를 입

---

314 송지유, "러군 1500명 전멸한 죽음의 다리…우버 기술 결정적 역할했다," 『머니투데이』, 2022년 5월 16일.

315 최현호, "미 전쟁터에 원자로 설치, 비행기로 나른다…정말 안전할까," 『중앙일보』, 2022년 5월 3일.

어왔다. 국가정보원에 따르면 2017년부터 2022년까지 총 99건의 첨단기술유출시도가 적발되었다.[316] 다양한 범위의 기술유출시도가 발생했고 그 중 국가안보와 경제에 핵심적인 반도체, 디스플레이 등 핵심기술이 중국 등으로 유출된 것이 수십 건 포함되어 있었다. 이 같은 적발된 한국의 주력산업과 관련된 기술이 해외로 유출되었을 시 예상되는 피해금액은 22조원에 이를 것으로 추산되었다.[317] 이와 같은 산업과 국방부문의 첨단과학기술 탈취는 향후 더욱 증대될 것으로 보여 진다. 이러한 위협은 온라인과 오프라인을 막론하고 기승할 것이다. 특히 최근 폴란드를 비롯한 한국 방산물자의 해외수출과 한국 첨단방산무기체계의 높은 인지도로 인해 첨단국방과학기술도 산업부문의 그것과 함께 주요한 방첩위해 대상이 될 것으로 전망된다.

하지만 최근까지 국내에서는 이러한 경제·산업 방첩과 관련된 대응은 미흡했다. 국내에서도 산업보안문제의 위중함을 인식하여 2021년 개정된 국가정보원법에 경제방첩 개념을 방첩범위에 포함시켜 관련 처벌 근거규정을 두었다. 개정된 국가정보원법 제4조 직무조항 제1항 제1호 나목은 방첩의 범위에 "산업경제정보유출, 해외 연계 경제질서 교란 및 방위산업침해"에 대한 방첩을 포함한다고 방첩의 범위를 규정하고 있다.[318] 이 같은 동 조항의 개정은 기존의 방첩을 "국내보안정보"의 한 분야로 간주하여 제한적이었던 문제와, 경제방첩과 관련한 규율의 근거가 미비하였던 것을 보완한다는데 의미가 있다. 이로 인해 국내외에서 발생하는 경제방첩에 대한 적극적 대응이 가능할 수 있게 되는 근거를 마련하게 되었다. 이러한 국가정보기관의 경제방첩에 대한 최근의 법 개정은 관련 경제방첩의 중요성과 그 심각성을 충분히 인식하고 그 간의 산업보안의 개념에서 경제스파이활동을 국가안보적 관점의 방첩대상으로 인식하고 대응하겠다는 의지로 읽힌다. 이와 같은 방첩인식의 변화와 국가정보원의 법적 활동근거 마련은 앞으로의 경제 스파이 활동에 대한 효과적 방첩대응을 위해 긍정적이다. 다만, 개정되어 추가된 조항에도 여전히

316 『연합뉴스』, "국정원 5년여 간 22조원 대 핵심기술유출 시도 적발," 2022. 04. 02. https://www.yna.co.kr/view/AKR20220401155100504

317 Ibid.

318 국가정보원법. 개정 2021. 12.

해외연계 "경제질서교란"의 정의가 없어서 정보당국이 관련 사안에 대한 적극적인 방첩활동을 할 수 있는 범위에 대한 해석이 명확하지 않다는 문제가 남아 있다.[319]

따라서 시행령을 통해 "경제질서교란"과 관련된 개념을 구체화하고 정보당국이 방첩업무를 추진함에 있어서 보다 명확하게 업무를 수행할 수 있는 근거를 세분화해야할 필요가 있다. 그러나 일단은 개정된 국가정보원법이 방첩의 대상으로 한국의 경제안보와 경제적 이익에 반하는 행위를 모두 포함시킨다는 것을 명확히 했다는 점에서 의의가 있다.

(7) 신흥기술의 위협

신흥기술은 그 자체로는 가치중립적이지만 신흥기술이 초래하는 안보와 경제 사회 환경이 새로운 형태의 위협을 초래하는 측면이 있다는 점에서 방첩위해 요인으로 간주할 수 있다. 해외 정보기관과 스파이들은 신흥기술을 이용하여 정보를 탈취하고 영향력 공작을 수행하는 등 한국의 국익과 안보를 위협하는 시도를 할 수 있다. 미국 국가방첩안보센터(NCSC: National Counterintelligence and Security Center)는 미국 방첩전략 2020-2022에서 미국을 대상으로 한 새롭게 떠오르는 기술(emerging technology)들을 이용한 스파이 활동 위협에 대해 나열하였다. 이러한 떠오르는 신기술들은 인공지능(AI), 퀀텀컴퓨팅(quantum computing), 나노기술(nanotechonolgoy), 고도화된 암호화기술(improved encryption), 로봇기술(robotics), 사물인터넷기술(Internet of Things), 그리고 우주개발기술 및 인공위성 등이다. 미국은 이러한 기술들을 활용한 공격에 대한 방첩대응의 어려움을 미래 방첩활

319 관련해서 이번에 개정된 동 조항은 방첩의 정의를 직접 규정하지 않고 방첩의 범위를 예시적으로 규정하고 있는 형태로 기술되었다. 또한 동 조항의 개정은 국가정보원법의 개정 전에는 방첩의 개념이 "국내보안정보"의 한 분야로 간주되어 방첩의 범위가 제한적이었고 경제방첩과 관련해서는 이에 대한 규율의 근거가 미비하였던 것을 보완하기 위해 '해외연계경제질서교란'을 추가하여 국내외에서 발생하는 경제방첩에 대한 적극적 대응이 가능할 수 있는 근거를 마련하는 데 의의가 있다. 다만, 여전히 해외연계 "경제질서교란"의 정의가 없어서 정보당국이 이에 대한 방첩활동과 대응을 할 수 있는 범위에 대한 해석이 명확하지 않다는 문제가 있다. 김 호, "경제방첩 법제의 개선에 관한 소고," 『The Journal of Convergence on Culture Technology』, 8(3) (2022), 323-329.

동의 위협요인으로 꼽았다.[320]

이러한 신흥기술과 관련된 방첩 위해는 한국에도 마찬가지로 적용된다. 특히 중국은 이와 같은 신흥기술에 있어서 일부는 미국을 앞선 기술력을 보유하고 있다고 알려져 있다. 이런 중국이 신흥기술을 이용하여 한국 사회의 다양한 방면에서 비밀정보활동과 허위조작정보 유포, 여론조작 및 선거개입 등의 영향력 공작을 실행할 경우, 이는 매우 중대한 위협이 된다. 따라서 이러한 신흥기슬관련 방첩 위해요인들을 선제적으로 인식하고 철저한 대응방안을 마련하는 것이 매우 중요하다.

이 밖에도 신흥기술의 발달은 다양한 비국가행위자들로부터의 위협을 증대시킨다. 이는 기술의 민주화 경향 때문이다. 기술의 혁신은 다양한 행위자들로 하여금 테러공격과 스파이 활동, 범죄 등을 가능하게 만든다. 이는 그들이 필요로 하는 고도의 기술과 수단을 값싸게 획득할 수 있기 때문이다. 예를 들면, 전 세계적인 인공지능이 겸비된 생물학적 장비, 드론, 고해상도의 위성자료, 고도화된 감시장비, 암호해독프로그램, 사물인터넷, 빅데이터 분석기술, 3D 프린터 등은 테러와 범죄, 스파이 활동을 보다 안전하고 쉽게 만든다. 최근 아베 전 일본 수상의 암살에 3D 프린터로 제조한 사제총기가 사용된 바 있다. 드론을 이용한 테러와 개인정보수집 등은 최근 주요한 안보위협 주제가 되고 있다. 군집 드론을 이용한 도심테러는 재앙이 될 수 있다. 이처럼 도덕적인 기준의 잣대가 낮은 다양한 비국가행위자들이 신흥기술에 대한 접근성이 강화되게 되면 다양한 방첩위해 요인이 될 수 있다.

(8) 보건 · 환경 · 사회 · 경제관련 위협들: 감염병, 환경 · 기후변화, 이주 · 인구감소, 공급망 위협 등

보건 · 환경 · 사회 · 경제 관련 외생적 변화들이 미래의 주요한 방첩위해요인으로 등장하였다. 코비드-19와 같은 감염병 팬데믹, 탄소배출 · 환경오염 등으로 인한

---

320 National Counterintelligence and Security Center, "National Counterintelligence Strategy of the United States of America 2020-2022," (2020), file:///C:/Users/thank/Desktop/2022%EB%B0%A9%EC%B2%A9/20200205-National_CI_Strategy_2020_2022.pdf

기후변화와 자연재해증가, 전쟁과 정정불안, 빈곤 등으로 인한 초국가적 이주와 난민, 인구감소, 공급망 불안과 국제물류환경 변화 등이 그와 같은 사례들이다. 이를 각각 살펴보면 다음과 같다.

먼저, 감염병으로 인한 팬데믹은 지난 수년 동안 수많은 인명피해와 가늠하기 어려운 경제적, 정치사회적 피해를 만들어냈다. 이러한 피해는 특히 경제적 취약계층의 빚을 증가시키고 이들의 삶과 건강의 전체적인 질을 떨어뜨렸다. 이는 2차 피해를 야기하는데 국가전체적인 소비를 위축시켜 전체 산업을 어렵게 할 뿐만 아니라 정부로 하여금 세금을 들여 이들 취약계층들을 정부지원금으로 지원하지 않을 수 없게 함으로서 국가재정의 어려움을 증폭시켰다. 또한 감염병은 경제적 여유계층과 취약계층을 더욱 양분화시켜 계층 갈등을 증폭시킴으로서 정치적 불안정으로 이어졌다. 코비드-19 위기는 2019년 말 발발하여 2022년까지 지속되었다. 문제는 이와 같은 감염병 위기가 이것이 마지막이 아니라는 점이다. 전문가들은 앞으로 이와 같은 또는 그 보다 더 치명적인 감염병 위기가 주기적으로 닥쳐올 것이라고 경고한다.[321] 이에 더해 생물학적 무기를 보유한 국가나 테러리스트 집단이 의도적으로 감염병을 유포할 가능성도 상존한다.

그럼에도 불구하고, 이와 같은 감염병 위협에 대한 대비는 아직까지 부족하다. 앞서 언급한 대로 코비드-19 팬데믹 이후 이에 대한 효과적 대응을 위해 코로나 관련 보건데이터를 탈취하거나 백신정보를 빼내려는 시도들이 국가차원의 정보기관들에서 행해졌다.[322] 국내에서도 북한추정 해킹조직에 의한 코로나 백신 자가진단기 제조회사나 제약사 등에 대한 해킹시도가 보고되었다. 그리고 이러한 시기를 틈타 금전적 이익 등을 노리는 해킹조직들에 의한 공격도 여러 건 발생하였다. 코로나 19 백신 개발에 활용되는 소프트웨어 개발업체인 ERT와 바이오 제약회사 아스트라제네카의 코로나 19 백신 임상시험 협력기관인 IQVIA도 랜섬웨어 공격을 받아 백신개발이 지연되었고 그리고 독일의 뒤셀도르프 대학병원에서 랜섬웨어 공격으

321 ODNI, "Annual Threat Assessment of the U.S. Intelligence Community," (2022), 18.
322 Homeland Security, "Homeland Threat Assessment October 2020," (2021).

로 인해 응급환자의 사망과 같은 사건이 발생하였다.[323]

감염병으로 인한 인보환경변화는 국가정보기관의 역할확대를 요구하고 있다. 실제로 코비드-19 팬데믹 이후 국민의 건강을 지키기 위해 백신확보, 치료제 및 관련 보건물자확보를 위해 각국의 정보기관들이 치열한 정보전을 펼쳤다. 알려진 바에 따르면, 이스라엘의 모사드는 코로나 팬데믹이 시작되자 이스라엘 의료계에 필요한 의료품들을 모든 정보네트워크를 활용하여 확보하고 공급하였다. 또한 이스라엘은 코로나 방역품과 백신, 그리고 백신관련 개발정보까지 모사드의 정보활동을 통해 확보했다. 모사드는 코비드-19 대응과 관련해 "보이지 않는 적으로부터 국가를 방어한다는 생각으로 팬데믹에 대처했다."고 밝혔다.[324] 실제로 팬데믹으로 인한 피해를 최소화하는 것부터 팬데믹에서 가장 먼저 탈출하는 것 모두 경제사회안보와 밀접하게 관련되어 있기 때문에 이와 같은 모사드의 활동은 경제안보 및 사회안보, 그리고 국가안보까지 방어하는 차원의 활동이라고 할 수 있다. 이와 같은 해외 사례들을 국내 국가정보기관도 시사점으로 삼아야 할 것이다.

다음으로, 기후변화도 미래로 갈수록 주요한 방첩위해 요인으로 등장할 것이다. 기후변화는 수세기 전부터 인류가 겪어왔지만 전 세계 국가들이 파리협약을 중심으로 적극적인 대응에 나서기 시작한 것은 그리 오래되지 않았다. 기후변화로 인한 날씨와 생태계의 변화는 한국뿐만 아니라 전 지구적으로 개인의 삶과 경제활동, 정치적 갈등, 국제관계 등에 전방위적 영향을 미칠 것이다. 유럽과 미국을 중심으로 한 파리협약에 따라 여러 가지 국제적 거버넌스 구축과 대응 방안이 논의되고 있다. 하지만 이 과정에서 당사국들 간의 입장차로 인해 국제적인 갈등이 나타날 소지가 크다. 즉, 탄소배출 감소에 관한 국가 간의 갈등, 취약국가들의 기후변화 대응력 지원 등을 위한 분담금을 누가 더 많이 내야 하는지에 대한 문제, 탄소배출감소를 위한 신기술을 먼저 획득하기 위한 국가 간의 경쟁 및 정보활동, 그리고 권위주의 국가들의 파리협약 준수와 이행을 요구하는 과정에서 불거질 미국, 유럽 등 선진국들과 러

---

323 채재병 · 김일기, "코로나 19 관련 사이버공격 양상 및 시사점."

324 『주간조선』, "백신접종1등, 이스라엘 뒤엔 모사드가 있었다," 2021. 01. 11. http://weekly.hosun.com/news/articleView.html?idxno=16762

시아, 중국, 인도 등의 개발도상국들의 갈등 등이 그러한 사례들이다.

한편 기후변화는 식량 및 천연자원의 확보를 둘러싼 경쟁으로 이어진다. 이미 북극의 빙하가 녹으면서 이 지역의 천연자원에 대한 경쟁이 심화되고 있다. 또한 기후변화로 인해 지역별로 작물생산량 등에 변화가 일어나는데 이에 대한 대응이 취약한 국가들의 식량생산량 저하 등으로 식량공급에 영향을 미칠 가능성이 있다. 또한 기후변화로 야기되는 물 부족과 신선한 식수확보 문제를 둘러싸고 국가들 간에 갈등이 고조될 수 있다.[325] 이는 국민의 위생과 건강, 영양균형의 문제로 연결된다. 이 외에도 기후변화로 인한 홍수, 지진, 태풍 등의 자연재해는 일본 후쿠시마 원전사태에서 보듯 막대한 인명, 재산 손실을 야기할 수 있다. 이처럼 기후변화는 한 국가의 국민 건강, 안보, 경제 문제는 물론 인류전체의 생존에 이르기까지 심각한 위협을 불러올 수 있다. 미국 ODNI의 2022년 "미국 정보공동체의 연례위협평가(Annual Threat Assessment of the U.S. Intelligence Community)"는 과학적인 예측에 근거하여 2040년 이후에는 기후변화로 인한 물리적 파급력이 더욱 심해질 것으로 예측된다고 보고하였다. 한국의 경우도 중국과 미세먼지 문제로 갈등을 겪을 가능성이 매우 높으며 미세먼지로 인해서 국내 인구의 사망률이 더 높아질 가능성이 있다. 따라서 감염병을 '보이지 않는 적'으로 간주하여 국가정보기관이 적극적으로 대응에 나선 것처럼 기후변화 역시 국가정보기관이 주요 방첩위해요인으로 인식하고 적극적으로 대응할 필요가 있다.[326]

이민·난민 등의 인구이동이나 출산율 저하로 인한 인구감소 등의 인구문제 역시 치명적인 방첩위해 요인이 될 수 있다. 오늘날 인구문제는 단순한 사회문제가 아니라 국가안보차원 문제로까지 그 의미와 파급력이 확대되었다. 이 때문에 국가정보기관이 적극적으로 대응해야할 소요가 제기되고 있다. 국가의 인구감소는 중, 장기적으로 병력자원부족, 경제규모의 축소, 노동력 수급의 불안정 등과 같은 심각한 안보적, 경제적 구조적 위기로 이어진다. 이 때문에 현재 국내에서 진행되는 출산율 저하와 인구감소를 안보적 관점에서 심각하게 들여다 봐야 할 필요가 있다.

---

325 ODNI, "Annual Threat Assessment of the U.S. Intelligence Community," 21.

326 Ibid.

현실적으로 감소하는 인구를 증가시키기 위해서는 이민정책이 적절한 대안이 된다. 국내에서도 이미 약 20여 년 전부터 이민을 통한 인구확보에 대한 논의가 있어왔다. 다만 인구정책을 단순히 인구의 수를 확대시키고 다문화사회로 진입 시 갈등이나 차별을 완화시키려는 관점에서만 이해하여 국가안보적 관점과 경제적 인적자원 확보, 노동력 수급 등의 다양한 측면을 함께 고려하는 통합적인 이민정책을 수립하는 데는 미치지 못했다. 그 결과 국내 이주자들이 지나치게 중국인 또는 조선족들과 같은 특정 국가(심지어 그것도 적성국가)에 과도하게 편중되는 안보적 취약성을 노정하였다. 또한 국내 이주자들이 지나치게 교육수준이 낮은 단순 노동력에 과도하게 집중되어 있어 경제적인 효용성에 대해서도 제한적이다. 또한 지나치게 다문화를 인정하고 다양성을 강조하는 접근방식 때문에 이들 이주자들이 한국인으로 문화적 가치적으로 통합하는 문제도 제기된다. 기존의 다문화 정책은 한국인과 이주자들을 오히려 파편화시키고 국내에 파편화된 이주자 집단지역을 마치 고립된 섬처럼 만들어 내는 문제점을 노정하고 있다. 이 때문에 국가안보와 국민경제, 그리고 국가통합의 관점에서 이민 정책을 중, 장기적으로 전략적으로 가이드하고 관리해나갈 필요가 제기되고 있다. 국가정보기관은 이와 같은 문제에 대한 적절한 길잡이로서의 역할을 할 수 있다. 향후 이민 정책은 중국(조선족 포함)에 대한 과도한 편중을 억제하고 동유럽과 중앙아시아, 아메리카 등 이민자들의 출신지역을 다변화하고, 교육수준이 높은 고급 노동력을 확보하고 이들의 국내 창업투자와 스타트 업을 장려할 뿐만 아니라 한국의 국가정체성과 자유민주주의 가치와 준법성 등을 강조하는 방식으로 사회통합을 촉진시켜야 할 것이다.

마지막으로 공급망 문제 역시 국가정보기관이 대응해야할 주요한 방첩위해요인이다. 앞서 언급한 팬데믹이나 기후변화로 인한 원자재, 식량, 에너지, 필수생필품 등의 공급망 확보는 앞으로 핵심적인 안보문제가 된다. 또한 정보통신혁명과 관련하여 소프트웨어 및 통신망 장비 등을 전략 무기화하려는 시도가 지속되고 있기 때문에 이와 관련된 공급망 안정 역시 핵심적인 국가안보 사안이다. 한국의 반도체 빅4 동맹 참여는 이러한 관점에서 매우 적절한 대응이다. 신냉전의 심화로 러시아, 중국 등의 권위주의 국가들과 미국과 유럽 등의 자유민주주의 국가들 간의 공급망 안정을 둘러싼 경쟁과 갈등은 더욱 치열해질 것으로 전망된다. 예를 들면, 2022년 러시아-우크라이나 전쟁 동안 러시아는 우크라이나를 지원하는 유럽 국가들을 상대로 천연가스를 전략무기화 하였다. 이에 대해 미국과 유럽 국가들은 수출입규제를 통한 공급사슬을 파괴하여 러시아에 타격을 입히고 있다. 한편 중국은 저가 판매를 무기로 전 세계의 주요 통신망산업(Information and Communication Techonolog: ICT)의 시장을 장악하면서 관련 필수 통신망의 부품부터 통신망서비스까지 공급망을 장악하려는 시도를 하고 있다. 이로 인해 통신망 부품과 서비스와 관련된 공급망 안정이 새로운 위기가 되고 있다.[327]

이처럼 감염병, 환경 · 기후변화, 이주 · 인구감소, 그리고 공급망 문제 등의 위기는 과거와는 다른 새로운 신흥위협들이다. 아직 이러한 위협들이 본격화되고 있지 않아 그 위협성의 정도가 간과되고 있는 측면이 있다. 하지만 우리는 이미 이와 같은 신흥위협들이 국민의 삶과 국가안보를 위협하고 있는 전조를 경험하고 있다. 이러한 경향은 앞으로 더욱 본격화 될 것이다. 따라서 국가정보기관이 담당해야 할 방첩의 범주는 더욱 확장되고 있다.

(9) 자유민주주의 사회에 대한 영향력 공작 또는 인지전 위협

오늘날의 영향력 공작 또는 인지전은 대중(population)의 생각(minds)에서 전투가 일어난다. 이는 최근 들어 정보통신의 혁명으로 물리적 폭력을 사용하지 않고 사람들의 인지 영역에 직접 개입함으로써 나의 의지를 관철시킬 수 있게 되었기 때문이다. 하버드대 교수 조세프 나이(Joseph Nye)는 저서 〈소프트파워〉를 통해 "오늘날의 전쟁은 하드웨어보다는 메시지, 이미지 등 소프트파워가 지배하며. 누구의 군대가 아니라 누구의 이야기(Narrative=Storytelling)가 이기는가에 승패가 달려 있다"고 강조했다. 이와 같은 전쟁은 누구의 내러티브가 더 매력적인가로 결정된다. 전쟁의 승패는 내러티브를 통해 대중의 마음과 생각을 얼마나 효과적으로 장악했는가(win one's hearts and minds)에 따라 결정된다. 이 때문에 전쟁과 국내 정치는 수렴하는 경향이 있으며, 해외 적대세력으로부터 국내 정치와 선거, 그리고 여론에 영향을 미치는 영향력 공작의 위협이 증대되었다. 이 때문에 인지전의 위협은 국가

---

327 Homeland Security, 15.

정보기관의 방첩활동의 중요한 영역이 되고 있다.

사이버 공간의 등장과 확장, 그리고 정보통신기술의 급격한 혁신과 정보량의 폭발적인 증대로 이와 같은 인지전의 효과와 구체적인 작동과정, 인지전에 특히 취약한 개인들과 그 특성들이 거의 실시간으로 매우 정확하게 측정 가능하게 되었다. 이와 같은 환경의 변화는 인지전의 파괴적 효과를 극대화시켰고, 인지전이 전쟁의 승패를 결정하는 주요한 한 전쟁양식으로 자리매김하는 계기가 되었다. 오늘날 사이버 공간에서는 막대한 양의 정보가 다수의 다양한 개인과 집단들 사이에서 거의 실시간으로 소통되고 있으며, 이 정보가 특정 개인에게 미치는 심리적 영향력 정도 역시 "좋아요" 추천과 "팔로워"나 "구독자"의 수, 미디어 보도에 대한 댓글이나 온라인 커뮤니티에서의 논쟁, 그리고 즉석 온라인 여론조사 등으로 거의 실시간으로 파악이 가능해졌다. 더욱이 AI(Artificial Intelligence) 알고리듬을 통해 유튜브나 뉴스, 쇼핑 등 디지털 정보를 이용하는 이용자들의 성향과 선호도 등을 거의 실시간으로 파악할 수 있어 인지전 효과의 실시간 피드백은 더욱 쉬워지고, 정교해지고, 빨라졌다.

인지전은 기존의 심리전과 프로파간다, 정보전을 포함하지만 그것들을 모두 포함하면서도 더 심화되고 진일보한 개념이다. 이는 기존의 심리전과 프로파간다, 정보전의 수준을 뛰어넘어 오늘날 전쟁의 궁극적 전략목표인 "마음과 생각의 장악(win one's hearts and minds)"을 위해 인지조작과 프로파간다, 반응통제(RC: Reflexive Control), 뇌과학과 뉴로사이언스, 정보기술, 인지-설득심리, 문화공작, 그리고 이민·난민, 대중선동·동원 등과 같은 사회공학(social engineering) 등의 다양한 부문을 모두 포함하는 복합 활용술(art)이다.[328] 오늘날 이와 같은 인지전이 실제 가능하게 된 것은 사이버 공간과 과학기술, 뇌과학, 심리학, 정치학, 행동과학 등의 비약적 발전으로 인간의 정보습득-의사결정-행동에 이르는 과정이 정밀하게 계

---

328 S. D. Pradhan, "Role of cognitive warfare in Russia-Ukraine conflict: Potential for achieving strategic victory bypassing traditional battlefield," *The Times of India*, May 8, 2022. https://timesofindia.indiatimes.com/blogs/ChanakyaCode/role-of-cognitive-warfare-in-russia-ukraine-conflict-potential-for-achieving-strategic-victory-bypassing-traditional-battlefield/

산 가능해졌기 때문이며, 이와 함께 AI 딥러닝과 퀀텀 컴퓨팅(quantum computing)과 같은 복잡하고 여기저기 산재된 대규모 데이터를 빠르게 처리하고 분석할 수 있는 수단이 현실화되었기 때문이다.[329]

오늘날의 방첩은 따라서 해외 적대세력이 국가의 국내정치와 선거, 국민투표 등에 개입하고 허위조작정보와 영향력 공작을 이용하여 대중여론 조작 및 사회갈등 조장, 혼란야기 등을 시도하는 인지전 위협을 고려해야 한다. 최근 들어 러시아, 중국, 북한 등 의도를 가진 국가행위자와 국제테러조직과 같은 비국가행위자들이 이와 같은 인지전을 수행하고 있다. 러시아는 이를 정보-심리전(информационно-психологическая вой на)으로 개념화한다. 러시아는 2014년 러시아연방 군사독트린과 게라시모프 독트린에 따라[330] 정보-심리전쟁을 발전시키면서 소비에트 시기부터 있어왔던 과거의 특수 프로파간다(спецпропаганда)[331], 반응통제(RC: Reflexive Control)[332], 그리고 적극조치(Active Measure) 등의 전통적 심리전 · 정훈 · 선전 · 선동 · 프로파간다 기제들을 토대로 인지심리-설득심리의 최신 지식들을 결합시키면서 이를 오늘날의 정보통신 환경에 접목시켰다. 중국은 이를 초한전(unrestricted warfare) 또는 삼전(three warfare)으로 개념화하고 운용하고 있다. 중국은 이에 따라 인간의 인지 또는 인식 영역에서의 우세권(인지우세권)을 장악하기 위해 전통적인 키네틱 전쟁과 함께 여론 공작, 프로파간다, 문화공정, 선전선동 등 다양한 비키네틱 영역에서의 전쟁을 수행하고 있다.[333] 중국은 이를 인지도메인공작이라고 표현한다. 미국과 나토 역시 2019년부터 인지전(cognitive warfare) 개념을 들고 나오

---

329 Savin, “NATO developed new methods of cognitive warfare.”

330 James Andrew Lewis, “Cognitive effect and state conflict in cyberspace,” CSIS Report, September 26, 2018.

331 “ОРГАНИЗАЦИЯ КОНТРПРОПАГАНДЫ В ОБЛАСТИ БОРЬБЫ С ТЕРРОРИЗМОМ И ЭКСТРЕМИЗМОМ,” Антитеррористический центр государств-участников СНГ, Москва, 2020, 19-20.

332 Timothy L. Thomas, “Russia's Reflexive Control Theory and the Military,” *Journal of Slavic Military Studies* 17 (2004), 237-256.

333 윤민우 · 김은영, “해외 극우극단주의 현황 및 사이버 공간이용 극단화 프로파간다 연구,” 『한국경찰연구』, 21(3) (2022), 151.

면서 이후 매년 한 차례씩 인지전 훈련을 수행해 오고 있다.

인지전의 대표적인 사례들은 러시아가 2014년 크림반도 합병 시 수행했던 정보심리전 및 여론공작, 2016년 러시아의 미국 대선개입사례, 2022년 러시아의 우크라이나 침공 등이 대표적인 사례이다.[334] 중국 역시 2020년 미국대선에서 트럼프의 패배를 위해 트럼프를 미치광이로까지 묘사하는 선동을 조장하는 데 관여되었다. 그리고 코비드-19로 인해 중국이 비난을 받자 오히려 미국의 생물학 무기 실험실에서 코비드-19가 유출되었다는 허위정보를 퍼뜨리고 소셜미디어를 통한 트롤을 이용하여 허위여론을 형성하여 미국 국민들에게 혼란을 초래하려는 시도가 있었다.[335] 또한 명확히 밝혀진 바는 없으나 소수의 언론 보도 등은 지난 박근혜 대통령 탄핵시도에서도 중국이 한국 내의 여론조작에 관여했다는 주장을 재기한다.[336] 이 밖에도 앞서 언급한 것처럼 중국의 대한국 영향력 공작, 허위조작정보 등을 이용한 프로파간다의 위협은 상존하고 있다.[337]

북한 역시 한국을 상대로 이와 같은 인지전을 수행하는 것으로 보인다. 북한은 관영매체를 통해 선전·선동을 수행한다. 대남 선전·선동 방송도구로는 '우리민족끼리', '조선의 오늘', '통일의 메아리' 그리고 최근 들어 '북한 유튜브' 등의 뉴미디어를 활용하고 있다. 북한의 유튜브로는 '진실의 메아리(Echo of Truth)'와 'New DPRK' 등이 있다. 이러한 북한의 선전·선동이 국내 여론에 어떤 영향을 미치는 지는 아직 이에 대한 본격적인 사회과학적 연구가 없어 알기 어렵다. 다만, 이와 같은 북한의 선전·선동 메시지들이 친북성향 단체, 정치인, 및 추종자들에게 일정한 영

---

334 윤민우·김은영, "테러리즘 위협 수준에 영향을 미치는 국내·국제정치적 요인들에 관한 연구: 사이버 공간에서의 폭력적 극단주의 급진화를 중심으로," 『한국치안행정논집』, 19(1) (2022): 71-91.

335 Homeland Security, 19.

336 Views & News, "〈동아일보〉 간부 "중국정부, 박근혜 탄핵하려 중국 유학생 6만 명 동원" 중국 반발 등 후폭풍 우려, 민주당 "가짜뉴스로 朴대통령 비호," 2017. 01. 31. https://www.viewsnnews.com/article?q=141360; 이러한 주장에 대해서는 국가정보원차원의 조사가 더욱 필요하다.

337 중국과 관련한 판단에 대해서는 앞선 중국의 스파이 활동과 중국의 위협을 참고하시오.

향을 미치는 효과는 있을 것으로 추정된다.[338]

비국가행위자인 다양한 폭력적 극단주의자들 역시 사이버 공간에서의 허위조작정보와 프로파간다 활동을 적극적으로 수행하고 있다. 비국가행위자들도 인공지능 알고리듬의 스토리텔링 기능과 스마트폰을 사용하여 사이버 네트워크상에서의 접속이 24/7기반으로 이루어지면서 기존 정상적인 자유민주주의 사회의 안정성을 해치고 기능과 시스템에 영향을 미치고 있다.[339] 예를 들면, 최근 들어 폭력적 극우극단주의자들이 반유대주의, 반이민주의, 그리고 반 이슬람과 관련된 주제들과 관련된 음모이론들을 지지하기 위해 코로나 팬데믹의 상황을 이용하는 내러티브들을 전달하고 있다. 벨기에의 경우에 이민자들이 코로나 바이러스를 퍼트리고 있으며, 난민캠프와 센터들이 코로나 바이러스의 확산의 온상이라는 내용들이 포함되어 있다. 이러한 내러티브들은 자국이나 지역사회의 이민자들과 소수인종들에 대한 잘못된 정보(misinformation)와 허위조작정보들(disinformation)을 생산해 내면서 지역사회 내에서의 갈등과 폭력의 위험성을 증대시킨다. 극단주의자들은 이러한 온라인 프로파간다를 퍼트리기 위해 다양한 온라인 플랫폼을 활용하고 있다. 예를 들면 유로폴의 2021년 테러리즘 동향 보고서에 따르면 이탈리아의 경우 극우극단주의자들이 트위트(Twitter), 텔레그램(Telegram), 페이스북(Facebook), 그리고 브콘탁테(VKontate) 등의 소셜미디어 플랫폼을 다양하게 쓰고 있다는 것이 보고되었다. 특히 유로폴의 보고서는 극우극단주의 콘텐츠들과 관련된 텔레그램 채널이 2020년 3월 기준으로 약 6000명의 사용자 계정이 증가하였다고 밝히고 있다. 그 중 코로나 바이러스에 초점을 맞추고 있는 한 채널의 경우 같은 기간 동안 사용자들이 300명에서 2700명으로 증가하였다고 보고되었다. 이 밖에도 극단주의자들은 비디오게임, 플랫폼, 포럼, SNS 계정, 온라인 동영상 등의 다양한 통로를 통해 극단주의 내터티브를 전파하고 있다.[340]

---

338 『미래한국』, "박근혜 전 대통령 탄핵은 북한의 지령?," 2017. 04. 11. http://www.futurekorea.co.kr/news/articleView.html?idxno=39457

339 윤민우, 『폭력의 시대: 국가안보의 실존적 변화와 테러리즘』.

340 윤민우 · 김은영, "해외 극우극단주의 현황 및 사이버 공간이용 극단화 프로파간다 연구," 160-161.

이처럼 오늘날 오프라인의 방송과 영화, 각종 언론 매체 등과 온라인의 SNS와 온라인 게임, 커뮤니티, 플랫폼, 유튜브 등은 인지전의 전쟁터이자 수단이 되고 있다. 여기서 다양한 국가행위자들과 비국가행위자들이 뒤엉켜 싸우고 있다. 이와 같은 인지전은 주요한 방첩의 위해요인이 된다. 국가정보기관의 전략적이고 포괄적인 대응이 필요하다.

(10) 정보당국 내부로부터의 위협

마지막으로, 방첩위해 요인으로 지적될 수 있는 것은 정보당국 내부로부터의 위협이다. 정보당국 내부로부터의 위협은 일반적으로 정보당국 내부의 적성국 스파이나 협조자, 이중스파이 또는 내부불만자 등으로부터 야기되는 것을 의미한다. 미국의 경우 정보당국 내부로부터의 위협은 이와 같은 의미들이 강조된다. 하지만 한국의 경우 그러한 위협 역시 방첩위해요인이지만 그 보다는 정보당국의 권한 약화와 오늘날 안보현실에 적합하지 않는 기능과 역할의 변동과 불안정성이 더욱 큰 내부로부터의 위협에 해당한다.

특히 국가의 핵심 방첩기관들의 업무범위, 역할, 권한 등을 축소한 국가정보원법 개정과 국군방첩사령부의 기능축소는 국가의 핵심적 방첩기관의 역량을 심각하게 훼손한 방첩위해요인에 해당한다. 민간인 사찰이나 정치화 등을 이유로 2020년 국가정보원의 권한을 축소하고 대공수사권을 경찰로 이관하는 등의 기능을 축소하는 입법이 있었다. 이로 인해 2024년 1월 1일부터는 국정원의 대공수사권은 없어지고 경찰의 안보수사국에서 이를 전담하게 된다. 하지만 안보수사국의 경험과 역량 미비는 방첩역량의 공백으로 이어질 여지가 있다. 한번 훼손된 방첩역량은 쉽게 회복되기 어렵기 때문에 시간을 지체하지 말고 시급히 국가적 방첩역량 강화를 위한 조치와 노력이 있어야 할 것이다. 또한 방첩기관들의 권한 조정과 관련된 국가적 차원의 방첩역량의 저하를 정밀진단하고 그로 인해 발생할 수 있는 안보 공백을 어떻게 메울 것인지에 대한 깊이 있는 숙고와 신속하고 유연한 대안 실행이 이루어져야 한다.

오늘날과 앞으로도 북한은 가장 주요한 방첩위해 요인이다. 또한 한국은 중국 등 인접 적성 국가들의 적극적인 정치, 군사, 경제, 산업관련 스파이 활동과 영향력 공작의 분명한 위협에 노출되어 있다. 따라서 강력하고 적극적인 대공수사 및 보안방첩활동이 어느 때보다 중요한 시점이다. 대공수사권의 안보수사국으로의 완전 이전으로 국내 보안방첩활동의 핵심기관은 국정원과 함께 경찰의 안보수사국이 되었다. 그럼에도 불구하고 현재 경찰의 대공수사를 포함한 보안방첩 역량의 확보는 미흡한 것으로 판단된다. 특히 대공수사에서 가장 중요한 것은 전문성을 갖춘 대공수사관이다. 국가정보와 안보 관련 전문가들에 따르면 대공수사의 전문요원을 양성하는 데 약 20여 년의 시간이 필요하다고 한다. 이 때문에 대공수사권의 이전으로 인한 보안방첩 역량공백에 대한 우려가 전문가들 사이에서 제기되고 있다.[341] 최근 언론보도에 따르면, 경찰은 대공분야 전문수사관을 채용한 선발실적이 거의 없다. 지난 2021년 하반기 경찰공무원 경력경쟁채용시험에서 총 526명을 선발하였는데 이 가운데 안보수사분야는 10명밖에 선발하지 않았다(국가안보 4명, 방첩·대테러 3명, 경제안보 3명).[342] 결과적으로 경찰의 대공수사관련 준비 미흡은 보안방첩활동의 공백으로 이어질 개연성이 크다.

한편 방첩사에 대한 일련의 개혁 역시 대공수사력과 방첩능력의 약화로 이어졌다는 지적이 있다. 방첩사는 군 내부의 보안문제를 담당하고 있으며 대공수사권을 가지기 때문에 방첩사는 국정원, 안보수사국과 함께 국내 3대 보안방첩기관의 주요한 한 축이다. 조직원의 역량 강화와 기관의 권한 강화가 함께 이루어질 필요가 있으며, 이를 통해 보다 역량 있는 보안방첩기관으로 거듭나야 할 것이다.[343]

---

341 연구자들이 심층 분석한 다수의 안보 및 정보, 그리고 경찰학 관련 교수 및 전문가와 전·현직 국가정보원 및 방첩사령부 등 정보관련 업무자의 인터뷰 분석결과를 제시하였다.

342 정광성, "경찰에넘어간대공수사권: 지난해대공수사관특진·채용전무,"『월간조선』, 2022. 03. http://monthly.chosun.com/client/news/viw.asp?ctcd=D&nNewsNumb=202203100038

343 눈덩이 효과는 각각의 조그마한 문제들이 서로 뭉쳐서 돌이킬 수 없는 엄청난 재앙으로 연결되는 것을 의미한다. 즉, 각각의 문제들은 사소해 보이지만 그것들이 서로 결합되었을 때는 엄청난 큰 위기로 이어진다.

4 보안방첩기관들

한국의 가장 주요한 보안방첩기관들은 앞서 언급한 대로 국가정보원, 경찰 안보수사국, 그리고 군 방첩사령부이다. 이 가운데 국가정보원이 보안방첩에서 가장 주도적인 역할을 하였으나 2024년 1월 1일 이후로 대공수사권이 안보수사국으로 이관되고 국정원이 수사권을 행사할 수 없게 됨에 따라 일정 정도 변화가 있을 것으로 전망된다. 그럼에도 불구하고 기본적인 보안방첩분야에서의 국정원의 선도적인 역할은 지속될 것으로 판단된다.

보안방첩 기관들의 관계는 통합형인가 분리형인가 또는 수사권을 국가정보기관이 가지는 가 그렇지 않은 가에 따라 나라들마다 다르게 구성되어 있다. 한국의 경우 이전까지는 국가정보원이 통합형으로 해외 정보활동과 국내 보안방첩기능을 함께 가지고 있었고, 여기에 수사권까지 가지고 있어 사실상 통합형 정보기관이자 보안방첩분야 법집행기관(law-enforcement agency)으로서의 기능을 수행해왔다. 하지만 안보수사국으로의 수사권 이관으로 여기에 일정정도 변화가 발생했다. 해외정보와 국내보안방첩, 그리고 사이버 보안방첩 정보를 다루는 통합형 국가정보기관으로서의 위상에는 변화가 없으나 수사권이 없어짐으로 해서 수사는 안보수사국이 전담할 것으로 보인다. 이에 따라 국정원이 국내 보안방첩분야 정보를 다루고 이를 안보수사국과 협업, 공조함으로서 수사는 안보수사국에서 수행하는 방식으로 변화될 것으로 보인다. 한편 방첩사령부는 군과 군과 연관된 민간 부문에 대한 보안방첩기관으로서 국내 보안방첩 정보와 수사기능을 함께 갖고 있는데 이 같은 권한은 계속 유지될 것이다. 군 정보 기관의 경우 한국은 분리형을 따르고 있는데 군 또는 국방정보와 관련된 대외 정보활동은 국방정보본부가 국내 보안방첩은 방첩사령부가 담당하고 있다. 이 같은 시스템에서 방첩사령부는 보안방첩에 관한 정보와 수사권을 함께 가지고 있다. 또한 사이버 보안방첩의 경우 한국에서는 사이버사령부가 담당한다.

미국, 영국, 그리고 러시아의 경우 분리형을 따른다. 해외정보의 경우 미국은 CIA, 영국은 MI6(또는 비밀정보국, Secret Intelligence Service: SIS), 러시아는 해외정보국(SVR, СВР: Служба Внешней Разведки)이 전담한다. 국내 보안방첩의 경우 미국은 FBI, 영국은 MI5(또는 보안국, Security Service: SS), 그리고 러시아는 연방보안국(FSB, ФСБ: Федеральная Служба Безопасности Россий ской Федераци)가 전담기관이다. 이 국내 보안방첩기관들이 수사권을 자체적으로 갖고 있는가, 그렇지 않은가에 따라 또한 나눠진다.

미국의 FBI는 국내 보안방첩에 대한 정보활동과 수사권을 함께 가지고 있어 매우 강력한 보안방첩기관으로서의 위상을 갖는다. FBI는 산하에 데이터포착기술팀(Data Intercept Technology Unit: DITU) 두고 사이버 보안방첩의 임무도 수행하고 있다. 한편 미국의 군 정보기관 가운데 대표적인 것은 DIA(Defense Intelligence Agency)와 NSA(National Security Agency)이다. DIA는 해외 군사정보 수집-분석을 주로 담당한다. 반면 NSA는 SIGINT와 사이버 정보활동 및 사이버 보안방첩을 주요 임무로 한다. 따라서 미국의 경우 사이버 보안방첩은 NSA의 핵심임무에 해당한다. NSA와 사이버사령부는 동일한 최고 수장(이를 두 개의 모자라고 부른다) 아래에 지휘통제를 받는 두 개의 기관이다. 대체로 NSA는 사이버 정보, 보안방첩활동을 담당하고 사이버 사령부는 사이버 전쟁을 수행하는 작전부대로 운용되는 것처럼 보인다.[344]

러시아의 FSB는 대내 정보활동과 수사권과 함께, 알파(Альфа), 빔펠(Вымпел), 제니트(Зенит) 등과 같은 특수작전부대와 지부별 군부대, 국경수비대 등 상당한 규모의 전투부대를 보유하고 있어 그 권한과 위상이 매우 막강하다. 여기에 더해 FSB는 사이버 보안방첩 임무는 물론 사이버 공간상에서의 해킹과 영향 공작과 같은 공세적 비밀 임무도 수행한다.[345] 러시아의 군 정보기관은 정보총국(GRU, ГРУ: Главное разведывательное управление)이다. 현재는 GU(ГУ: Главное управление)로도 알려져 있다. 해당 기관은 군 정보기관임에도 러시아 연방의 국가정보기관인 해외정보국과 연방보안국의 위상을 능가한다고 평가되기도 할 정도로 막강한 정보기관이다. 해외정보국보다 6배 많은 해외 정보원을 운용하고 있으

344 세인 해리스, 보이지 않는 전쟁 @ WAR, 179-208.

345 신범식 · 윤민우 · 김규철 · 서동주, 『러시아의 사이버 안보』, 103-106.

며, 군사작전을 수행할 수 있는 실제 전투부대 또는 작전병력도 보유하고 있다. 정보총국은 군사정보는 물론 국제안보와 관련된 정보를 수집-분석하고, 해외정찰 및 스파이 활동을 수행하며, 방첩임무를 담당하고, 전쟁에 준하는 특수작전을 수행하고, 영향력 공작, 정보전쟁을 수행하며, 사이버 공격-방어의 임무를 수행할 뿐만 아니라 핵무기 및 미사일 프로그램 등을 감시하는 러시아 국가안보와 관련된 거의 모든 중요한 임무들을 수행한다. 단 정보총국은 수사권을 가지고 있지는 않은 것으로 보인다. 하지만 정보총국의 경우 매우 비밀리에 움직이고 수사권이 굳이 필요하지 않을 정도로 막강한 권한을 갖고 있다.[346]

한편 영국의 MI5는 국내 보안방첩에 관한 정보활동만을 수행하고 수사권이 없다. 이 때문에 MI5는 영국의 국가수사기관인 국가범죄청(NCA: National Crime Agency)이나 런던광역경찰청(London Metropolitan Police)과 긴밀히 협력, 공조하고 있다. 한국의 경우 따라서 국정원은 2024년 1월 1일부터 영국의 MI6와 MI5, 그리고 영국의 사이버 부문 정보기관인 정부통신본부(GCHQ: Government Communications Headquarters)를 합친 어떤 것과 유사한 측면이 있다. 따라서 수사권이 없는 국정원의 보안방첩의 경우 영국의 사례처럼 수사기관(즉 안보수사국)과의 긴밀한 공조, 협업체계를 구축하는 노력을 할 필요가 있다. 이를 위해서는 안보수사국의 역량 강화를 위한 관심과 노력이 있어야 할 것이다. 하지만 이 같은 공조, 협업이 원할 치 않을 경우 입법이나 법 개정을 통해 국정원으로 수사권을 다시 이관하거나 수사역량과 보안방첩의 역량을 함께 갖춘 제3의 대안을 모색하는 등의 노력이 필요할지 모른다.

독일과 프랑스의 경우도 해외정보와 국내보안방첩의 분리형을 따르고 있다. 하지만 국내 보안방첩기관이 수사권을 가지는지의 여부에 따라 독일과 프랑스가 나뉜다. 독일은 국내 보안방첩기관이 수사권을 갖지 못하고, 순수한 정보, 수집, 모니터링 기능만을 담당한다. 이를 구체적으로 살펴보면 다음과 같다. 연방정보원(BND: Bundesnachrichtendienst)은 해외정보기관으로 국가안보와 국제적인 사건에 대한 정보를 수집하고 분석한다. 반면 연방헌법수호청(BfV: Bundesamt für Verfassungs-

346 Ibid, 109.

schutz)은 국내정보기관이다. 해당 기관은 독일 국내의 극우 및 극좌 세력, 테러리스트 조직, 해외 스파이 활동에 대한 방첩 등 국내 안보와 관련된 정보를 수집하고 분석한다. 연방 내무부 산하기관으로 주된 기능은 정보 수집, 분석 및 반연방 활동의 감시이다. 그러나 해당 기관은 수사권을 가지고 있지는 않다. BfV는 정보 수집과 분석에 중점을 두며, 수사와 구속에 직접적으로 개입하지 않는다. 수사는 연방형사청(BKA: Bundeskriminalamt) 및 관련 지방 경찰에서 주로 담당한다. BfV가 수집한 정보는 수사기관에 제공되어 헌법적 절차에 따라 범죄수사에 활용될 수 있다. BKA는 독일 연방 법집행기관으로, 범죄 수사와 테러리즘 대응, 방첩 등에 중점을 두고 있다. 이 밖에 군사방첩서비스(MAD: Militärischer Abschirmdienst)는 독일군의 정보 및 침투 방지 기관으로, 군 내부에서의 스파이 활동을 탐지하고 방지하는 방첩임무와 대외 군사정보 수집-분석활동을 수행하며 사이버 방첩 임무도 함께 수행한다.

프랑스의 경우도 독일과 마찬가지로 해외정보를 수집-분석하는 대외안보총국(DGSE: Direction Générale de la Sécurité Extérieure)과 국내보안방첩을 담당하는 내부보안총국(DGSI: Direction Générale de la Sécurité Intérieure)으로 역할과 기능이 분리되어 있다. 흥미로운 점은 프랑스의 경우 두 기관 모두 수사권을 가지고 있다는 사실이다. DGSE는 프랑스의 해외 정보수집기관으로 국제적인 사안과 해외정보에 대한 수사 및 수집-분석을 수행한다. DGSI는 프랑스의 내부 안전 및 정보수집기관으로 국가안보와 방첩, 테러리즘 관련 사안에 대한 수사와 정보수집-분석을 담당한다. 한편 군사정보국(DRM: Direction du Renseignement Militaire)은 프랑스군의 정보 수집-분석 기관으로, 군사 정보와 군사적인 측면에서의 정보 수집을 수행한다. 해당기관은 사이버 방첩을 포함한 방첩임무와 대테러임무도 함께 수행한다.

비밀공작활동

Ⅷ 비밀공작활동

1 개념

비밀공작(covert action)은 정보기관의 활동 가운데 가장 특징적인 활동이다. 미국 정보공동체에서는 비밀공작을 "미국의 대외정책을 지원하기 위해 외국의 정부, 사건(events), 조직 및 사람들에게 영향을 미치기 위하여 설계된 비밀활동(clandestine operation)의 하나"라고 정의한다. 한편 미국 의회의 1991년 정보활동수권법에서는 "미국 정부의 역할이 명백해지거나 혹은 공식적으로 인정하지 않도록 하면서 외국의 정치, 경제, 혹은 군사 상황에 영향을 미치기 위한 활동"으로 정의되고 있다.[347] 이 같은 개념정의들을 종합해보면 비밀공작은 일반적으로 정부, 국가, 또는 특정 기관이 다른 국가나 기관에 대해 실시하는 은밀하고 비공개적인 작전이나 활동을 나타낸다. 이는 정보 수집, 영향력 행사, 압력 조절, 정치적 목적 달성, 기밀 정보 확보, 또는 국가 이익을 위한 다양한 목적을 갖고 이루어질 수 있다. 이 같은 비밀공작에는 물리적 특수작전이나 군사작전을 포함할 수 있다.

오늘날 비밀공작은 국가의 책임부인성(deniability)을 확보하기 위해 민간 프록시(proxy)를 활용하여 공작을 수행하고 이를 국가 행위자(주로 국가정보기관이나 군정보기관)가 은밀히 조율, 지휘통제, 사주, 지원, 조율하는 형태로 수행된다. 러시아

347 정영철, "비밀공작론," 문정인 편저, 국가정보론 (서울: 박영사, 2002), 152.

의 민간군사기업인 바그너 그룹의 특별군사작전 활용사례나 중국이 댓글부대나 스패모플래지(spamouflage)의 영향력 공작 동원 사례, 그리고 러시아의 민간 해커들이나 트롤팜등을 동원한 사이버 공격과 영향력 공작의 사례 등이 대표적인 민간을 동원한 비밀공작의 사례로 제시될 수 있다.

2 비밀공작의 특성

세계 각국의 비밀공작의 사례들을 살펴보면 다음과 같은 몇 가지 공통되는 특성들이 도출될 수 있다. 이 같은 비밀공작의 특성들은 다음과 같다. ① 고유성: 비밀공작은 정보기관만이 수행할 수 있는 정보기관 고유의 활동이다. 정보기관만이 합법과 경계를 넘어서는 초법적, 비법적 비밀활동을 수행할 수 있다. ② 은밀성: 비밀공작은 공작의 배후세력이 누구인지를 은폐하는데 중점을 두는 비밀활동이다. 비밀공작은 대상 국가나 기관에 대해 은밀하게, 다른 사람들이 인지하지 못하도록 수행된다. 이는 기밀성을 유지하고 대상에 대한 정보를 최대한 숨기기 위함이다. ③ 포괄성(그 외 모든 활동): 비밀공작은 정보기관이 수행하는 비밀활동 가운데 정보수집활동과 보안방첩활동을 제외한 모든 활동을 의미한다. 따라서 정치활동, 선전·선동·프로파간다 활동, 준군사활동, 정보지원활동, 비정규전, 물리적 작전, 영향력 공작, 사이버 작전 등 다양한 활동들을 포함한다. 이 같은 다양한 형태의 비밀공작은 다양한 목적 달성을 위해 수행될 수 있다. 이 같은 목적들은 다음을 포함한다. 비밀공작은 대상 국가의 정보를 수집하는데 활용될 수 있다. 통상적인 첩보수집방법으로 접근하기 어려운 군사적, 정치적, 경제적 정보를 수집하는데 활용될 수 있다. 비밀공작은 종종 대상 국가나 기관, 또는 대중에 대한 영향력을 행사하는 데 사용될 수 있다. 이는 정보의 유출, 선거 개입, 또는 국제 정치 무대에서의 영향력 확보 등을 포함할 수 있다. 비밀공작은 대상 국가나 기관, 또는 대중들에 대한 압력을 가하고 원하는 결과를 얻기 위해 사용될 수 있다. 비밀공작은 종종 정치적인 목적을 달성하기 위해 사용된다. 이는 정부 간 갈등, 세계정세의 변화, 또는 국제적인 영향력 확보 등을 목적으로 할 수 있다. 비밀공작은 국제정치 무대에서 현저한 영향을 미칠 수 있으며, 국가 간 관계나 국제 안보에 영향을 미칠 수 있는 중요한 정책 수단 중 하나이다. ④ 초법성: 비밀공작활동은 대부분의 경우 합법성의 한계를 뛰어넘는다. 때때로 비합법적 활동 또는 상당히 의문의 여지가 있는 활동일 경우가 많다. ⑤ 국내외 복합성: 비밀공작은 반드시 외국을 대상으로 한 활동만을 의미하지는 않는다. 이 같은 비밀공작은 나라에 따라서는 국내를 대상으로 할 수도 있다. 하지만 일반적으로 자유민주주의 국가의 경우에는 이 같은 비밀공작은 엄격히 해외 국가나 단체, 행위자들을 대상으로 수행하도록 제한된다. 이 같은 특성을 가지는 비밀공작은 국가의 다른 어떤 부처나 기관도 수행할 수 없는 정보기관만이 수행할 수 있는 정보기관의 역할 가운데 가장 특징적이고 고유한 업무이다.[348]

3 비밀공작의 변천사

비밀공작은 사실상 전쟁과 마찬가지로 사람들의 역사와 함께 할 정도로 오래되었다. 어떻게 보면 고구려 대무신왕 시기 호동왕자와 낙랑공주의 이야기도 전쟁 승리를 위한 유리한 조건을 만들어내려고 하는 비밀공작의 성격을 갖는다. 최근 한국의 역사에서는 인천상륙작전을 성공시키기 위한 특수공작인 X-Ray 작전이 대표적인 비밀공작에 해당한다. 이는 해군 첩보부대가 수행한 첩보수집 작전으로 알려져 있다. 이 같은 비밀공작은 초기에는 전쟁수행을 위한 활동이 주류를 이루었으나 16세기 이후 유럽 각 국들 사이 세력투쟁이 격렬해짐에 따라 더욱 성행하게 되었고 점차 대외정책 수행을 위한 중요한 수단의 하나로 발전하였다.

348 Ibid, 153-155.

1, 2차 세계대전을 계기로 비밀공작활동은 정보의 수집이나 방첩활동과 더불어 각국 정보기관의 중요한 업무의 하나로 정착되었다. 이와 함께 더욱 체계화, 조직화되었다. 영국은 1, 2차 세계대전 중 미국이 중립에서 벗어나 자국 진영에 가담하도록 하는데 비밀공작을 활용하였다. 미국과 영국은 제2차 세계대전 동안 연합국으로 협력하여 독일과 일본 등을 상대로 다양한 비밀공작을 수행하였다. 여기에는 다음과 같은 활동들이 포함된다. ① 암호 해독 및 암호화 작업: 미영은 독일의 "에니그마" 암호기를 해독하는 데 성공하여 나치 독일의 통신을 감시하고 해석할 수 있었다. 이로써 연합군은 적의 전략과 의도에 대한 중요한 정보를 얻을 수 있었다. ② 스파이 활동: 미영은 적국에 대한 스파이 활동을 펼치고 연합국측에 유익한 정보를 입수하기 위해 노력했다. 특히, 정보기관들이 적국 내부로 스며들어 중요한 정보를 수집하는 데 기여했다. ③ 특수 작전 및 저항 활동: 미영은 유럽 전역에서 저항 운동을 지원하고, 특수 작전을 통해 적의 인프라를 파괴하고 중요한 임무를 수행했다. 이러한 작전은 D-Day 등의 큰 전투를 지원하기 위한 것이었다. ④ 프로파간다 또는 심리전: 미영은 적에 대한 프로파간다 활동을 통해 정보 전파를 수행했다. 라디오 방송, 전단지, 신문 등을 통해 정보를 전해 연합국측 병사와 국민들을 동원하고 독일 및 일본 등 적측 병사와 국민들을 대상으로 심리전을 전개했다. ⑤ 과학 기술의 활용: 미영은 정보 수집 및 기술적 우위를 위해 과학자들과 협력하였다. 이는 원자폭탄 개발과 같은 높은 기술의 프로젝트에 연결되었다. 이러한 비밀공작은 연합국이 전쟁에서 유리한 지위를 유지하고 전략적으로 중요한 승리를 이룰 수 있도록 기여했다. 연합국의 정보 및 비밀 작전은 전쟁의 결과에 큰 영향을 미쳤다. 소련 역시 2차 대전 당시 미영에 못지않게 적극적으로 수준 높은 비밀공작활동을 독일과 일본을 상대로 수행하였다. 앞서 언급한 암호해독 및 암호화 작업, 스파이 및 정보수집 활동, 특수작전 및 저항활동(파르티잔활동, 이는 한국에서 빨치산 활동으로 번역됨), 정보전파, 과학기술의 활용 등 전 영역에서 걸쳐 수행되었다. 소련의 비밀공작은 독일 및 일본에 대한 정보 수집, 전략적인 작전, 국내적인 동원과 협력 등에서 전쟁의 결과에 주요한 영향을 미쳤다.

1950년 이후 오랜 냉전이 본격적으로 진행되면서 미국과 소련 양측은 적극적이고 다양한 비밀공작을 추진하기 시작했다. 이 시기부터 비밀공작은 대외정책 수행을 위한 중요한 수단 가운데 하나로 정착되었다. 냉전기(1947년 ~ 1991년)에는 미국과 소련 사이의 긴장 관계와 경쟁이 지속되었다. 양 국은 서로의 군사, 경제, 정치적 활동을 감시하고 대응하기 위해 다양한 비밀공작을 수행했다.[349]

이 시기 미국은 소련의 군사 시설 및 정보기관을 감시하고 정보를 획득하는 데 주력했다. 미국 국가안보국(NSA)과 중앙정보국(CIA) 등이 소련에 대한 비밀공작을 주도하였다. 예를 들면, U-2 비행기, SR-71 블랙버드와 같은 기밀 프로젝트를 통해 냉전기 동안 미국은 소련의 군사 시설 및 행동을 감시하였다. 또한 미국은 소련을 포함한 공산진영 국가들 내부에 미국의 가치, 문화, 예술, 언론 등을 퍼뜨림으로서 소련 및 공산진영 내에서 미국에 대한 긍정적인 이미지를 형성하려 노력하였다. 이밖에도 미국 국내에서 레드 스케어라 불리는 공산주의자로 의심되는 자들에 대한 대규모 조사와 공산주의 의혹에 대한 조사를 실행함으로서 미국 내부의 안보를 강화하려는 시도가 있었다.

같은 시기에 소련도 마찬가지로 미국 및 서구 국가들과의 긴장 관계 속에서 다양한 비밀공작을 수행했다. 소련은 미국 및 서구 국가에 대한 스파이망을 구축하여 중요한 군사 및 경제 정보를 수집했다. 유명한 스파이들로는 유리스 앰스, 알제리 허세이, 킴 필비 등이 있다. 또한 소련은 미국의 원자력 프로그램과 관련된 기밀 정보를 획득하려는 시도를 했다. 이는 냉전 기간 동안 핵 무기 경쟁에서 소련이 미국을 기술적으로 따라잡기 위한 노력의 일환이었다. 소련은 프로파간다와 영향력 공작과 관련된 비밀공작에도 매우 적극적이었다. 소련 국내적으로는 반미적 분위기를 만들어 국내정치적 안정을 유지하기 위해 프로파간다를 사용했다. 반면 미국 및 서구를 대상으로는 친소련-친공산주의 분위기를 만들기 위해 정치사회운동, 학문, 문화, 예술 등의 다양한 프로파간다를 사용하였다. 소련은 미국의 핵 무기 기술에 대한 정보를 수집하여 핵 무기 개발 경쟁에서 유리한 위치를 유지하려 했으며, 미국과의 우주 경쟁에서 앞서기 위해 우주 탐사 및 미사일 프로그램에 대한 정보를 수집하고 발전시키려고 노력했다. 이러한 활동들은 냉전시기 동안 소련이 국제적인 영향력을 유지하려는 시도의 일환으로, 군사적, 기술적, 정치적, 사회적, 문화적으로 다

---

349 Ibid, 157.

양한 영역에서 이루어졌다.

1990년 냉전의 종식이후 10년간은 미국 내에서는 데탕트 분위기와 비밀공작에 대한 여러 비판과 함께 비밀공작활동이 상당히 축소되었다. 하지만 이 시기에도 이 같은 미국에서의 사정과는 달리 소련을 승계한 러시아 연방을 비롯한 세계 각국 정보기관의 비밀공작이 특별히 감소되었다는 증거는 없었다. 오히려 대량살상무기의 확산, 마약, 테러, 조직범죄, 국제적인 돈세탁 등이 여전히 각국의 안보를 위협하는 요인이 되었고, 각국 간의 산업정보활동도 더욱 치열해졌기 때문에, 비록 수단과 절차 면에서는 변화가 있을 것으로 예상되지만 대외정책을 지원하고 국가이익을 보호하기 위한 비밀공작의 수행은 여전히 정보기관의 가장 고유하고 중요한 임무의 하나로 남아있게 될 것으로 예상되었다.[350]

2001년 9.11테러를 기점으로 대량살상무기의 확산, 국제테러리즘의 확산, 마약거래와 같은 초국가 조직범죄, 사이버 범죄, 경제안보와 산업스파이 등의 여러 신흥안보의 위협들이 대두되면서 이에 대한 비밀공작활동은 더욱 중요해지고 활발해졌다. 2011년 5월 2일 미국의 네이비씰이 주도한 오사마 빈 라덴 암살 작전과 2022년 7월 31일 미국 CIA가 주도한 드론을 사용한 알 자와히리 암살 작전은 이 시기 언론에 보도된 가장 대표적인 비밀공작의 사례들로 제시될 수 있다. 러시아의 2016년 미국 대통령선거 개입 사건도 러시아 정보기관인 연방보안국, 정보총국, 또는 해외정보국에 의한 대표적인 비밀작전으로 알려져 있다.

최근 들어서는 미국-서방과 러시아-중국 사이의 글로벌 패권충돌이 격화되면서 비밀공작활동이 양측에 의해 더욱 활발히 수행되고 있다. 러시아와 중국의 미국과 서방국가들, 인도-태평양 국가들을 대상으로 한 온라인과 오프라인에서의 선거개입과 영향력 공작은 잘 알려진 사실이다. 또한 "바그너 그룹"과 같은 민간군사기업에 외주를 주는 형식으로 비밀전쟁을 치르고 있으며, 민간 해커와 핵티비스트들을 동원한 사이버 공격 등도 더 활발해 질 것으로 전망된다. 이 같은 다양한 사례들은 모두 비밀공작에 해당한다. 따라서 이 같은 패권을 둘러싼 국가들의 경쟁이 더욱 치열해짐에 따라 비밀공작은 앞으로 더욱 활발해지고 중요한 국가의 대외정책 수단이 될 것이다.

---

350 Ibid, 159.

4 비밀공작의 필요성

비밀공작은 국가정보기관의 활동 가운데 가장 논란과 문제가 많은 분야이다. 대부분의 비밀공작은 의문의 여지가 큰 활동들이며 공공에 알려졌을 경우 국내외적인 비난과 국가의 책임성 문제가 불거질 수 있다. 비밀공작은 타국에 대한 주권침해의 여지가 있으며, 경우에 따라서는 뇌물, 사기, 상해, 폭행 등 범죄에 해당할 수도 있다. 수년 전 이스라엘에서 만난 이스라엘 정보기관의 한 요원은 자신이 이스라엘의 적들에 대한 암살, 납치 등에 관여되었었다는 사실을 말한 적이 있다. 미국 콜로라도에서 만난 한 전직 미 특수부대 팀장은 자신이 남미의 국가들에서 마약범과 인질범들을 상대로 현지 국가의 실정법을 위반하는 불법납치와 초법적 법집행(즉 현지 국가에서는 불법폭력에 해당하는)을 수행하였다고 말했다. 이처럼 비밀공작은 통상적인 상식으로 보았을 때 상당히 의문의 여지가 큰 성격의 임무수행이다.[351]

그럼에도 불구하고 비밀공작은 국가의 대외정책 수행을 위한 매우 중요한 보조적 또는 예외적 수단이다. 세계 대부분의 국가들은 비밀공작을 수행하며 또 이를 기꺼이 수행한다. 일반인들의 눈에는 생소하지만 수면아래에서 벌어지는 비밀공작은 일반인들의 생각보다 더 빈번하고 더 치열하다. 이 같은 비밀공작이 국가들에 의해 적극적으로 활용되는 이유는 한 마디로 가장 효율적인 방법으로 대내외 정책에 유리한 환경을 조성할 수 있기 때문이다.

우선 비밀공작은 국가로 하여금 최소의 비용으로 최대의 효과를 달성하게 해준다. 외교적 수단은 종종 국가의 목적을 달성하는데 그다지 효과적이지 못하다. 북한의 핵개발을 포기시키는데 수십 년에 걸친 치열한 외교적 노력이 사실상 그다지 효과가 없었다는 것을 인정해야 할 것이다. 그것이 6자회담이건 유엔 안보리 결의건 신념에 찬 외교적 수단을 신봉하는 사람들의 바램과는 달리 핵무장에 대한 결의에 찬 북한을 막는 데는 그다지 실효성이 없다. 하지만 군사적 수단은 너무 큰 비용을 필요로 한다. 9.11테러 이후 이라크와 아프가니스탄에 대한 미국의 군사적 침공

351 Ibid, 159-160.

으로 야기된 막대한 재정적 비용과 인명의 손실, 그리고 미국의 국제적 리더십의 손상과 국력의 쇠퇴는 군사적 수단으로 치러야 하는 대가가 만만치 않음을 여실히 보여준다. 이 때문에 정보기관에 의한 비밀공작이 선택된다. 이란의 핵무장을 억제하기 위해 수행된 이란의 나탄즈 핵시설에 대한 공격용 사이버 무기인 스턱스넷을 이용한 사이버 공격은 대표적인 비밀공작의 성공사례로 꼽힌다. 2021년 4월에는 다시 나탄즈 지하 핵시설에 대한 폭발이 발생했다. 43세 남성 레자 카리미가 용의자로 특정되었다. 이란은 이를 이스라엘의 시도로 보고 보복의지를 내비쳤다. 이 역시 비밀공작의 한 사례로 보인다.

또한 공개적으로 목적 달성이 어려운 경우에도 비밀공작이 활용된다. 비밀공작의 많은 사례들은 이에 속한다. 과거 미국이 쿠바 카스트로 정권을 상대로 벌였던 돼지만(bay of pig) 침공사건은 대표적인 공개하기 어려운 반국제법적 침공사건이었다. 쿠바를 탈출한 반카스트로 쿠바인들을 대상으로 무장반군을 조직하고 군사훈련을 시켜 카스트로 정부를 전복시키기 위한 군사적 침공을 시도하였다. 푸틴의 경우는 2014년 크림반도 침공에 "리틀 그랜 맨"이라고 불린 신원미상의 의용군을 활용하였다. 이들은 부대마크나 군번, 명찰, 소속, 계급 등이 없는 초록색 군복을 입어 신원 파악이 어려웠다. 이들은 작전 수행을 위해 의도적으로 전역 조치된 러시아 특수전 부대 병력들로 추정되었다. 이 같은 사례들은 공개적으로 목적을 달성하기 어려운 상황에서 국가의 개입에 대한 책임성을 부인하고 국가의 전략-전술적 목적을 달성하기 위한 수단으로 비밀공작이 활용된 사례로 볼 수 있다.[352]

비밀공작은 일의 성격상 시간적으로 촉박한 경우에도 활용된다. 외교적 협상을 통한 문제의 해결은 그것이 국가 간의 협상이건 국제기구를 통한 협상이건 상당히 오랜 시일을 필요로 한다. 또한 종종 별다른 효과 없이 끝나는 경우가 대부분이다. 군사적 침공의 경우에도 상당한 전쟁준비를 위한 시일이 요구된다. 하지만 국가가 직면한 사안에 대한 대응이 시간적으로 촉박할 경우 이 같은 외교적 또는 군사적 수단이 적절치 못할 경우가 있다. 이 경우에 국가는 비밀공작을 선택하게 된다.[353]

352 Ibid, 158-159.

353 Ibid, 160.

마지막으로 합법적인 수단으로는 도저히 달성하기 어려운 목표달성을 위해서도 비밀공작이 사용된다. 외국의 선거에 대한 개입을 통해 자국에 보다 우호적인 정권의 창출을 유도하는 것, 적대적인 외국의 정부를 전복시키는 것, 해외에 체류하는 자국에 위협이 되는 인사나 조직, 단체(테러단체나 국제마약밀거래 조직을 포함하여) 등을 제거하는 것 등은 합법적인 수단으로 달성할 수 있는 사안의 것들로 보기 어렵다. 따라서 국가안보 상의 분명한 이유나 목적이 있을 경우 부득이하게 비밀공작들을 고려해볼 수 있다.[354]

5 비밀공작의 종류

비밀공작은 그 목적에 따라 서로 다른 종류로 구분해볼 수 있다. 이 같은 서로 다른 종류의 비밀공작들은 서로 밀접한 연관성을 가진다. 이를 각각 살펴보면 다음과 같다.

첫째 정치공작이다. 이는 자국 혹은 자국 정부에 우호적인 세력을 확대하고 이들의 활동을 지원하기 위해 추진하는 공작이다. 상대국의 정치인이나 정부인사, 또는 주요 정당 관계자들을 매수, 회유, 포섭, 협박하거나, 정치사회적 영향력이 큰 언론인, 교수, 오피니언 리더, 노동단체, 시민사회단체 등에 영향을 미치거나 협조자, 조력자로 포섭하는 행위 등이 이에 해당한다. 또한 공공외교(public affairs), 전략커뮤니케이션(strategic communication), 문화공정, 영향력 공작 등 다양한 이름으로 이루어지는 비밀공작들이 이 같은 정치공작에 해당한다고 볼 수 있다. 최근 들어 러시아와 중국이 해외 국가들을 상대로 벌이는 영향력 공작이 비밀공작의 대표적 사례들에 해당한다. 하지만 정치공작은 이들의 전유물만은 아니며 미국과 영국 등 서방국가들 역시도 자유민주주의, 인권, 정보의 자유로운 소통 등 여러 가지 이름으

---

354 Ibid.

로 정치적 영향력을 투사하고 미국과 서방이 선호하는 형태의 정치적 가치를 공유하는 정권을 만들어내기 위한 노력들을 기울여 왔다. 북한은 한국을 상대로 정치공작을 오랫동안 수행해 온 것으로 알려져 있다.[355]

둘째는 모략 및 와해공작이다. 이는 자국 혹은 자국 정부에 적대적인 국가나 조직, 단체를 약화시키기 위한 공작이다. 물리적 수단에 의해 목적을 달성하는 방법도 있고 영향력 공작과 같은 비물리적 수단을 사용해 달성하는 방법도 있다. 적의 리더십을 암살하거나 불법체포, 납치 등의 방법이 대표적이다.[356] 앞서 언급한 미국의 오사미 빈 라덴 및 아이만 알 자와히리에 대한 암살과 과거 1980년대 콜롬비아 마약카르텔의 보스였던 파블로 에스코바르의 사살 등은 이에 해당한다. 이는 각각 테러단체와 국제마약 카르텔 조직의 와해를 목표로 하였다. 비물리적 수단에는 재귀통제(RC: Reflexive Control)[357]와 적극조치(Active Measure) 같은 것들이 있다. 재귀통제는 오정보(misinformation)와 역정보(disinformation), 그리고 위장(camouflage) 등을 사용해 리더와 지휘관과 같은 특정 개인의 의사결정과정에 개입하여 영향을 미치려는 시도로 미국-서방의 인식 관리(perception management)에 더해 타깃 대상을 관리하는 것을 넘어 통제(control)하려는 것까지를 포함한다.[358] 이는 상대방의 의사결정구조, 리더십, 지휘통제체제 등에 부정적 영향을 미쳐 상대방을 모략하거나 와해시키려는 공작이다. 적극조치는 적국 또는 적대적 단체의 정부 또는 리더십과 대중들 또는 추종자들, 그리고 다양한 대중들 및 추종자들 사이를 분열시켜(drive wedges) 혼란과 공포를 조장하고 적국 또는 적대적 단체의 권위, 정통성, 매력 등에 대한 대중들 또는 추종자들의 신뢰와 지지를 떨어뜨려 적의 정부나 적대적 단체의 리더십을 마비시키는 것을 목표로 한다. 따라서 이 역시 모략 및 와해공작으로 볼 수 있다.[359]

---

355 Ibid, 161.

356 Ibid, 163.

357 Thomas, "Russia's Reflexive Control Theory and the Military," 237-256.

358 Ibid, 237.

359 Todd C. Helmus, Elizabeth Bodine-Baron, Andrew Radin, Madeline Magnu-

셋째는 경제공작이다. 경제공작은 경제적 이득을 얻기 위해 추진하는 공작이다. 해외의 경제, 과학기술, 경영, 무역협상 관련 정보 등을 초법적 방법을 동원하여 획득하거나, 해외 경쟁 기업이나 국가에 대한 유언비어의 유포, 적대국에 대한 경제교란 등 다양한 방식으로 경제공작을 수행할 수 있다.[360] 최근 중국은 미국을 상대로 SNS 등을 동원하여 미국의 정보기관이 마이크로소프트 등의 빅 테크(Big Tech) 기업들을 활용하여 전세계를 상대로 스파이 활동을 벌이고 있다는 허위조작정보(disinformation)를 전세계를 대상으로 유포, 확산하였다. 이는 중국의 사이버공간행정부(Cyberspace Administration of China)가 공안과 사이버보안기업인 퀴안신(Qi Ab Xin) 등을 동원하여 SNS에서 허위조작정보(disinformation) 활동을 벌인 사례이다. 이는 중국이 중동과 아프리카, 중앙아시아 등 제3세계 국가들에서 주요 경쟁자들인 미국의 빅 테크 기업들을 물리치고 중국의 정보통신기업들이 해당 시장에 진출하기 위한 목표를 달성하기 위해 추진된 경제공작이었다.[361]

6 비밀공작의 수단과 방법

비밀공작은 다양한 수단과 방법으로 추진될 수 있다.[362] 예를 들면, 공작원과 협조자를 활용하거나, 조직과 단체에 대해 지원하거나 이들을 활용하거나, 백색

son, Joshua Mendelsohn, William Marcellino, Andriy Bega, and Zev Winkelman, "Russian Social Media Influence: Understanding Russian Propaganda in Eastern Europe," RAND, Santa Monica, California, 2018, 7-8.

360 정영철, "비밀공작론," 164-165.

361 Albert Zhang, "Gaming public opinion: The CCP's increasingly sophisticated cyber-enabled influence operations," *ASPI(Australian Strategic Policy Institute) Policy Brief Report* No. 71/2023, 14-34.

362 정영철, "비밀공작론," 165.

(White), 흑색(black), 및 회색(gray) 프로파간다를 활용하거나, 기만정보 또는 허위조작정보(disinformation)를 유포하거나, 준군사적 활동을 하거나, 가장업체를 운영하거나, 그 밖의 기타활동들을 수행할 수 있다. 이 같은 공작방법들은 완전히 서로 구분되거나 독립적으로 사용되지는 않으며, 종종 서로 통합되어 운용되고 중첩되어 있으며, 상호보완적이다. 따라서 현실에서는 이 같은 다양한 수단과 방법들을 딱히 하나의 유형으로 따로 떼어내기 어렵다.

첫째, 공작원과 협조자의 활용은 정보기관의 정식직원 이외의 다른 협력자들을 활용하는 방식이다. 이때 종종 민간 행위자와 협조한다. 미국의 해외기독교선교단체에서는 CIA가 선교사들을 CIA의 공작원 또는 협조자로 종종 활용하여 선교사들을 해외에서 인질납치 등의 범죄 피해의 위험에 빠뜨린다고 불평한 바 있다. 교수들과 기자들, 연구원들, 상사주재원들, NGO 직원들, 유학생들이 정보기관의 공작원과 협조자로 자주 활용된다. 또한 현지 국가의 경찰이나 군, 정부 공직자, 민간기업의 직원 등이 공작원 또는 협조자로 활용되기도 한다.[363]

둘째, 조직과 집단에 대한 지원 및 활용이다. 해외 타깃국가의 노동단체, 시민사회단체, NGO, 또는 정당 등이 비밀공작의 대상이 되기도 한다. 이 경우는 특히 정치공작에 많이 활용된다. 북한이나 중국의 경우 국내 노동단체나 시민사회단체 등에 파고들어 정치공작을 수행하기도 한다. 최근 2022년 8월에 있었던 "전국민주노동조합총연맹의 조산직업총동맹 연대사 낭독 사건"을 보면 우리 노동단체를 상대로 북한이 수행하는 정치공작의 실태를 엿볼 수 있다. 이 사건은 북한이 국내 조직이나 집단을 지원 및 활용함으로서 정치공작을 수행한 대표적인 사례에 해당하는 것으로 볼 수 있다.[364]

셋째, 프로파간다가 있다.[365] 프로파간다에는 "사실, 주장, 루머, 절반의 진실 또는 거짓말 등으로 이루어진 정보들"이 포함된다.[366] 이와 같은 프로파간다는 백색 프

---

363 Ibid, 166-167.

364 Ibid, 167-168.

365 Ibid, 168-169.

366 Chiluwa, "Deception in online terrorist propaganda," 521.

로파간다(white propaganda), 회색 프로파간다(gray propaganda), 그리고 흑색 프로파간다(black propaganda)의 세 가지 형태로 유형화하여 구분될 수 있다. ① 백색 프로파간다는 공개적이고 알려진 출처로부터 나온 메시지들이다. 백색 프로파간다는 정보의 출처를 특정할 수 있고 공식적 기관에 의해 수행된다. 전달하려는 정보가 책임성, 신뢰성, 권위를 갖지만 유포하려는 선전의 내용에는 제약이 있다. ② 회색 프로파간다는 완전한 진실도 아니고 완전한 거짓도 아닌 메시지로서 출처를 확실히 특정할 수 없는 메시지들이다. 정보의 출처가 분명하지 않기 때문에 대응프로파간다 공격에 취약하다. ③ 흑색 프로파간다는 알려지지 않은 출처로부터 나온 메시지들로서 주로 거짓말이나 날조된 정보들에 기반을 둔 메시지들이다. 근거나 증거가 없는 사실을 조작하여 적을 모략하고 혼란을 야기하려는 행위이다. 정보의 출처를 위장할 수 있고 즉각적 효과를 얻기 위해 집중적인 프로파간다 공격을 펼칠 때 사용된다.[367] 백색, 회색, 그리고 흑색 프로파간다 가운데 어떠한 도구를 사용할 것인지를 선택해야하는 경우에는 시간의 타임 프레임과 메신저의 권위와 신뢰성 보호를 염두에 둘 필요가 있다. 특히 메신저가 몇 차례 쓰고 버릴 수 있는 것인지(wastable), 아니면 주요한 핵심 전략 자산인지를 고려할 필요가 있다. 오랫동안 활용할 핵심 전략 자산일 경우 백색 프로파간다를 사용하고, 메시지를 딜러버리하는 메신저의 신뢰성을 떨어뜨릴 수 있는 흑색 또는 회색 프로파간다의 사용은 자제하는 것이 필요하다.

넷째는 기만정보(disinformation)의 유포이다. 이를 허위조작정보(disinformation), 악성 영향력 공작(malign influence operations), 정보조작개입(information manipulation interference) 등으로 불리기도 한다. 최근 언론이나 일반에서 자주 사용되는 "가짜뉴스" 역시 대중을 상대로 한 기만정보 유포의 한 형태이다. 기만정보는 특정한 목적이나 이익을 위해 고의적으로 만들어진 거짓 정보를 의미한다. 이

367 송태은, "디지털 허위조작정보의 확산 동향과 미국과 유럽의 대응," 7; Peter J Smyczek, Regulating the Battlefield of the Future: The Legal Limitations on the Conduct of Psychological Operations (PSYOP) Under Public International Law, 57 A.F.L.REV. 209, 215 (2005) https://heinonline.org/HOL/LandingPage?handle=hein.journals/airfor57&div=7&id=&page=

정보는 주로 혼란을 일으키거나 특정한 사회, 단체, 개인에게 해를 가하거나 이득을 취하기 위해 사용된다. 기만정보는 일반적으로 다양한 매체를 통해 전파되며, 소셜 미디어, 뉴스, 블로그, 온라인 포럼, 혹은 신문 등을 통해 널리 퍼질 수 있다. 기만정보의 유포는 여러 가지 목적을 가지고 있을 수 있다. 예를 들면, 다음과 같은 것들이 있다. ① 특정 국가나 특정 정치사회단체 또는 그와 같은 국가나 단체의 리더십, 정책 등을 비방하거나 지지하기 위해 기만적인 정보를 전파할 수 있다. ② 거짓 정보를 통해 사회 내에 혼란을 조성하고 분열을 유도하기 위해 사용할 수 있다. ③ 특정 회사의 제품이나 서비스를 비난하거나, 불리하게 표현하거나, 특정 국가의 정책, 의도 등을 비난, 비방하여 경제적 이익을 취하기 위해 사용될 수 있다. ④ 사이버 영향력 공작 또는 사이버 인지전의 한 형태로 기만정보를 활용할 수 있다. 자국에 대한 우호적 분위기 조성, 제3국에 대한 비난, 비방, 혐오 여론 조성, 상대국 정부나, 특정 정치세력 등에 대한 비난, 비방, 혐오 여론 조성 등 다양한 목적으로 활용된다.[368]

다섯째는 준군사적 활동이다. 이는 정보기관이 특수작전 부대나 드론, 민병대, 용병 등 다양한 국가 전투행위자나 민간 프록시, 또는 무인전투기기 등을 활용하여 소규모 비정규전을 벌이는 행위를 의미한다. 미국 CIA의 경우 9.11테러 이후 수년간 대테러전의 일환으로 민간군사기업이나 드론 등을 활용하여 중동 및 아프가니스탄-파키스탄 등지에서 준군사활동을 벌였던 것으로 알려져 있다. 러시아의 경우는 "리틀 그린 맨"으로 불렸던 소속을 식별하기 어려운 전투 집단을 크림반도 침공과 최근 러시아-우크라이나 전쟁에 활용한 것으로 알려졌고 이 전투 집단과 러시아 정보기관이 연루된 것으로 추정된다. 러시아 정보기관들의 경우는 사실상 자체적으로 전투부대를 보유하고 있어 소규모 전쟁을 수행할 역량을 갖추고 있다. 미국의 오사마 빈라덴 암살작전의 경우도 대표적인 정보기관의 준군사적 활동으로 볼 수 있는데 당시 미국의 네이비씰 팀이 CIA로 소속변경을 하여 CIA의 지휘통제라인을 따라 작전을 수행한 것으로 알려져 있다. 이처럼 정보기관은 비밀공작의 일환으로 소규모 군사작전이나 비밀전쟁 등 준군사적 활동을 필요에 따라 수행한다.[369]

---

368 정영철, "비밀공작론," 169-171.

369 Ibid, 172.

여섯째는 가장업체의 운영이다. 가장업체는 각종 비밀공작활동의 지원을 위해 정보기관이 운영하는 상업적인 업체 또는 비영리적인 단체이다. 이 같은 가장업체는 정보수집, 공작요원의 은닉 및 비밀연락 등을 위해 사용되기도 하고 공작요원 및 장비의 수송이나 공작자금의 조달을 위해 사용되기도 한다.[370] 이 같은 가장업체에는 반드시 무역 등 상업활동의 기업체만 있는 것은 아니다. 언론사, 싱크탱크, 연구소, NGO, 협회, 학회 등 다양한 위장단체가 활용될 수 있다. 최근인 2023년 11월 중국이 한국의 지역 언론사로 위장하고 개설한 약 30여 개의 웹사이트들은 언론사로 위장한 가장업체 운영의 사례에 해당한다. 이 같은 위장언론사는 "서울 프레스", "충청타임스" 등과 같은 이름을 사용하여 진짜 국내 언론사와 식별되기 어렵도록 하였다.[371]

마지막으로 기타 여러 활동들이 있다. 비밀공작은 다양한 목적에 따라 다양한 방법들이 수행된다. 앞서 소개한 여러 방법들 이외에도 많은 비밀공작들이 초법적으로 일반적인 도덕적 한계를 뛰어넘어 이루어진다. 따라서 비밀공작은 상상할 수 있는 그리고 실행할 수 있는 거의 모든 것들이 고려될 수 있다. 이 같은 비밀공작은 반드시 초법적, 초규범적인 '더러운 일(dirty work)'에만 국한되는 것은 아니며 많은 다양한 필요에 따라 합법적, 규범적 활동을 포함하여 수행된다.[372]

7 비밀공작의 성공조건

비밀공작의 성공을 위해서는 다음과 같은 조건을 필요로 한다. 우선 국가 리더십의 대외 정책의 목표달성 수단에 있어서의 일관성 있고, 공통된 인식이 있어야

370 Ibid, 172-173.

371 양민철, "국정원 중국 홍보업체, 국내에 위장 언론사 사이트 30여 개 개설," 『KBS 뉴스』, 뉴스광장 1부, 2023년 11월 14일.

372 정영철, "비밀공작론," 173-176.

한다. 이 같은 국가리더십은 자유민주주의 국가의 경우 대통령, 정부, 집권당, 주요 야당 등의 넓은 의미에서의 국가 전반의 리더십을 의미한다. 이 같은 국가리더십의 국가안보전략과 대외 정책의 목표, 수단 등에 있어서의 대체적인 총론에서의 일치와 지속성 등이 전제될 필요가 있다. 이는 특히 자유민주주의 국가들의 경우 대통령 리더십의 교체, 집권당과 주요 야당 사이의 정권교체가 일반적이기 때문이다. 또한 정보기관이 비밀공작을 효과적으로 수행할 수 있는 능력이 있어야 한다. 역량이 부족한 정보기관의 비밀공작은 참담한 실패로 이어지기 쉽다. 국민적 여론의 뒷받침 역시 중요하다. 정보기관의 비밀공작이 초법적, 초윤리적 성격을 갖기 때문에 특히 국민 여론의 이에 대한 지지와 이해는 필수적이다. 특히 자유민주주의 국가들의 경우에는 더욱 그러하다. 마지막으로 국력과 국제여론의 지지가 있어야 한다. 국제여론 일반이 특정 국가의 비밀공작에 대한 지지를 보내기는 현실적으로 불가능하겠지만, 적어도 국제사회에서 유력한 영향력을 행사하는 주요 동맹국들의 전폭적인 지지는 필수적인 전제조건에 해당한다. 한국의 경우 미국과 영국, 유럽 국가들과 같은 G7 국가들, 나토회원국들, EU 국가들, 또는 오스트레일리아 등과 같은 자유민주주의 동맹국들의 지지는 필수적이다. 이와 함께 비밀공작을 수행하는 국가의 군사력과 경제력과 같은 국력의 지지가 필수적이다. 만약 특정 국가의 비밀공작이 발각되어 국제적인 비난 또는 제재의 대상이 될 경우 이를 뚫고 나갈 그 국가의 군사력과 경제력과 같은 하드파워(hard power)가 있어야 한다. 북한의 경우 핵 무력 완성으로 자국이 군사적으로 공격당할 위험에서 벗어났다고 스스로 판단할 수 있다. 이 같은 군사적 자신감은 요인 암살이나 도심테러와 같은 북한의 한국에 대한 보다 공세적인 비밀공작으로 이어질 수 있다. 흥미롭게도 북한이 한국에 대한 준군사적 비밀공작활동에 해당하는 대남무력도발을 빈번히 시도했던 시기가 북한이 한국에 대한 군사적 우위에 있다고 자신감을 가졌던 시기인 1960-1980년대에 집중적으로 발생했다는 사실은 함의하는 바가 있다.[373]

---

373 Ibid, 176-178.

8 비밀공작의 정당성

비밀공작은 "정당한 전쟁(just war)"의 이론에 그 정당성(legitimacy)의 뿌리를 둔다. 정당성은 합법성과 다르다. 법규를 위반하거나 윤리적 규범을 넘어서는 경우에도 정당성은 지켜질 수 있다. 정당성은 국가안보의 필요성과 그 국가의 구성원인 국민의 생명과 안전, 그리고 번영이라는 납득할 수 있는 대의(great cause)에 합치하는 가의 여부를 따지는 개념이다. 우리가 안중근의 이토 히로부미에 대한 암살과 윤봉길의 폭탄테러를 정당한 비밀공작의 행위들로 받아들이는 이유가 그 때문이다. 이 같은 행위들은 법적, 윤리적 문제의 소지가 있음에도 불구하고 침략국인 일본에 대한 한국과 한국인의 정당한 저항전쟁이라는 정당성이 갖추어지기 때문에 우리는 이를 정당하고 칭송받을 만한 행위로 받아들이는 것이다.[374]

국제사회에서 국가는 폭력사용권 또는 전쟁권을 가진다. 이는 국내정치에서 개인들이 국가와 사적 폭력사용권을 포기하는 사회계약을 맺은 것과는 달리 국제정치에서는 국가들이 그와 같은 개별 국가의 폭력사용권을 포기한다는 계약 따위를 맺은 적이 없기 때문이다. 이는 국제정치에서 개별 국가 행위자의 상위개념으로서 정치적 통치단위(즉 국가들의 국가)가 존재하지 않는 것에서 확인할 수 있다. 따라서 사실상 모든 국가는 원칙적으로 다른 국가의 위협이나 침략으로부터 정당한 자기방어권(self-defense)을 가진다. 따라서 국가 행위자들은 그 본연적 권리로 정당한 전쟁권을 가진다고 볼 수 있다. 비밀공작은 이 같은 정당한 전쟁권의 연장선상에서 이해되어야 한다. 국가는 정당한 자기방어(self-dense)를 위해 무력을 사용하고 전쟁을 수행할 수 있으며, 따라서 이 같은 전쟁권의 논리에 따라 국가의 비밀공작 역시 정당화된다.[375]

제임스 베리는 특히 다음과 같은 조건들이 충족되었을 경우에 비밀공작이 정당화될 수 있다고 지적하고 있다. 이는 특히 자유민주주의 국가들의 경우에 해당한다.

---

374 Ibid, 178-180.

375 Ibid.

먼저, 비밀공작은 행정부의 관련 부처 간의 필요한 심의를 거치고 의회 관계자들이 완전히 인지한 가운데 대통령(또는 수상)에 의해 승인되어야 한다. 둘째, 의도와 목표가 정확히 나타나야 하고, 합리적이고 정당해야 한다. 셋째, 목표달성을 위한 다른 효과적인 수단이 없을 때에만 추진되어야 한다. 넷째, 성공할 수 있다는 적절한 근거가 있어야 한다. 마지막으로, 선택된 방법들이 공작목표에 부합되어야 한다.[376]

이 밖에도 비밀공작의 성공을 위해서는 보안 또는 기밀의 유지가 특히 중요하다. 만약 보안이 누설되면 흔히 국가 최고책임자나 정보기관의 책임자는 자신들이 이 사실을 몰랐으며 하부 기관원들이 독자적으로 추진한 일이라고 부인하는 것이 일반적이다. 요즈음 들어서는 특히 정보기관에서 민간보안회사, 해커, 범죄자들, 테러단체들, 용병기업들, 대학, 교수 또는 학자들, 싱크탱크, 연구원들, 선교사, 기자, 기업, 인플루언스 등 다양한 민간 프록시(proxy)들을 활용하는 추세이다. 이는 비밀공작이 누설되었을 경우 국가의 책임부인성(denial of responsibility)을 확보하기 위해서이다. 특히 직접적인 지휘통제, 지원, 지시 보다는 보다 은유적이고, 은밀하고, 간접적인 방식으로 조율하거나 암시를 줌으로서 민간 프록시들을 활용하여 국가의 책임부인성을 보다 두텁게 한다.[377]

비밀공작이 노출되었을 때 비밀공작 관련자들에게 취해지는 국제법상 또는 국내법상의 조치는 공작의 내용과 관련자들의 신분에 따라 달라진다. 또한 이는 개별 국가에 따라서도 달라진다. 한국의 경우 중국의 한국 내 비밀경찰서 운용이나 기타 영향공작과 같은 비밀공작에 대해 적용할 국내 실정법이 마땅히 없어 법적처벌과 관련된 대응이 거의 이루어지지 않는다. 반면 중국의 경우 최근 반간첩법이 통과되어 상당히 강력한 중국내 해외 정보기관들 및 민간 프록시들에 대한 처벌기제를 갖추고 있다.[378]

비밀공작과 관련된 여러 논란에도 불구하고, 결론적으로 정보기관의 비밀공작은 국가안보를 위해 매우 필요하며, 오늘날에도 각국의 정보기관들은 치열한 비밀

---

376 Ibid.

377 Ibid.

378 Ibid.

공작활동을 서로에 대해 수행하고 있다. 이를 가리켜 눈에 보이지 않는 전쟁이라는 뜻의 "그림자 전쟁(shadow war)"또는 "조용한 전쟁(silent war)"라는 표현을 쓰기도 한다. 따라서 한국의 정보기관들 역시 이 같은 비밀공작의 역량을 갖추고 국가안보를 위해 이 같은 활동을 공세적, 적극적으로 수행할 수 있어야 한다.

다만 한국은 자유민주주의 국가이기 때문에 이 같은 비밀공작을 정보기관이 수행하기 위해서는 다음과 같은 기본원칙에 따라 추진하는 것이 바람직할 것으로 판단된다. 첫째, 국가의 전체적 대외정책의 목표와 일치해야 한다. 둘째, 자국의 개입 사실을 감추어야 할 중요한 이유가 있거나 공개적인 활동을 통해서는 목표달성이 어려울 경우에 선별적으로 추진해야 한다. 셋째, 비밀공작의 성공이 확실하게 예상될 경우에만 추진해야 한다. 넷째, 책임 있는 부서들의 신중한 검토를 거쳐야 한다. 다섯째, 사전에 충분한 비용-편익 분석을 행해야 한다. 여섯째, 비밀공작에 대한 철저한 감독절차가 필요하다.[379]

379 Ibid, 181-184.

Ⅷ 국방정보론

Ⅷ 국방정보론

1 개념

국방정보(Defense Intelligence)는 전통적으로 군사정보(Military Intelligence)를 의미했다. 칼 폰 클라우제비츠는(Carl von Clausewitz)는 '자신의 계획과 작전에 기초가 되는 적과 적국에 관한 모든 종류의 정보'라고 정의했다. 웰링턴 공작은 '언덕 너머에 있는 것을 아는 것'이라고 규정하였다. 이 같은 내용들을 종합해서 살펴볼 때, 전통적 의미에서 국방정보, 즉 군사정보는 전투, 전장이나 전쟁의 시행과 결과에 직접적으로 영향을 미치는 적국의 의도, 전략, 그리고 군사력에 대한 정보를 의미하며, 그 기능은 전쟁과 전장에서의 불확실성을 감소시키고 군사작전의 성공과 전략적 목표달성을 지원하는 것으로 이해되었다.[380]

하지만 국방정보는 2차 대전 이후 그 개념, 정의, 그리고 범위가 확대되었다. 단순히 전쟁이나 전투에서의 승리를 보장하기 위한 단기적이고 즉각적인 정보요구의 수준을 넘어서 장기적 차원에서의 전략적 목표를 달성하고 위기상황을 예측하고 이에 대한 대응력을 확보하고 대비계획을 수립하기 위한 장기적이고 포괄적인 정보에 대한 요구가 증가하기 시작하였다. 즉, 국가가 국방정책을 수립하고 군사력을 운용하기 위한 전략을 수립하기 위해서는 보다 장기적이고, 포괄적이며, 차원 높

---

380 최강, "국방정보론," 문정인 편저, 국가정보론 (서울: 박영사, 2002), 55-56.

은 수준의 정보가 필요하게 되었다. 이러한 상황의 변화에 따라 정보의 폭과 수준도 변화하여 오늘날에 와서는 전략정보(strategic intelligence), 작전정보(operational intelligence), 그리고 전술정보(tactical intelligence)라는 3가지로 구분하게 되었으며, 이를 통합하여 합동정보(joint intelligence)라는 포괄적인 개념으로 통합, 발전하게 되었다.[381]

합동정보는 따라서 전략정보와 전투정보로 나뉜다. 여기서 전략정보는 국가급 또는 전구(theatre) 수준의 전략, 정책, 군사적 계획 및 작전의 수립에 요구되는 정보를 의미한다. 전투정보는 다시 하위단위의 작전정보와 전술정보로 나뉜다. 작전정보는 상위의 전략 수준의 전구 및 작전지역 범위 안에서 전략적 목표를 달성하기 위하여 군사행동이나 주요 작전을 계획하고 수행하는데 요구되는 정보이다. 전술정보는 작전정보보다 하위수준의 보다 구체적이고, 지역적으로 협소한 단위에서 전술작전을 계획하고 수행하는 데 요구되는 정보이다. 전략정보와 전투정보(즉 작전정보 + 전술정보)는 확연히 구분되지만, 작전정보와 전술정보 사이의 구분은 모호하고 상대적이다.[382]

전략정보는 따라서 비군사부문을 포함한다. 전략정보는 시기적으로 중, 장기에 걸친 국가전체 또는 글로벌 전쟁권역 전체에 대한 전쟁이나 전투에 직접적인 영향을 주는 모든 것들과 관련된 정보이다. 따라서 군사활동은 물론 전쟁수행과 관련된 정치, 외교, 경제, 사회, 문화 등 비군사분야가 함께 포함된다. 따라서 전략정보는 전쟁 또는 국가 간의 군사적 충돌 전체의 궁극적 승패에 영향을 미치며, 이로 인한 결과는 치명적이고 이를 회복하는 데는 상당한 시간이 소요된다.[383]

전투정보는 대체로 군사적인 영역에 국한되며 시기적으로 단기간에 해당된다. 이 가운데 작전정보의 경우 전술정보에 비해 상대적으로 더 시간적으로 긴 범위에서 공간적으로 더 넓은 영역에 걸친 군사 활동과 관련되어 있다. 따라서 작전정보는 전쟁의 승패에 상대적으로 중대한 영향을 미치며 이에 대한 데미지도 상당하다. 전

---

381 Ibid, 56-57.

382 Ibid, 57.

383 Ibid.

술정보는 시간적으로 가장 짧고 공간적으로도 가장 좁은 범위에 영향을 미친다. 따라서 전쟁 전체의 승패에 미치는 영향은 제한적이며, 이로 인한 데미지도 비교적 제한적이고 회복가능하다.[384]

오늘날은 국방정보 혹은 군사정보가 적의 군사력은 물론 우방, 동맹국 및 자신의 군사력을 포함하는 것까지 확장되었다. 이는 효과적인 군사작전의 시행과 전략적 목표달성을 위해서는 적에 관한 정보뿐만 아니라 자신을 지원하거나, 지원할 가능성이 있는 우방과 동맹국의 군사정보도 필요하며, 자신의 능력과 전략, 전술에 대한 정보도 필요하며 이러한 정보를 적으로부터 보호하는 한편, 역정보(disinformation)를 확산시켜 적을 기만하는 것도 요구되기 때문이다. 따라서 국방정보는 전략, 작전, 전술 목표 달성에 영향을 미치는 적, 적의 동맹국이나 지원세력, 자신의 우방 및 동맹국과 자신의 군사력을 포함한 제반 요소에 대한 정보라고 정의될 수 있다.[385]

2 국방정보와 국가정보의 연계성

국가정보는 국방정보보다 상위의 개념이다. 이는 정치, 군사, 경제, 사회, 문화, 사이버, 인물 등과 같은 국가의 전만적인 부분을 포괄하는 총체적인 정보이다. 반면 국방정보는 적의 군사력, 의도 및 방책 등과 같은 군사적 차원의 정보를 중심으로 한다. 따라서 정치, 경제, 사회, 문화, 사이버 등과 같은 비군사분야에서 수집된 제반 첩보는 당연히 군사적 차원에서 해석되고 군사적 목적을 위해 활용된다. 따라서 국방정보의 전략정보 수준에서 비군사부문에 관한 첩보가 수집된다고 하더라도 이는 어디까지나 군사정보를 생산하기 위한 목적으로 수집되고, 분석, 활용된다.[386]

---

384 Ibid.

385 Ibid.

386 Ibid, 58=59.

물론 오늘날에는 특히 전시가 아닌 평시일 경우 국방정보와 국가정보간에 중첩되는 부분이 크고 구분의 모호성이 존재하기도 한다. 이는 오늘날 정치, 경제, 사회, 문화, 그리고 사이버 등의 비군사부문이 국방, 군사 부문에 미치는 영향이 증대했기 때문이다. 특히 인지전(cognitive warfare) 개념이 등장하면서 이 같은 국방정보와 국가정보 사이의 모호성은 증대하였다. 하지만 그럼에도 불구하고 어디까지나 국방정보는 전, 평시를 막론하고 군사활동과 적과의 전쟁수행 또는 그 수행 준비, 억제, 또는 대응과 관련된 활동이라는 점에서 국가정보와는 차별성을 가진다. 따라서 국방정보는 국가정보의 구성 부분으로 전쟁, 군사활동, 국방 등에 포커스가 맞추어진 정보활동으로 정의할 수 있을 것이다.[387]

적의 군사도발과 같은 조기경보와 위기상황 예측을 위해 평시에 위기징후목록(crisis indicator list)이 운용된다. 이는 정치, 경제, 군사, 사회 등 각 분야에서 이상한 징후를 포착하기 위해 다양한 목록을 지정하고 이러한 목록들에 대해 지속적으로 첩보를 수집하는 것이다. 물론 이 같은 전쟁 이전 상태에서의 활동은 전쟁이 시작되면 보다 단기간의 작전정보나 전술정보 활동에 더 치중하는 경향으로 바뀐다.[388] 한국의 경우 북한의 도발 가능성이 가장 최우선시 되는 위기징후에 해당한다. 따라서 북한의 핵, 미사일, 테러, 드론, 잠수함, 사이버 등과 관련된 한국에 대한 군사도발 가능성과 관련된 여러 위기징후들을 파악하는데 국방정보활동의 포커스가 맞추어져 있다.

여러 루트를 통해 생산된 국방정보는 서로 수집, 통합, 종합되어 '국가정보판단(NIEs: National Intelligence Estimates)'이라는 정보생산물을 만들어 내게 된다. 이는 국방정보를 다루는 여러 정보기관에 의해 수집되고 종합적으로 구성된 정보이다. 국가정보판단은 단순히 군사사항만이 포함되는 것이 아니라 정치, 경제, 사회 등 목표가 되는 국가나 집단에 대한 종합적인 사항들이 포함된다. 한편 시간이 촉박하거나 특정문제에 대한 전체적인 상황파악을 위한 필요로 인해 정보요구자가 요청할 시에 이를 충족하기 위해 '특별국가정보판단(SNIEs: Special National Intelli-

---

387 Ibid, 59.

388 Ibid.

gence Estimates)이 이루어지게 된다. 대개 이 같은 정보생산물은 각 정보기관이 독자적으로 하기도 하지만 정보기관들의 정보생산물을 협의를 통해 하나로 통합한 결과물을 생산하게 된다.[389]

국가정보와는 앞서 언급한대로 정보생산 사이클을 가진다. 먼저 정보요구가 제기되는 단계가 가장 선행한다. 이 같은 정보요구는 그 우선순위와 필요에 따라 '우선정보요구(PIR: Priority Information Request)', '첩보요구(IR: Information Request)', '국가정보목표 우선순위(PNIO: Priority of National Intelligence Objective)', '첩보요청(RFI: Request for Information)' 등이 있다. 정보요구가 제기되면 우선순위를 결정하여 PIR과 IR로 구분하고 이에 따라 첩보수집계획이 수립된다. 그리고 이 계획이 수립되면, 국가정보기관이 PNIO와 RFI에 의거하여 부문별 정보기관에 대해 정보수집을 요구하게 된다. 즉, 국가차원의 정보요구가 제기되면 국가정보목표 우선순위와 첩보요청에 따라 군사 분야 국방정보수집의 계획이 수립되고 정보활동이 시작된다.[390]

이 같은 정보수집은 평시와 전시에 따라 각기 다르게 시행된다. 평시에는 전략정보가 주 대상이며, 전시에는 작전 및 전술 정보가 주가 된다. 군사전략 정보요구는 MSIR(Military Strategic Intelligence Requirement)이라고 불린다. 평시 군사정보 수집요구는 국가정보기관의 국가정보목표 우선순위를 기초로 하여 국방부 장관이나 합참의장 등과 같은 군 수뇌부의 우선정보요구 및 첩보요구와 모든 군사정보 소요기관의 군사정보 요구를 종합하여 MSIR을 작성한다. 한국의 경우에는 국방정보본부가 미국은 국방정보부(DIA: Defense Intelligence Agency)가 이러한 임무를 수행한다.[391]

이 같은 정보, 첩보 수집요구가 수집활동기관 또는 부서에 시달되면 각 정보기관은 가용한 각종 정보수집자산을 동원하여 첩보수집활동을 전개하게 된다. 각 기관이 수집한 첩보는 최초 수립계획을 작성하고 명령을 시달한 군 정보기관에 보고

---

389 Ibid, 60.

390 Ibid, 60-61.

391 Ibid, 61.

되어 다음 단계인 '첩보처리 및 정보융합 단계'에서 기록(첩보요약/첩보종합), 평가(적합성/신뢰성/타당성), 해석(분석/종합/결론) 등의 각 단계들을 거쳐 정보로 생산된다. 최종적으로 국가정보기관 또는 상위의 정보공동체 컨트롤타워 또는 유관기관 등으로 전파되어 다른 분야의 정보와 통합되어 국가정보로 생성되게 된다. 이는 최종적으로 정보소요 제기자(즉 대통령 또는 수상)에게 전달된다.[392]

3 국방정보의 분류

국방정보는 앞서 언급한 대로 전략정보와 전투정보로 나눠진다. 이를 각각 구체적으로 살펴보면 다음과 같다.

1) 전략정보

전략정보는 군사부문과 비군사부문 정보를 모두 포함한다. 전략정보에 속하는 정보들은 ① 개인정보, ② 경제정보, ③ 사회정보, ④ 운송·통신정보, ⑤ 군사지리정보, ⑥ 군사정보, ⑦ 정치정보, ⑧ 과학·기술정보 등이 있다. 이 같은 8개 분야의 정보가 통합되어 전략정보를 이루며, 이는 국방정보의 상위차원인 국가정보와 유사하다. 이와 같은 각 유형별 정보들의 세부항목을 살펴보면 다음과 같다.[393]

개인신상정보는 개인성향, 이념적 특성, 인간관계, 행동특성, 건강상태 등에 관한 정보들을 포함한다. 주로 현재 혹은 미래의 주요인사, 인물들이 대상이 된다. 군정보기관이나 국가정보기관이 이를 주로 파악한다.[394]

392 Ibid, 62.

393 Ibid.

394 Ibid, 63.

경제정보는 각종 경제지표나 인적, 물적 자원 보유나 배분 현황 등이 대상이 된다. 특히 국가경제 상황과 국가 간 경제관계가 특별한 관심의 대상이다. 이는 대상국가의 총체적 전략 능력을 평가하고 군사력 증강과 현대화에 얼마만한 자원을 투입할 수 있는지를 판단하는데 각종 경제지표에 관한 정보가 매우 중요한 역할을 하기 때문이다. 경제정보는 중장기 위협판단을 위해 사용된다. 이는 인적자원이 동원능력과 물적자원 역량을 평가하여 적의 전쟁수행 능력 진빈을 파악할 수 있기 때문이다. 어떠한 잠재적 적의 의도에 대한 경고나 징후를 포착하는데도 경제정보가 활용된다. 이는 경제활동의 특이점이 적의 전쟁준비와 의도를 알려주기 때문이다. 전쟁을 준비하는데 전략물자 또는 전시물자의 비축 등과 같은 대비가 필수적이므로 이러한 동향의 탐지는 적의 전쟁의도를 파악할 수 있게 해준다. 또한 경제정보는 대상국가의 일반적인 경제상황을 평가하게 해주며, 경제제재와 봉쇄 등과 같은 경제전쟁을 수행하는데도 활용될 수 있다. 이 밖에 전략물자나 이중 용도기술의 확산, 그리고 대량살상무기의 확산을 차단하기 위한 목적 등으로 경제정보를 이용할 수도 있다.[395] 특히 오늘날 무기의 첨단화학기술화로 민간용 소재, 부품, 장비, 기술, 지식이 군사용의 그것들과 명확히 분리되지 않는 경향이 강해지고 있어 이 같은 경제정보의 국방정보에서의 중요성은 더욱 커지고 있다. 이의 대표적인 사례가 민수용 반도체 공급망, 정보통신, 위성, 로봇, IoT, 드론 등에 관한 기술들이다. 경제정보는 주로 외교부와 국가정보기관에서 생산된다.

사회정보는 인구조사자료, 사회적 특성, 여론 · 교육 · 종교, 복지 · 보건, 범죄 등에 대한 것들을 포함한다. 사회정보는 사회적 안정도를 평가하고, 체제유지 가능성을 전망하는데 활용된다. 또한 이는 선무작전이나 민사심리전을 수행하는데도 중요하다. 사회정보의 주생산기관은 외교 및 경제부처이다.[396]

운송 · 통신정보는 철도, 도로, 내수로, 항만, 공항, 원유 및 가스 파이프라인 등의 운용현황 및 시설물, 라디오, TV, 인터넷 연결망, 해저케이블, 위성, 언론 및 통신 시설물, 유 · 무선전화 연결망, 군 통신 등의 운용현황 및 시설물 등에 관한 정보

395 Ibid, 63.

396 Ibid, 64.

를 의미한다. 군사작전 측면에서 운송 · 통신 정보는 군사작전을 수립할 때 타격표적을 선정하는데 필요한 정보이다. 이 같은 대상에 대한 신속한 선제타격과 혼란, 사보타지의 야기는 적의 전쟁 동원능력과 지속능력에 결정적인 타격을 가할 수 있고 적과 적의 대중을 혼란에 빠뜨릴 수 있기 때문에 전쟁승리를 위한 매우 우호적인 조건을 만들어 낸다. 러시아-우크라이나 전쟁 초기 러시아의 우크라이나에 대한 키네틱 · 비키네틱 선도공격이 모두 이 운송, 통신 시설과 연결망에 집중되었던 사례는 운송 · 통신 정보의 중요성을 단적으로 보여주고 있다. 운송 · 통신 정보는 군 정보기관에서 주로 생산한다.[397]

군사지리정보는 자연지리정보, 인문지리정보 등으로 이루어진다. 자연지리정보는 위치, 규모, 형태, 경계, 기상 및 일기, 지형, 강수 및 배수, 식물의 분포, 지표면의 형태 등에 관한 정보를 포함한다. 인문지리정보는 주요 시설물의 위치와 특성, 교통, 물류 요충지, 정치 · 경제 · 사회 요충지에 관한 정보, 인구분포, 정치, 경제, 시설 등을 의미한다. 이는 전략목표를 설정하고 이를 달성하기 위한 경로를 결정하는데 도움이 된다. 이는 군 정보기관에서 생산한다.[398]

군사정보는 대상국가의 육, 해, 공군, 및 기타 군종을 포함한 전체 군에 관한 조직 · 행정, 인력, 전투서열, 군수물자 및 병참, 전략 및 방어 등의 세부항목들을 포함한다. 여기에는 현재의 군사력뿐만 아니라 잠재적 군사력도 포함된다. 조직 · 행정은 군 구조와 군의 일상적 기능의 제반 분야를 포함하는 정보이다. 여기서 가장 중요한 정보관심 분야는 적의 최고 사령관에서 일선 병사에까지 이르는 지휘통제체제(command and control)이다. 군의 배치에 대한 정보역시 중요하다. 이는 군사작전 수행을 위해서는 적국의 군 배치 현황 파악이 필수적이기 때문이다. 행정통제는 재정, 시설물 관리, 충원 및 동원을 포함한 인적 자원관리, 군 기강 및 사기 진작활동, 군사 간행물과 기타 기록보전 등이 포함된다. 이에 대한 정보역시 전쟁의 효과적 수행을 위해 필요하다. 인력에 관한 정보는 육체적, 정신적으로 가용한 인적자원이 얼마인지를 평가하는 정보이다. 이에는 단순한 인적자원의 수만이 아니라 징집

---

397 Ibid.

398 Ibid, 64-65.

제도, 신체적 조건, 복무기간, 예비역 제도 등도 주요관심대상이다. 오늘날에는 민간군사기업의 활성화에 따라 이에 대한 정보파악도 중요해지고 있다. 전투서열에 관한 정보는 군사정보에서 가장 기본적이고 전장, 전투 결과에 중요한 영향을 미친다. 전투서열분석은 적국의 군사태세를 평가하는데 가장 먼저 수행되며, 군사작전, 전력현대화, 정책결정, 목표설정, 기타 대비계획 분석과 같은 분야의 정보를 생산하고 분석하는데 이용된다. 또한 전투서열정보는 단순히 적국의 병력, 무기, 장비의 규모나 숫자만을 파악하는데 그치지 않으며, 이 같은 수가 조합되어 나타날 수 있는 영향이나 전략적 의미와 변화를 분석하고, 향후 상황변화를 예측하여 이에 대비한 작전계획이나 대책을 수립하는데 기여한다. 군수(logistics)는 병력과 물자의 이동, 철수, 보급을 의미한다. 전쟁에서 군수의 역할은 매우 중요하며 특히 현대전에서는 그 중요성이 더욱 커지고 있다. 적국에 대한 군수정보는 적국이 군사작전을 수립하는 과정에서 어떠한 군수문제에 직면하고 이를 극복하기 위한 어떤 대책을 가지고 있는지를 분석하고 판단하는 것이다. 특히 군수정보 중에 군수물자정보는 적국의 군수물자의 질(quality), 내구성(durability), 및 효과(effectiveness)에 관한 정보를 의미한다. 따라서 여기에는 상당한 기술적 전문성이 요구된다. 전략 및 방어정보는 적국의 국가차원의 의도, 목표와 능력, 방어대책을 평가하는 정보이다. 즉 적국이 가진 의도와 목표를 판단하고 이러한 의도와 목표를 달성하기 위해 적국이 발휘할 수 있는 능력과 전략 등에 대한 정보판단을 하는 공시에 적의 방어 대책에 대한 정보를 수집하는 것이 전략 및 방어 정보에 해당한다. 군사정보의 주 생산기관은 군 정보기관이다.[399]

정치정보는 정부의 기본원칙, 운용방식(체제특성, 적법성, 권력배분, 의사결정체계, 과정 등), 대외정책, 정당·이익집단·반국가단체 등에 관한 것들을 포함한다. 정치정보는 적국의 정치체제나 정치현황에 대한 정보를 의미한다. 이는 적국이 전략목표를 달성할 수 있는 국내적 기반이나 국제적 기반을 확보하고 있으며, 확보할 수 있는 가를 판단하는데 필요하다. 정치정보의 주 생산기관은 군 정보기관과 국가정

399 Ibid, 65-67.

보기관이다.[400]

과학 · 기술정보는 연구기관 · 조직, 연구 · 개발활동, 연구 · 개발예산, 연구 · 개발시설 등에 관한 것들을 포함한다. 최근 무기체계가 첨단화되고 대량살상무기의 확산 위험이 증가하고 있기 때문에 전반적인 과학 · 기술에 관한 정보수집과 분석의 필요성은 나날이 증대하고 있다. 특히 군사적 측면에서는 대상국가들이 어떠한 무기체계 개발을 위해 과학과 기술자원을 활용하고 있고, 개발계획을 추진하고 있는지를 평가하는 것이 중요하다. 과학기술정보의 주 생산기관은 군 정보기관과 국가정보기관이다.[401]

2) 전투정보

전투정보는 전투서열정보와 군사능력정보가 주축이 된다. 여기에 기후, 지형 등과 같은 단기 지리정보가 추가적으로 포함될 수 있다.

(1) 전투서열정보

전투정보의 핵심은 전투서열에 관한 정보와 군사능력에 관한 정보이다. 전투서열은 구성(composition), 배치(disposition), 병력(strength) 등 3개 분야로 구분된다. 구성은 군 조직에 관한 모든 요소를 의미하는데, 통상적으로 군이 가지고 있는 탱크, 야포, 함정, 잠수함, 항공기 등과 같은 군이 보유하고 있는 장비와 무기의 종류를 말한다. 배치는 평시에 각각의 부대가 어디에 배치되어 있는 가에 대한 위치정보를 말한다. 병력은 대형(military formation)을 의미하는 것으로 각각의 단위부대에 배치된 장비와 배치된 장비를 운용하는 배정된 인원의 수를 대상으로 한다. 오늘날 AI, 로봇과 같은 무인전투기기가 발전함에 따라 병력에 이 같은 무인전투기기의 수가 포함될 수 있다.[402]

---

400 Ibid, 67.

401 Ibid, 67-69.

402 Ibid, 69-71.

전투서열정보는 각 군별로 구성, 배치, 병력의 세 분야에 따라 추적하게 된다. 국가차원에서 이를 통합하여 운용하거나 각 군별 혹은 지역별로도 활용될 수 있다. 전투서열은 다시 지상군 전투서열(GOB: ground order of battle), 해군전투서열(NOB: naval order of battle), 공군전투서열(AOB: air order of battle), 방어미사일 및 방공전투서열(DMOB: defense missile order of battle, air defense order of battle), 전자전전투서열(EOB: electronic order of battle), 우주전투서열(SOB: space order of battle), 전략미사일전투서열(SMOB: strategic missile order fo battle) 등으로 세분화된다.[403] 이 가운데 전자전전투서열, 우주전투서열, 그리고 우주전투서열은 오늘날 첨단무기발달과 전장영역(war domain)의 확장추이와 관련이 있다. 따라서 이 같은 첨단 다영역전쟁(multi-domain war)을 수행할 역량을 갖춘 몇몇 강대국들에게만 해당된다. 여기에 더해 최근 들어 사이버전(cyberwarfare)과 인지전(cognitive warfare)이 새로운 전쟁영역으로 들어오면서 사이버전전투서열(COB: cyberwarfare order of battle) 인지전전투서열(COB: cognitive warfare order of battle)이 추가될 수 있다. 이 같은 경향은 미래에 점점 더 뚜렷해 질 것으로 전망된다. 이 같은 첨단다영역전쟁을 수행하기 위해 미국은 우주전을 수행하는 우주군(space force)과 사이버전을 수행하는 NSA(National Security Agency)와 사이버사령부(USCYBERCOMM: US Cyber Command), 인지전을 수행하는 FMIC(Foreign Malign Influence Center)를 설치하였다. 중국은 우주전, 사이버전, 전자전, 인지전을 수행하는 전략지원군(Strategic Support Force)을 설치하였다. 러시아는 우주전과 항공전을 통합한 항공우주군(ВКС: Воздушно-космические силы Россий ской Федерации)과 전략미사일을 운용하는 전략로켓군(Р В С Н: Ракетные вой ска стратегического назначения), 그리고 사이버전을 수행하는 사이버 부대와 정보총국(GRU)에서 운용하는 사이버 작전 부대들이 있다. 러시아의 사이버 군은 국가 차원에서 조직되어 있으며, 국가 안보와 정보 전쟁에 특화된 능력을 갖추고 있다.

403 Ibid, 71.

(2) 군사능력분석

이는 전쟁 혹은 전투에서의 승리나 목표물 파괴 등과 같은 특정한 목표를 달성하는 능력에 대한 분석이다. 이는 전력구조(force structure), 현대화(modernization), 전비태세(readiness), 그리고 지속성(sustainability)의 네 개로 이루어져 있다. 전력구조는 사단, 여단, 함대, 비행단 등과 같은 각각의 부대 구성단위의 병력, 규모, 구성을 의미한다. 현대화는 전반적인 전력, 단위부대, 무기체계와 장비의 첨단화 정도를 뜻한다. 전비태세는 전력, 단위부대, 무기체계와 장비가 이미 설정된 목표나 결과물을 달성하는데 차질이 없는지 그와 같은 역량이 갖추어져 있는지를 말한다. 지속성은 군사적 목표달성을 위해 작전을 일정한 수준과 기간 동안 지속할 수 있는 능력이다.[404]

군사능력분석은 군사전략, 작전, 그리고 전술로 구분된다. 전략적 군사능력은 적국의 군사능력에 기초한 징후와 조기경보와 적국의 지도자가 목표에 대한 보유하고 있는 실행의지를 파악하는데 중점을 둔다. 전투정보에서는 현재 대치하고 있는 적 부대의 작전능력분석과 전술능력분석을 위주로 정보를 구성한다. 작전능력분석은 적 단위부대 사이의 관계, 활동, 능력 등을 파악하는데 초점을 둔다. 전술능력분석은 현재 위치와 이동에 관한 정보를 확보하는 것이 특성이다. 작전능력분석과 전술능력분석은 기상, 지형, 적 전술 등에 관한 정보와 통합되어 하나의 전장지역정보(battlefield intelligence)로서 활용되어 작전을 수립하고 시행하는데 도움을 준다.[405]

전투정보의 경우 군사작전지역에 따라 운용을 달리할 수도 있고, 작전의 형태에 따라 운용과 체계를 달리하기도 한다. 예를 들어, 일반적인 지상전인가, 상륙작전인가, 적의 후방에서 실시되는 공정작전, 특수전, 또는 교란전인가, 적의 공습을 대상으로 한 방공작전인가 등에 따라 운용체계, 구성, 정보의 중점이 달라진다. 즉 이미 보유하고 있는 정보를 작전의 성격에 맞게 조합하거나 추가로 요구되는 정보를 확

---

404 Ibid.

405 Ibid, 71-72.

보하여 작전수행을 지원하도록 정보요구가 이루어지게 된다.[406]

4 국방정보의 사례: 북한

북한은 한국의 가장 주요한 적국이다. 따라서 여기서는 국방정보의 사례로 북한에 대한 주요 국방정보의 사안들을 살펴본다. 이는 국방정보를 이해하는데 도움이 될 것으로 기대한다.

북한은 과거부터 계속되는 한국의 안보위협이며 미래에도 이러한 상황은 지속될 것으로 판단된다. 현재 북한은 윤석열 정부 출범 이후 한국에 대해 군사적 강대강 전략을 고수하며 위협과 비난을 지속하고 있다. 2022년 북한이 '전승절'이라고 주장하는 한국전쟁 휴전협정일에 김정은은 윤석열 대통령의 실명을 거론하며 노골적으로 비난한 바 있다. 김여정은 2022년 8월 18일 담화에서 사실상 남북관계의 단절을 선언한 바 있다. 이후에도 북한 선전매체 '메아리'와 '통일신보' 등을 통해 윤석열 정부에 대한 비난을 지속하고 있다. 최근 윤석열 정부가 북한의 비핵화 조치에 상응해 단계적 경제지원을 한다는 내용의 '담대한 계획'을 발표하였을 때도 비판적인 태도를 보인 바 있다. 이에 더해, 2022년 9월 8일에는 김정은이 최고인민회의 시정연설과 핵교리 법제화 등을 통해 핵무기를 선제 공격수단으로 사용할 것임을 분명히 했다. 북한은 한국을 대상으로 사용할 전술핵무기를 사실상 실전배치 단계에 진입시킨 것으로 평가된다. 이와 관련하여 전문가들은 테러공격을 포함한 북한의 남한에 대한 국지도발 가능성을 높게 예측하고 있다.[407] 이를 입증하듯 2024년 1

406 Ibid, 73.

407 조한범, "핵교리 법제화와 북핵 대응의 질적 전환," Online Series CO 22-25, 2022년 9월 15일, 통일연구원; 『VOA』, "북한, 윤석열 정부 대북정책 잇단 비난… 전문가 "남북 강대강 국면 돌입 속 대남 도발 가능성," 2022. 08. 10. https://www.voakorea.com/a/6694085.html

월 5일에 북한은 서해 NLL 북방에서 약 2시간 동안 200여 발의 포격을 가했다. 이에 대응해 한국군은 연평도와 백령도 일대에서 400여 발로 대응사격을 실시했다.[408]

북한의 도발이 내포하는 국방안보 위협을 세 가지로 구분해서 살펴보면, ① 북한의 지속적인 핵능력 고도화 및 낮은 비핵화 가능성으로 인한 역내안보질서에 대한 위협, ② 핵무기 운반체계인 미사일 능력의 고도화와 관련된 대륙간탄도미사일(ICBM: Intercontinental Ballistic Missile), 잠수함발사탄도미사일(SLBM: Submarine-launched Ballistic Missile), 그리고 전술핵무기(TNW: Tactical Nuclear Weapon) 등이 초래하는 군사위협, 그리고 ③ 북한의 사이버 공격의 위협과 영향력 공작 또는 인지전의 위협 등이다. 이와 같은 위협들은 북한이 한국과 미국의 압도적인 경제력과 재래식 군사전력에 맞서 핵, 미사일, 그리고 사이버를 3축으로 한 비대칭전략을 구체화한 결과이다. 이와 같은 세 가지 위협을 구체적으로 살펴보면 다음과 같다.

첫째, 북한의 가장 큰 위협인 핵능력 고도화는 현실적으로 향후 지속될 것으로 판단되며, 비핵화 협상에 합의할 개연성은 매우 낮아 보인다. 이 때문에 북한의 고도화된 핵능력을 상수로 두고 미래 국방안보위협에 대응할 필요가 있어 보인다. 따라서 대북한 국방정보는 이에 초점을 맞추고 있고, 이 같은 기조는 앞으로도 지속될 것으로 보인다. 북한은 핵무장을 통한 국가체제안정과 이를 기반으로 한 미국세력의 한반도로부터의 축출, 그리고 대한국 적화통일이라는 전략적 목표를 국가출범 이후로 한 번도 포기한 적이 없다. 최근 2023년 12월 30일 열린 노동당 전원회의에서 김정은은 한국-북한의 관계를 '전쟁 중인 적대 국가'로 재정의하고 "남조선 전 영토를 평정하기 위한 준비에 박차를 가하라"며 사실상 무력 적화통일 준비를 지시했다. 김정은은 직접 "영토완정"이라는 표현을 사용하며 이를 강조했다.[409] 북한은 그와 같은 전략목표를 달성하기 위한 구체적이고 현실적인 수단으로서의 핵능력 확

---

408 노석조·양지호, "북 NLL 북방에 포격도발…연평도 주민 대피," 『조선일보』, 2024년 1월 5일.

409 강태화, "북 영토완정 도발 다음날…트럼프, 김정은 사진 올리며 한 말," 『중앙일보』, 2024년 1월 1일.

보와 고도화를 중단 없이 지속해왔다. 지난 2017년 이후 북한은 핵실험 모라토리움을 선언했지만 여전히 핵능력 증대를 위해 핵실험 준비와 소형 전술핵탄두 개발을 위한 미사일을 테스트하는 등 핵개발 및 핵무력 능력개발을 지속적으로 고도화해왔다.[410] 현재 고도의 핵능력을 갖춘 북한은 윤석열 한국 정부와 바이든 미국 정부의 대북한 핵포기 전략에 노골적인 불만을 드러내며 이에 맞서 핵실험의 재개, 미사일 발사 도발 등으로 맞서고 있다. 2022년 6월 미국 국무부 대변인은 북한의 7차 핵실험이 조만간 임박할 수 있다는 가능성을 시사하면서, 북한의 핵실험 의지가 매우 강력하다고 강조하였다.[411] 국정원은, 2022년 9월 28일 보도에 따르면, 북한의 7차 핵실험이 10월 16일에서 11월 7일 사이에 있을 가능성이 있다고 비공개 국회 정보위원회에서 밝힌바 있다.[412] 하지만 북한의 7차 핵실험은 2024년 1월 6일 현재까지 여전히 나타나지 않았다. 하지만 2024년에는 북한의 7차 핵실험이 있을 수 있다는 관측이 여전히 전문가들 사이에서 제기되고 있다.[413]

이런 북한의 핵위협에 대해서 미국 ODNI의 "2022년 미국 정보공동체 연례위협평가(Annual Threat Assessment of the U.S. Intelligence Community) 보고서"는 김정은은 핵무기와 대륙간탄도미사일(ICBM)들이 북한 전체주의와 독제체제를 지켜낼 수 있는 궁극적인 보장안(ultimate guarantor)이라고 여기고 있으며 시간이 지남에 따라 국제사회로부터 결국 핵무기 보유국으로서의 지위를 인정받게 될 것이라고 믿고 있다고 분석하였다. 또한 같은 보고서는 김정은이 자신들의 핵실험이 불러온 미국과 국제사회의 경제제제에 기인한 현재의 경제적 어려움과 코비드-19로 인한 보건위기 등은 김정은 체제를 전복시킬 만한 근본적인 문제는 되지 않을 것으로

---

410 『파이낸셜뉴스』, "미 전략사령부서 첫 북핵대책토론회…"북 핵능력 고도화에 우려"," 2020. 07. 21. https://www.fnnews.com/news/202207210022209548

411 『BBC News 코리아』, "국제사회 '북 핵실험 가능'...한미 '단호 대응' 시사," 2022. 06. 07. https://www.bbc.com/korean/news-61715049

412 주희연, "국정원 북 7차 핵실험, 10월 16일 ~ 11월 7일 가능성," 『조선일보』, 2022년 9월 28일.

413 리차드 김, "2024년 북한의 미래는?...7차 핵실험 가능성도," 『BBC NEWS 코리아』, 2023년 12월 29일.

판단하고 있다고 분석하였다. 이 밖에도 해당 보고서에 따르면, 김정은은 한국에 대한 전략적 영향력을 견지할 수 있는 수단으로서 핵능력을 획득할 확실한 목표를 갖고 있다.[414] 이와 같은 미국 ODNI 최근 분석에 따르면, 북한이 핵능력을 포기할 여지는 극히 낮으며, 따라서 상응하는 경제적 대가 또는 그 밖에 다른 어떤 수단도 북한을 비핵화 협상으로 불러들일 수 없다. 이 때문에 북한의 비핵화 협상은 사실상 불가능하며, 북한 핵능력과 핵위협을 상수로 설정하고 이에 대해 국방안보 대응을 모색하는 것이 보다 현실적이다.

이와 같은 평가를 뒷받침 하듯, 북한의 핵위협에 대해 미국 네브라스카 주 오마하에 있는 미 전략사령부에서 2022년 5월에 미국의 정보·군 당국 관계자들(ODNI, DIA)과 전문가들이 북한 핵위협에 대한 토론회를 열었다. 그동안 러시아와 중국의 핵위협에 대해서만 토론회를 개최했던 전략사령부가 북핵 위협에 대해 논의한 것은 그만큼 북핵 위협이 고도화하고 심각해졌다는 것을 반증한다. 또한 북한 핵위협을 사실상 실존하고 분명한 위협으로 받아들이기 시작했다는 사실의 방증이다.[415] 미 전략사령부의 토론에서는 단기간 내에는 북한의 핵 포기 가능성은 제로에 가깝다는 것, 한국과 미국의 양보를 얻어내기 위해 소형 핵을 실재로 사용할 가능성도 있다는 점, 그리고 북한의 비핵화를 이끌어 내는 것은 실제로 어렵고, 핵사용 억제가 정책 목표로 바뀌어야 하며, 이에 대한 고민이 필요하다는 내용 등이 제기되었다.

둘째, 완성된 핵능력과 연계하여, 북한은 핵무기의 운반체계인 미사일 능력의 고도화에 기반을 둔 ICBM, SLBM, 그리고 전술핵무기 등의 한국과 미국에 대한 비대칭 군사전력증강과 무기개발에 박차를 가하고 있다. 2021년 초 노동당 8차 대회에서 김정은은 우선적으로 개발할 새로운 무기체계를 선보였다. 핵추진잠수함(nuclear-powered submarine), 극초음속 활공체(hypersonic glide vehicles), 장거리 고체추진 미사일(long-range solid-propellant missiles), 다탄두각개목표재돌입체(multiple indecently targetable re-entry vehicle: MIRV) 등이다. 이와 같은 무기의 개발은 장기간에 걸치는 것이지만 김정은의 북한 군사전력 및 무기체계의 증강

---

414 BBC News, "국제사회 '북 핵실험 가능'…한미 '단호 대응' 시사."

415 Ibid.

과 발전을 위한 의지를 보여주는 차원에서 매우 위협적이다. 북한의 2023년 11월 23일 정찰위성발사 성공과 위성보유국 선언은 이 같은 미사일 발사체의 운용을 위해 필요한 지원-연계 체계를 확보했다는데 의의가 있다.[416] 북한은 이 같은 차원에서 앞으로도 군사위성개발과 발사, 운용은 지속할 것으로 예상되며, 이는 북한의 핵무력완성, 핵무기 운반체계 발전과 함께 가는 북한의 군사능력 증강노력의 핵심 구성요소가 될 것이다.

특히 MIRV의 경우 북한이 ICBM과 SLBM을 개발한 뒤 개발하는 것이라서 북한의 MIRV 능력은 거의 완성단계인 것으로 평가할 수 있다. 북한은 지난 2022년 5월 4일에 평양 순안 일대에서 동해상으로 탄도 미사일 1발을 발사했다. 해당 발사에 대해 전문가들은 신형 ICBM인 화성-17형에 이 MIRV 기술 검증시험을 했을 것으로 보았다.[417] 북한이 MIRV를 확보했을 경우 북한의 핵 강국 이미지 제고에 도움이 되고 적국의 탄도미사일요격 시스템의 효율성을 떨어뜨려 미국의 미사일 방어(MD)에 대한 북한의 대응능력이 향상될 것으로 판단된다. 일반적으로 MIRV 능력을 확보해야만 ICBM 능력이 완성된 것으로 보는데 북한은 이를 염두에 두고 있는 것으로 보인다. 북한이 이와 같은 무기체계를 확보한다면, 궁극적으로 북한의 대미 협상력이 제고될 뿐만 아니라 미국에 대한 핵억제능력을 북한이 갖게 된다. 이 경우 북한의 한국에 대한 군사적 침공 또는 국지적 도발이나 테러공격, 국내정치 개입 공작 등과 같은 여러 형태의 도발에 대해 대북 억제력에 균열이 발생하게 되어 한국의 국방안보와 한반도 평화에 큰 위협이 된다.

이 외에도 김정은은 미국 본토와 한국을 공격할 수 있는 다양한 수준의 무기체계를 지속적으로 시험, 개발하면서 군사전력 증강과 무력도발을 이어오고 있다. 이와 같은 무기체계에는 단거리탄도미사일(Short-range ballistic missiles: SRBM), 순항미사일(Cruise missiles), 잠수함발사탄도미사일(Submarine-launched ballistic

---

416 김덕훈, "북한 정찰위성 발사 성공…3번 시도 끝에 위성 보유 선언?," 『KBS뉴스』, 2023년 11월 23일.

417 『뉴스핌』, "북한 4일 쏜 탄도미사일, '화성-17형' 다탄두(MIRV) 기술검증 목적," 2022. 05. 05. https://www.newspim.com/news/view/20220505000040

missile: SLBM), 극초음속활공비행체(Hypersonic Glide Vehicle: HGV) 등이 포함된다. 이 가운데 특히 북한은 2022년 1월 5일에 HGV의 형상설계를 실험한 것으로 파악된다.[418] 이 외에도 미국 정보당국의 보고서는 북한의 화학무기와 생물학무기들의 위협이 상존하고 있음을 경고한다. 해당 보고서는 이러한 무기들은 북한이 전쟁 시에 사용할 가능성이 높다고 분석하였다.

한편 북한의 핵능력과 핵무기 투발수단 고도화는 북한의 사이버전 및 인지전 역량과 깊이 연계되며, 통합적 위협을 초래할 수 있다. 먼저 북한 핵무기는 EMP(Elector Magnetic Pulse) 공격의 수단으로도 사용되어 한국의 사이버 및 정보통신 시스템을 파괴할 수 있다. 북한의 EMP탄은 한국의 전략지휘통제 · 통신체계와 정보통신망, SCADA에 의해 운용되는 전략, 전기, 수도, 가스, 보건, 교통, 물류, 발전소 등 핵심기반시설을 마비시키거나 파괴시킬 수 있다. 이는 평시에도 국가적 안보위협이 되지만, 전시에는 그야말로 치명적인 위협이 된다. 또한, 북한의 핵실험, 미사일 도발 등은 그 자체로 인지전의 수행 수단이 된다. 핵무기는 다른 무기와는 달리 실제 사용도 위협적이지만 사용될 것이라는 두려움은 적의 지도부와 대중, 그리고 제3국에 대한 인지적인 영향력도 매우 크다. 핵무기의 사용 위협과 실제 사용은 다른 성격을 가지는데 전자는 특히 적의 지휘부의 판단, 결심, 행동에 영향을 미치는 동시에 적의 대중과 해외 여론에 영향을 미치는 인지전 수행의 이상적인 수단이 된다. 북한의 잇따른 핵무기 도발과 러시아-우크라이나 전쟁에서 푸틴의 지속적인 핵 사용 경고등은 이와 같은 인지전의 수행이라는 측면에서 들여다 볼 필요가 있다. 인지전의 주요한 전략 목표는 적의 지도부와 대중을 분열시키고 적에게 위기감, 공포를 조장함으로서 적 내부의 분열과 갈등, 반복, 대립을 극대화하는 것이다. 이 때문에 북한 핵이 인지전의 수단으로 한국 사회에 정보심리적 영향을 미치는 측면에 대해서도 들여다볼 필요가 있다.

핵무기를 기반으로 한 북한 군사력 강화는 또한 북한의 대한국 국지도발과 테러공격의 위험도 높인다. 핵 무력 보유로 한국과 미국의 전면공격을 받을 위험으로

---

418 『매일경제』, "전문가 "북, 극초음속 활공체 원뿔형 설계 시험"…군 주장 반박," 2022. 01. 10. https://www.mk.co.kr/news/politics/view/2022/01/27133/

부터 벗어나 체제의 안정성이 확보되었다고 북한이 판단할 경우 북한은 보다 공세적인 도발로 태세를 전환할 수 있다. 북한이 비교적 대한국 군사력 우위에 있다고 판단했던 1960-1980년대에 한국에 대한 게릴라 도발과 테러공격이 집중되었다는 점을 복기해보면 이와 같은 위협에 대해 한국의 정부 및 군 당국은 선제적으로 고민할 필요가 있다.

셋째, 북한의 사이버 능력 고도화로 인한 사이버 기술 공격과 인지전의 위협 등도 주요한 국방안보의 위협에 해당한다. 이와 같은 위협은 사이버 스파이활동, 사이버 범죄, 사이버 기술공격, 그리고 사이버 공간을 통한 국내 여론과 대중들에 대한 영향력 공작, 선거개입 등을 포함한다. 북한의 사이버 위협수준에 대해 ODNI의 "미국 정보공동체 연례위협평가(Annual Threat Assessment of the U.S. Intelligence Community) 보고서"는 "평양은 미국의 일부 중요기간시설과 네트워크 그리고 비지니스 네트워크에 일시적이고, 제한적인 와해를 야기할 수 있는 전문적인 능력을 갖추고 있을 것으로 평가된다"[419]라고 명시하여 러시아와 중국에 이은 중요한 사이버 공격 위협요인으로 평가하였다. 2021년 2월 17일, 바이든 행정부의 네드 프라이스(Ned Price) 국무부 대변인은 핵·탄도 미사일 못지않게 북한의 사이버 활동을 주시하고 있으며 대북 정책 검토에 있어서도 북한의 사이버 능력을 총체적으로 포함할 것이라고 언급하였다. 미 공군장관 지명자 프랭크 켄달(Frank Kendall)은 2021년 5월 25일에 북한의 사이버 능력이 미국 우주안보에 대한 위협이 될 수 있다는 의견서를 상원 인준전서면답변으로 제출하였다.[420] 이와 같은 북한의 사이버 공격 능력에 대한 인식에 따라 미국은 바이든 정부의 출범이후 북한의 사이버 위협에 대한 대응을 강화하고 있다.

북한은 김정은 정권 출범직후부터 핵, 미사일과 함께 사이버전 역량을 주요한 비대칭 전력의 한 축으로 인식하고 꾸준히 사이버 공격과 전쟁, 스파이활동, 및 범죄 능력을 강화해오고 있다. 북한은 정찰총국과 같은 정보당국이 지휘·감독하는 것으로 추정되는 사이버 해커조직들을 다수 활용하여 한국과 미국은 물론 전 세계

---

419 ODNI, "2021 Annual Threat Assessment," (2022), 17.

420 김보미·오일석, "김정은 시대 북한의 사이버위협과 주요국 대응," 1.

를 대상으로 정치적 · 경제적 목적을 위해 사이버 활동을 수행해오고 있다. 이와 같은 활동에는 암호화폐와 외화를 탈취해 대북경제제재를 회피하여 핵과 미사일 능력 강화를 위한 자금을 확보하고, 각국의 정부, 군, 방위산업체, 에너지 관련 연구소 등에 대한 사이버 공격을 통해 주요 기밀정보를 탈취하는 등의 것들이 포함된다.[421]

북한의 사이버 공격은 한국에게 가장 큰 위협이다.[422] 반면 한국은 북한의 낮은 정보화 수준 때문에 북한을 목표로 사이버 공격을 효과적으로 수행하기 매우 어렵다. 이 때문에 한국과 북한의 사이버 전력은 비대칭적인 속성을 가진다.[423] 북한의 사이버 전력은 전면전 상황에서의 사이버전 대비, 핵무기와 무기체계 고도화를 위한 국방기술 탈취, 대남공작 수행, 외화벌이, 최고 존엄 모독에 보복 등 다목적으로 한국을 상대로 활용될 수 있다.[424] 이제까지 한국은 북한의 북한 정보당국이 운용하는 다수의 사이버 해킹조직의 정치, 군사, 첨단과학기술, 외교안보, 개인정보 등 기밀유출부터 금융기관과 주요 기업들에 대한 다양한 사이버 공격과 암호화폐거래소에 대한 해킹까지 다양한 스파이 활동과 범죄 활동의 표적이 되어 왔다.

특히 북한은 최근 들어 사이버 공격 행위에 매우 적극적인 것으로 알려져 있다. 북한 핵도발로 인한 국제사회의 대북경제제재와 코비드-19 봉쇄, 그리고 계속되는 핵과 미사일 개발 소요 등으로 인해 외화가 절실하게 필요해진 북한이 자금 조달을 위해 사이버 해킹과 절도에 몰두한 것이 최근 북한 발 해킹과 사이버 범죄 증가에 기여하였다. 2021년 한 해에만 북한 해커들이 암호화폐플랫폼(cryptocurrency platforms)에 대해 최소 7번 공격하여 약 4억 달러 가치의 디지털 자산을 훔쳤다. 이와 같은 공격의 대부분은 라자루스(Lazarus)라고 불리는 해킹 그룹에 의해 실행되었으며, 이 그룹은 북한의 핵심 군 정보기관인 정찰총국(Reconnaissance General Bureau)에 의해 통제된다.[425] 미국 ODNI의 '2021년 연례 위협 평가(2021 Annual

---

421 Ibid, 2.

422 앞선 북한의 사이버 활동과 북한의 위협에 대한 내용 참고하시오.

423 채재병, "국내외 사이버안보 환경의 변화와 한국의 대응," 국가안보전략연구원 (2020), 1.

424 김보미 · 오일석, "김정은 시대 북한의 사이버위협과 주요국 대응," 3.

425 *BBC News*, "North Korea hackers stole $400m of cryptocurrency in 2021, report

Threat Assessment)'에 따르면, 북한의 사이버 스파이, 사이버 절도, 그리고 사이버 공격 위협은 매우 증대되고 있으며, 특히 북한은 핵과 미사일 개발을 위한 자금 조달을 위해 전세계 금융 기관들과 암호화폐거래소에 대한 사이버 절도에 주력한다. 북한과 관련된 주요한 해커조직들로는 라자루스 그룹(Lazarus Group), APT 38, 블루노르프(BlueNoroff), 스타더스트 천리마(Stardust Chollima) 등이 있다.[426]

5 국방정보체계의 비교분석

주요 각국의 국방정보체계와 관련된 자세한 사항은 다음에 이어질 별도의 장에서 국가정보체계와 함께 다룬다. 따라서 여기에서는 단지 국방정보체계에 관한 간략한 사항들만을 제시한다.

1) 한국의 국방정보체계

한국의 군사정보의 핵심기관은 국방정보본부(DIA: Defense Intelligence Agency)이다. 이는 국방부에 속하는 국방부 직할 부대로 한국군의 군사정보기관이다. 해당 기관은 국방 정보 및 군사 정보 수집, 분석, 평가, 제공 등의 임무를 수행한다. 구체적으로 국방정보본부는 주로 다음과 같은 임무를 수행한다. ① 정보 수집: 국방정보본부는 국방 및 안보와 관련된 정보를 다양한 수단을 통해 수집한다. 이는 국내외의 정보를 종합하여 안보 분야에서의 전략적인 판단을 가능하게 한다. ② 정보 분석 및 평가: 수집한 정보를 분석하고 평가하여 국방 활동에 필요한 정확하고 신

says," 14 January 2022, https://www.bbc.com/news/business-59990477

426 An official website of the United States government, "North Korea Cyber Threat Overview and Advisories," CISA, Department of Homeland Security, the US, https://www.cisa.gov/uscert/northkorea

속한 정보를 제공한다. 국방정보본부는 국가 안보를 위해 예측력 있는 정보를 생성하고자 노력한다. ③ 정보 제공: 수집하고 분석한 정보를 다양한 국방 및 정부 기관에 제공하여 국방정책 수립 및 운영에 활용될 수 있도록 한다. ④ 사이버 안보 및 정보보호: 최근에는 사이버 공격에 대비하여 사이버 안보와 정보보호 역시 중요한 임무로 꼽힌다. 국방정보본부는 국방시스템과 네트워크의 안전성을 유지하고 사이버 위협에 대응한다.[427]

국방정보본부는 종합상황실을 운영하고 있으며, 국가정보기관인 국정원, 한미연합사 정보기관(또는 부서), 다른 관련 국방정보기관, 그리고 미국 등 주요 동맹국 국방관련 정보기관들과 협력한다. 국방정보본부 종합상황실 예하에 지상군 각 군사령부 정보종합상황실, 해군작전사령부 정보종합실, 공군작전사령부 정보부, 해병대사령부 정보종합실, 합동군부대 정보종합실 등이 설치되어 운용되고 이들로부터의 국방정보들을 취합·통합하고 분석한다.[428]

국방정보본부 예하에는 또한 국군정보사령부와 777사령부가 설치, 운용되고 있다. 국군정보사령부는 국방부의 직할 기관으로 국방정보본부에 의해 제기된 첩보수집계획에 기초하여 첩보수집활동을 시행하고 초기 정보분석을 실시한다. 777사령부는 속칭 '쓰리세븐부대'로 불리며 통신감청을 통한 대북첩보를 수집하며 극도의 보안을 유지하고 있다. 이는 전자전 임무를 수행하는데 미국의 NSA에 비견된다. NSA는 한국에 SUSLAK(Special U.S. Liaison Advisor-Korea)으로 알려진 거점을 갖추고 777 부대와 함께 일하는 것으로 알려져 있다.

사이버작전사령부(Cyber Operations Command) 역시 국방정보기관으로 분류된다. 777 부대가 전자전을 수행하는데 비해 사이버작전사령부는 사이버전 임무를 수행한다. 미국의 경우 NSA가 전자전과 사이버전을 모두 수행하는 통합기관으로 운용되는데 비해 한국은 이 둘이 나뉘어져 있다. 전자전과 사이버전의 구분이 사라지고 하나로 통합되어 가는 오늘날과 미래의 기술발전과 정보통신환경을 고려할 때 이 같은 한국 국방정보체계의 문제는 극복될 필요가 있다. 참고로 중국의 전략지원

427 최강, "국방정보론," 73-74.

428 Ibid, 75.

군 역시 사이버전과 전자전을 통합수행하며 여기에 더해 우주전과 인지전까지 통합수행한다. 사이버작전사령부는 국방부 직할 기능 사령부이다. 이는 북한의 전략 사이버 사령부에 대한 대응 기관으로서의 성격도 갖는다.

한편 국군방첩사령부(DCC: Defense Counterintelligence Command)는 국방부 직할 기능사령부로 군의 방첩 및 보안을 핵심 임무로 하는 군 정보기관이다. 방첩사령부는 육군본부 정보부 특별조사과, 해군본부 정보참모실 방첩대, 공군의 특별조사대를 기원으로 한다. 이후 육군은 보안사령부로, 해·공군은 보안부대로 각기 발전하였다가 1970년 10월에 3군 조직을 통합하여 국군보안사령부가 창설되었다. 이후 1991년 국군기무사령부로 명칭이 변경되었다. 이는 전임 문재인 정부시기 다시 군사안보지원사령부로 명칭이 변경되었다. 윤석열 정부 출범 이후 2022년 11월 1일 다시 설립취지인 방첩기능강화의 일환으로 부대명칭을 국군방첩사령부로 변경하였다. 약칭은 방첩사로 불린다.[429]

2) 해외의 국방정보체계

미국은 전 세계에서 가장 다양하고 발전된 국방정보체계를 운용하고 있다. 미국의 국방정보체계의 핵심기관은 국방정보국(DIA: Defense Intelligence Agency)이다. 국방정보국은 현 정보수집과 상황평가, 그리고 작전지원을 주 임무로 하는 현황정보국(Directorate for Current Intelligence), 중·장기 정보임무를 수행하는 해외정보국(Directorate for Foreign Intelligence), 해외 파견된 무관들의 활동을 지원하고 이들의 보고서를 접수하는 해외무관국(Directorate for Defense Attache), 정보본부의 운영을 담당하는 운영국(Directorate for Operations) 등으로 구성되어 있다.[430]

국가안보국(NSA) 역시 국방부 산하 정보기관이다. 이는 통신정보(SIGINT)와 사이버 정보(Cyber Intel.)를 수집, 분석하는 기관이다. NSA는 산하에 육, 해, 공군의 정보부대를 거느리고 있다. 1968년 북한에 납치된 정보수집선 푸에블로(Pueblo)호

429 Ibid.

430 Ibid, 76.

도 NSA가 운용하던 것이었다. 미국은 중국, 러시아, 북한, 이란 등 적대 국가들에 대한 정보활동뿐만 아니라 한국을 포함한 대우방국 정보활동도 수행한다.[431] 이는 스노든 문건을 통해 알려졌다. 미국의 국가안보국(NSA)이 뉴욕의 한국 유엔대표부에 대해 도감청을 했다는 사실이 공개되었다. 2013년 세계무역기구 선거 당시 뉴질랜드 정보기관인 정부통신안보국(GCSB)이 미국 NSA가 개발한 도·감청 프로그램인 '프리즘'을 이용해 한국 후보자의 정보를 도·감청한 사실도 알려졌다.[432] 이와 같은 UN등 국제기구에서 각국의 정보기관의 정보수집 및 도·감청이 활발하게 이루어지고 있는 것은 스노든 폭로와는 별도로 널리 알려져 있었다.[433] 한편 스노든이 폭로한 NSA 활동내용을 살펴보면 NSA가 한국의 정보활동을 지원하기 위해 자금을 건넨 사실도 드러난다.[434] 이는 미국이 북한과 중국 등의 위협세력에 대해 공동의 관심사를 가지고 있는 한국의 정보활동을 지원하였다는 의미이다. 한편 NSA의 TAO(특수목적접근작전)팀은 사이버 정보활동을 수행하는 최고 수준의 엘리트 요원들로 이루어진 것으로 알려져 있다. 이 가운데서도 엘리트 중의 엘리트가 모인 그룹은 '원격작전센터(ROC: Remote Operations Center)'로 불린다. ROC는 포트미드, 콜로라도, 조지아, 텍사스, 하와이 등에 지부를 두고 활동한다. NSA 기밀 예산문서에 따르면, 2013년도 회계연도에 ROC은 전 세계 컴퓨터 네트워크로 침입해 들어가는 활동에 지출한 6억 5170만 달러를 승인받았다.[435] 미국의 민간 기업들이 정보통신부문 하드웨어나 부품, 장비, 소프트웨어 등을 제작할 때 설계 단계부터 NSA가 개입하여 미리 백도어를 심어두고 제품을 생산하여 전세계에 유통, 판매한다고

---

431 Ibid, 76-77.

432 한겨레, "[단독] NSA 내부고발자 "NSA, 한국 어디든 도·감청 가능," 2015. 11. 11. https://www.hani.co.kr/arti/PRINT/717076.html

433 스노든이 폭로한 내용에는 미국의 NSA가 중국에 수출되는 시스코의 인터넷 라우터에 백도어를 만들어서 수출하여 중국에 대한 도·감청을 한 사실도 알려져 있다. 이러한 방식이 국내에도 적용되었을 가능성을 전혀 배제할 수는 없다. 그러나 스노든의 보고서에 특별한 내용이 담겨있지 않아서 확신할 수 없다. 또한 미국과 대한민국의 특별한 관계가 정보기관에서도 형성되어 있다.

434 Ibid.

435 해리스, 『보이지 않는 전쟁 @ WAR』, 53, 116, 136, 142, 210.

알려져 있다. 이는 NSA의 전방위적 사이버 정보활동을 가능하게 하는 기반이 된다. 특히 미국은 최근 기존의 사이버 안보전략개념을 공격에 대한 예방과 대응, 그리고 회복에서 적극적인 사전 수색-정찰(search-reconnaissance)을 통한 선제적 예방적 타격(preemptive strike)으로 바꾸었다. 이는 미리 사전에 적극적으로 사이버 공간 상에서 수색-정찰을 공세적으로 전개하여 타깃의 취약점을 파악하고 선제적으로 타격하겠다는 개념이다. 이와 같은 변화된 전략개념에 따라 미리 심어둔 백도어를 사용하여 미국은 정보기관과 민간 기업을 통해 전방위적인 사이버 정보활동을 실행하고 있다. NSA는 이 같은 사이버 정보활동의 최선도 기관이다.

국가정찰국(NRO: National Reconnaissance Office)은 주로 첩보위성을 사용하여 영상정보(IMINT)를 담당하는 기관이다. 국방부 정보기관들 가운데 1992년까지 미 정부가 그 존재조차 인정하려하지 않았던 최고 수준의 기밀을 유지한다. 이 기관은 미국의 정찰위성을 관리하는 것으로 알려져 있으며 여전히 자세한 사항들은 기밀에 부쳐져 있다. 이외에도 미국의 국방부 소속 정보기관들은 다수가 있다. 이에 대한 자세한 사항은 다음 장에서 미국의 국가정보기관에 대한 논의에서 자세히 다룰 것이다.

미국 이외에도 영국, 프랑스, 독일, 오스트레일리아, 러시아, 중국 등 세계 거의 모든 국가들은 국가정보기관이외에도 국방정보체계 또는 군 정보기관들을 보유하고 운용하고 있다. 국가정보기관과 군사정보기관들은 국가들마다 그 위상과 권한 등이 다르지만 대체로 경쟁관계이면서 동시에 상호협력하고 보완하는 관계에 있다. 러시아의 사례와 같이 경우에 따라서는 군 정보기관들이 국가정보기관 못지않은 역량과 권한, 규모를 갖추고 있는 경우도 있다.

정보시스템과 정보기관들

IX 정보시스템과 정보기관들

앞서 언급한대로 이 장에서는 미국, 영국, 오스트레일리아 등 해외 각국들의 정보시스템과 정보기관들을 살펴본다. 또한 한국의 정보시스템과 정보기관들도 살펴본다. 이 장에서 다루는 내용들은 정보시스템이 어떻게 구축, 운용되고 있는지, 그리고 각각의 정보기관들이 한 국가의 전반적인 정보시스템에 어떻게 배치되고 서로 연계되어 있는지에 대한 아이디어들을 줄 수 있을 것이다. 이 같은 정보시스템과 정보기관들의 구조와 기능, 역할 등에 대한 지식들은 정보활동에 대한 이해를 넓히는 데 도움이 될 것이다.

1 미국

1) 미국의 정보공동체

미국은 정보기관들을 모두 싸잡아 정보공동체(IC: Intelligence Community)라고 부른다. 이 정보공동체라는 이름은 미국 정보기관에 대한 공식 용어는 아니지만 그럼에도 불구하고 이 명칭은 미국 정보기관들을 부르는데 흔히 사용된다. 미국의 정보공동체에는 국가정보기관(national intelligence agency)과 부문정보기관

(departmental intelligence agency)이 함께 포함된다. 국가정보와 부문정보를 구분하는 기준은 정보의 최종 소비자의 수준이다. 국가정보는 국가 최고정책결정권자(즉 대통령)에게 제공되는 국방·외교·경제 등에 관한 국가정책수립과 국가 안보와 이익을 수호하는 데 필요한 국·내외 정보들이다. 이는 종합적이고 높은 수준의 전략적 정보에 해당한다. 부문정보는 외교·국방·경제·환경 등 특정 정부부처의 필요와 요구에 의해 생산되는 정보이다. 주로 각 부처의 수장(즉 장관)이 정보의 최종 소비자이다. 하지만 이는 궁극적으로 해당 부처의 수당을 거쳐 국가최고정책결정권자(즉 대통령)에게 전달된다. 부문정보는 특정 정보수요에 따라 국내나 국외에 한정될 수도 있고 국·내외 정보를 함께 포함하기도 한다.[436]

미국의 정보공동체는 러시아와 함께 세계에서 가장 큰 규모로 운용되며, 막대한 영향력을 발휘한다. 미국의 정보공동체와 정보시스템은 매우 복잡한 형태를 띤다. 미국의 정보공동체들이 현재와 같은 복잡한 모습을 띠게 된 이유는 정보공동체에 속하는 각각의 기관들이 애초에 종합적이고 장기적인 매스터 플랜에 따라 만들어진 것이 아니라 그때그때 필요와 사정에 따라 설립되고 운용되었기 때문이다.[437] 따라서 미국의 정보공동체는 현실적으로 각 기관 간 업무의 목적과 성격이 서로 중첩되며, 방대하고, 때로는 서로간의 정보 생산의 비효율성이 나타나며, 정보기관들 간의 경쟁과 폐쇄성으로 인해 기관 간 정보공유에 문제점이 나타나기도 한다.

이러한 정보공동체 내부의 문제점이 가장 크게 들어나게 된 사례가 9.11테러이다. 이 사건은 동시에 그와 같은 문제점들을 극복하기 위해 미국 정보공동체의 혁신을 가져오게 된 결정적 계기가 되었다. 9.11 테러를 미연에 방지하지 못한 것은 최근 미국 역사에서 정보공동체의 가장 큰 정보실패 사례로 꼽힌다. 이와 함께 9.11 테러 직후 이라크 침공의 구실이 되었던 이라크의 대량살상무기 생산시설의 존재여부에 대한 정보실패도 대표적인 사례로 지목된다.[438] 이 두 사건 이후 미국

---

436 전웅, 『현대 국가정보학』, (서울: 박영사, 2015), 10.

437 Ibid.

438 C. J. Ⅲ. Jensen, D. H. McElreath, and M. Graves, *Introduction to Intelligence Studies*. (2nd ed.)., (New York: Routledge Taylor & Francis Group, 2018).

의 정보공동체에 대한 개혁 드라이브가 거세게 일어났다. 이에 따라, 2004년 조지 부시(George W. Bush) 대통령이 "정보개혁 및 테러방지(Intelligence Reform and Terrorism Prevention Act: IRTPA)" 법안에 서명하고, 9.11 위원회의 권고사항을 상당 부분 수용하여 오늘날 다수의 정보기관들로 이루어진 미국 정보공동체의 모습과 시스템이 자리 잡게 되었다.

이 법안 이후, 새로 나타난 미국 정보공동체의 가장 큰 변화는 기존의 정보공동체의 수장 역할을 하던 DCI(Director of Central Intelligence)를 대체하는 내각수준의 정보공동체 수장으로 DNI(Director of National Intelligence)라는 국가정보장의 지위를 신설한 것이다. 이와 함께, 정보기관들에 대한 의회 감독기능을 강화하였다. 새롭게 신설된 정보공동체 수장인 DNI에게 요구된 가장 중요한 2가지 책임들은 ① 미국 정부 및 정보기관들을 모두 아우르는 국가안보에 관한 특정 관심 주제들에 대한 정보활동을 수행하는 국가정보센터들(즉 컨트롤타워들)을 감독하는 것과, ② 예산 집행권을 활용하여 국가정보프로그램을 운영하고 프로그램에 참여하는 기관들에 대한 감독을 수행하는 것이다.[439]

이에 따라 DNI는 다음과 같은 특정 주제에 대한 5개의 국가정보센터들을 운용하고 있다. 그것들은 국가대테러센터(NCTC: National Counterterrorism Center), 국가방첩보안센터(NCSC: National Counterintelligence and Security Center), 국가반확산바이오보안센터(NCBC: National Counterproliferation and Biosecurity Center), 사이버위협정보통합센터(CTIIC: Cyber Threat Intelligence Integration Center), 그리고 해외악성영향력센터(FMIC: Foreign Malign Influence Center)이다. 이들 센터들은 각각의 임무범위 내에서 국가정보를 통합관리 컨트롤하는 국가정보관리자(NIMs: National Intelligence Managers)의 기능과 역할을 수행한다.

또한 DNI는 각 정보공동체 구성기관들이 생산한 정보들에 대해 정보통합과 통합분석의 기능을 수행한다. 이를 통해 통합 정보생산물을 만들어낸다. 또한 통합정

---

439 R. A. Best Jr., "Leadership of the U.S. intelligence community: From DCI to DNI," *International Journal of Intelligence and CounterIntelligence*, 27(2) (2014), 253-333, 310.

보전략을 설계하고 정보통합과 정보활동 목적을 달성하기 위한 우선순위를 지정하고 이를 각 정보공동체 구성 기관들과 소통하며 이들 기관들을 이끌고 감독한다.[440] 이외에도 DNI는 대통령의 가장 핵심적 정책조언자로서의 역할을 수행한다.

이와 같은 정보공동체의 강력한 컨트롤타워로서의 지위는 오랫동안 CIA에 속한 DCI에게는 주어지지 못했던 것이었다. 기존 정보공동체 구성기관들의 상위기관으로 별도의 DNI를 설치한 것은 미국 정보공동체의 기관 간 횡적 연대를 강화하여 정보의 통합과 활용도를 높이려는 취지였다. 이에 따라 DNI에 강력한 리더십이 부여되었는데 그 대표적인 사례로는 DNI가 주요 정보기관의 수장들의 후보선정을 허가하고 대통령에게 제출하는 권한을 갖게 된 것이다.[441]

미국의 정보공동체는 단지 상위의 DNI와 정보공동체 구성기관들에서만 멈추지 않는다. 이는 미국 전역과 해외에 각종 지방정부와 민간정보회사, 민간기업 등에까지 실핏줄처럼 폭넓게 그리고 촘촘하게 뻗어 있다. 그리고 이에 대한 개혁은 여전히 현재진행형이다. 지난 20여 년 동안 미국에서는 연방정부에 의해 운영되는 정보공동체 외에도 주, 지역, 시(state, local, municipal) 단위의 지방정부단위의 경찰, 정보부서, 그리고 민간의 정보회사(private intelligence companies)와 메타, 마이크로소프트, 구글 등 정보통신분야 민간 기업들과 멘디언트, 크라우드스트라이크 등 민간 사이버보안회사들, 대학과 연구소, 싱크탱크들이 광범위하게 확장된 정보공동체 네크워크에 포함되어 있다. 미국은 이 같은 확장된 정보공동체를 일컫는 개념으로 다중이해당사자주의(multistakeholderism)라는 표현을 쓴다.

---

440 DNI 웹사이트, https://www.dni.gov/index.php/who-we-are/organizations

441 이 책에서는 될 수 있는 대로 미국 정보공동체 기관들과 센터들의 이름을 영어 그대로 사용하려고 하였다. 그 이유는 한글로 번역된 논문들이 대체로 유사하게 각 기관들의 이름을 명명하기도 하지만 일부 연구자들에 따라 조금씩 다른 이름으로 번역되어 사용되는 경우도 있기 때문에 이로 인한 혼란을 최소화하고 각 정보기관들과 센터들의 이름에서 느껴지는 '오리지날리티(originality)'를 유지하기 위해 이 책에서는 전체적으로 원래 기관과 센터의 명을 영어 그대로 사용하였고 약어를 활용하여 사용한다.

2) 정보공동체를 구성하는 정보기관들

미국 정보공동체의 구성 기관들은 2004년 IRTPA 입법에 따른다. 해당 법률에 따라 현재의 미국 정보공동체 구성 멤버는 모두 18개이다. 이 가운데 대통령 직속의 DNI를 정보공동체의 수장으로 두고 그 아래 17개의 정보기관으로 이루어져 있다. 해당 17개 구성 정보기관들은 다음과 같다.

❶ 중앙정보국(CIA: Central Intelligence Agency)
❷ 국가안보국(NSA: National Security Agency 또는 Central Security Service, Department of Defense)
❸ 국방정보국(DIA: Defense Intelligence Agency, Department of Defense)
❹ 국가지리정보국(NGIA: National Geospatial-Intelligence Agency, Department of Defense)
❺ 국가정찰국(NRO: National Reconnaissance Office, Department of Defense)
❻ 국무부 정보연구국(BIR: Bureau of Intelligence and Research, Department of State)
❼ 법무부 연방수사국(FBI: Federal Bureau of Investigation, Department of Justice)
❽ 법무부 마약단속국(DEA: Drug Enforcement Administration, Department of Justice)
❾ 국토안보부 정보분석실(OIA: Office of Intelligence and Analysis, Department of Homeland Security
❿ 재무부 정보분석실(OIA: Office of Intelligence and Analysis, Department of Treasury)
⓫ 에너지부 정보방첩실(OIC: Office of Intelligence and Counterintelligence, Department of Energy)
⓬ 육군 정보국(U.S. Army Intelligence, Department of Defense)
⓭ 공군 정보국(U.S. Air Force Intelligence, Department of Defense)

⑭ 해군 정보국(U.S. Naval Intelligence, Department of Defense)
⑮ 해병대 정보국(U.S. Marine Corps Intelligence Activity, Department of Defense)
⑯ 국토안보부 해안경비대 정보국(U.S. Coast Guard Intelligence, Department of Homeland Security, Department of Defense)
⑰ 우주군 정보국(SFI: Space Force Intelligence, Department of Defense)

이들 기관들 중, 정보공동체의 컨트롤타워 기관인 국가정보장실(ODNI)과 중앙정보국(CIA)은 독립된 국가정보기관으로 존재하며 대통령 직속기관의 지위를 가진다. 그 외 나머지 16개 기관들은 모두 각 부처에 속한 부문별 정보기관이다. 이 가운데 7개 정보기관들은 국방부를 제외한 내각단위 정부부처에 속한 부문별 정보기관들이거나 소속부서들이다. 해당 기관들은 에너지부의 정보방첩실(Department of Energy's Office of Intelligence and Counter-Intelligence), 국토안보부의 정보분석실(Department of Homeland Security's Office of Intelligence and Analysis), 국토안보부의 미국 해안경비대(U.S. Coast Guard Intelligence, Department of Homeland Security), 법무부의 연방수사국(Department of Justice's Federal Bureau of Investigation), 법무부의 마약단속국의 국가안보정보실(Drug Enforcement Agency's Office of National Security Intelligence, Department of Justice), 국무부의 정보연구국(Department of State's Bureau of Intelligence and Research), 그리고 재무부의 정보분석실(Department of the Treasury's Office of Intelligence and Analysis)이다.

그 외 나머지 9개 정보공동체 구성 정보기관들은 모두 국방부(DOD)에 소속되어있다. 이들은 다음과 같다. 국방정보국(Defense Intelligence Agency: DIA), 국가안보국(National Security Agency: NSA), 국가지리정보국(National Geospatial- Intelligence Agency: NGA), 국가정찰국(National Reconnaissance Office: NRO) 등 4개 기관은 국방부 직속 정보기관들이다. 한편 각 군별로 정보기관이 설치, 운용되고 있다. 육군(Army), 해군(Navy), 해병대(Marine Corps), 공군(Air Force), 그리고 우주군(Space Force)에 각각 자체 정보기관을 두고 운용하고 있다. 이들 각 군 소속 정보기관들이 모두 5개이다.

이들 18개의 정보공동체의 소속 멤버 가운데 가장 최근에 포함된 기관은 국방부 산하 우주군 정보국(Space Force Intelligence)이다. 2019년 12월 20일에 'Fiscal Year 2020 National Defense Authorization Act'에 근거하여 미국 우주군(The U.S. Space Force: USSF) 산하에 새로운 정보부서로 설치되었고, 정보공동체의 멤버가 되었다.[442] 아래의 표에서 이 같은 미국 정보공동체의 구성과 정보공동체의 컨트롤타워, 그리고 구성 멤버에 해당하는 각 정보기관들이 제시되어 있다.

표 IX-1　　미국 정보공동체의 수준별 시스템과 구성기관들[443]

대통령		
국가안보회의(NSC: National Security Council)		
국가정보장(DNI: Directer of National Intelligence)/ 국가정보장실(ODNI: Office of Director of National Intelligence)		
독립기관	**국방부 외 정부부처 산하 기관들**	**국방부 산하 기관들**
중앙정보국 (CIA)	① 에너지부 정보방첩실(OIC) ② 국토안보부 정보분석실(OIA) ③ 국토안보부 해안경비대 정보국 (U.S. Coast Guard Intelligence) ④ 법무부 연방수사국(FBI) ⑤ 법무부 마약단속국 국가안보정보실(DEA's Office of National Security Intelligence) ⑥ 국무부 정보연구국(BIR) ⑦ 재무부 정보분석실(OIA)	① 국방정보국(DIA) ② 국가안보국(NSA) ③ 국가지리정보국(NGA) ④ 국가정찰국(NRO) ⑤ 공군정보감시정찰국(Air Force Intelligence, Surveillance & Reconnaissance Agency: AFISRA) ⑥ 육군정보보안사령부(Army Intelligence and Security Command: INSCOM) ⑦ 해병대정보국(Marine Corps Intelligence Activity: MCIA) ⑧ 해군정보국(Office of Naval Intelligence: ONI) ⑨ 우주군 정보국 (Space Force Intelligence: SFI)

442 ODNI. What we do. Memebers of the IC.
https://www.odni.gov/index.php/what-we-do/members-of-the-ic

443 연구자 작성.

위의 표에 나타난 18개의 정보공동체 구성 기관들을 가운데 주요한 몇몇 기관들에 관해 간략히 살펴보면 다음과 같다.

(1) 국가정보장(DNI)과 국가정보장실(ODNI)

DNI에 대해 앞서 간략히 설명한 바와 같이, 9.11 테러사건 이후 정보기관의 활동과 조직에 대한 혁신적인 변화를 가져온 "Intelligence Reform and Terrorism Prevention Act(IRTPA)"가 입법됨에 따라, 기존 CIA 수장이 맡던 DCI에서 새로 신설된 DNI로 정보공동체 수장의 지위가 이전되게 된다. 이는 기존의 DCI가 효과적인 정보공유를 위해 필요한 다른 정보기관들에 대한 적절한 장악력을 가지지 못한 것을 보완하고 CIA라는 막강한 국가정보기관의 책임자와 미국의 거대한 정보공동체의 수장의 역할이 겸직이 되지 않도록 고려한 결과이다. 이에 따라 DNI를 지원하기 위한 ODNI가 신설되고 이 기관이 내각수준의 정보공동체 수장기관이 되었다.

DNI의 가장 핵심적인 임무는 다음과 같다. 첫째, 미국의 모든 정보공동체 멤버기관들을 이끌고, 이들의 정보활동을 통합하고, 기민한 정보업무를 지원한다. 둘째 대통령과 국가안보회의(National Security Council), 국토안보회의(Homeland Security Council) 등의 국가최고정책결정자와 회의체들에게 정보를 보고하고, 자문을 제공하며, 가장 핵심적인 정책조언자로서의 역할을 수행한다. 이를 위해 DNI는 대통령에게 일일정보보고(Daily Briefing)를 제공한다. 또한, 과거 CIA 산하 소속이었던 국가정보회의(National Intelligence Council)를 ODNI 산하에 포함시켰다. 합동정보공동체회의(Joint Intelligence Community Council: JICC)를 주관하고 주요 정보기관의 수장들의 후보 선정을 허가하고 대통령에게 제출하는 역할도 수행한다. 이와 같이 DNI는 정보공동체의 최고 수장으로서의 대통령과 최고정책결정회의체를 보좌하고 지원하는 임무와 권한을 가진다. 셋째 예산집행권을 활용하여 국가정보프로그램(National Intelligence Programs)을 운영하고 프로그램에 참여하는 기관들에 대한 감독을 수행한다.[444]

---

444 Best Jr., "Leadership of the U.S. intelligence community: From DCI to DNI," 253-333, 310.

이 중 ODNI의 가장 핵심적인 임무(Mission)는 정보공동체의 통합을 이끌고 지원하며 가능한 가장 통찰력 있는 정보를 전달함으로써 정보공동체(IC)를 하나의 공동체로 녹여내는 것이다. 즉, 정보수집, 분석, 그리고 방첩이 서로 하나로 녹아들 수 있도록 조화시켜 정보공동체(IC)가 하나의 팀으로 효과적으로 작동할 수 있도록 한다. 이러한 통합은 국가정책결정자들이 지식에 근거한 결정을 내릴 수 있도록 정보공동체로부터 시의적절하고 정확한 분석을 제공받을 수 있도록 하는 확실한 열쇠이기 때문이다.[445] 이러한 역할의 수행을 위해서 ODNI는 주요 산하기관으로 국가정보위원회(NIC)를 두고 있으며, 동시에 DNI가 직접 모든 정보공동체의 정보를 통합하고 분석할 수 있도록 하는 정보통합공유센터의 목적으로 세워진 5개의 센터들을 두고 있다. 앞서 언급한 바와 같이 이 센터들은 국가대테러센터(NCTC: National Counterterrorism Center), 국가방첩보안센터(NCSC: National Counterintelligence and Security Center), 국가반확산바이오보안센터(NCBC: National Counterproliferation and Biosecurity Center), 사이버위협정보통합센터(CTIIC: Cyber Threat Intelligence Integration Center), 그리고 해외악성영향력센터(FMIC: Foreign Malign Influence Center)이다.

이 다섯 개의 정보통합공유센터들은 ODNI의 정보통합 미션에 공헌하고 있다. 이 센터들은 정보공동체의 기능과 관련성에 따라 정보공동체가 생산하는 정보의 통합을 달성하고 소통의 우선순위를 세우는데 필수적인 계획들인 통합정보전략(Unifying Intelligence Strategics)을 기획한다. 그리고 이러한 통합정보전략에 따라 전 미국의 정보공동체들을 기능과 관련성에 따라 정보공동체에 우선적으로 요구되는 사항들을 결정하여 통합될 수 있도록 이끄는 역할을 맡고 있다.[446] 이 센터들을 통해서 DNI는 미국 정보기관들의 네트워킹을 강화함으로서 통합적 정보생산과 감독이 가능해졌다. 이는 오랫동안 이전 DCI에게는 주어지지 못했던 주요 기능으로서 미국 정보공동체들의 유사한 기능에 대한 횡적 연대를 강화하여 정보의 통

445 ODNI homepage. How We Work. https://www.dni.gov/index.php/how-we-work

446 ODNI homepage, "Organization," https://www.dni.gov/index.php/who-we-are/organizations

합과 활용도를 높이려는 데 목표가 있다. 이를 위하여 5개의 정보통합공유센터들의 구성원들, 그리고 ODNI의 구성원이 되는 이사, 관리자들, ODNI의 역할을 감독하는 관리자들은 미국 전체 정보공동체(IC)에 속한 멤버 정보기관들의 전문가들을 차출하여 활용한다.

다만 DNI의 미국 국방부에 대한 장악력은 여전히 약하여 모든 정보공동체를 통제하는 강력한 권한을 가지고 있다는 점에는 회의적인 의견들이 많다. 그 이유는 미국 국방부에 대한 정보활동예산에 대한 집행권한이 DNI에게 주어지지 않았기 때문이다.[447] 정보예산의 약 70-80%를 사용하는 국방부 산하 정보기관들에 대한 예산권한은 국방부 장관과 함께 협의해야 한다. 이처럼 국방부 소속 정보기관에 대한 예산권을 독립적으로 가지지 못한다는 측면에서 DNI가 과거의 DCI보다는 권한이 더 주어졌지만 여전히 미국 정보공동체의 실질적 수장으로서의 권한을 확보하였다고 보기는 어렵다는 것이다.

오늘날 미국 정보공동체의 정보를 통합하고 효율적으로 운영하기 위한 권한이 앞선 IRTPA의 법안에 명시되어있고 이 법에 규정된 권한을 가지는 것이 바로 DNI가 운영하고 있는 ODNI이다. 따라서 ODNI는 미국 정보공동체를 구성하는 나머지 17개 기관을 감독하고 이들 공동체가 수집하고 분석한 주요 국가안보 및 보안방첩 정보를 통합하여 다른 기관들과 공유하고, 최고 정책결정권자의 정책판단과 행동에 도움이 되는 전략적 정보로 가공하여 조언한다. 또한 ODNI는 국가정보프로그램을 구성하고 이를 수행하며 예산권한을 가지고 필요한 예산을 배분한다. 이러한 정보공동체 정책은 미국의 법이 요구하는 기준을 준수하며 DNI의 전략계획, 그리고 정보공동체의 업무우선순위, 주요위원회 이사들의 정보분석방향을 모두 따르며 수행된다. 미국은 이러한 정보통합과 분석에 있어서의 ODNI의 역할을 담은 주요 국가안보 및 보안방첩관련 보고서들을 '정보공동체를 위한 정보 투명성 원칙들(Principles of Intelligence Transparency for the IC)'에 근거하여 대중들의 '정보공

447 2004년 입법 당시 국방부 장관이었던 럼스펠트가 매우 적극적으로 국방부의 예산권을 보장하여 주는 방향으로 주장하여 결국 DNI는 국방부 정보기관에 대한 매우 제한적 권한을 가지게 되었다.

동체의 활동과 관련된 정부정책들'에 대한 이해를 증진시키기 위해 비밀로 분류되지 않은 정보들을 대중에게 공개하고 있다.[448]

(2) CIA

CIA는 현재 미국 정보공동체 중에서 유일하게 독립적인 정보기관의 지위를 가지고 있으며 DNI에 직접 보고하는 기관이다. CIA의 국장은 장관급이다. 다른 정보기관들은 내각수준의 정부부처에 속해 있기 때문에 각 부처의 장관(their respective secretaries of their departments)에게 보고해야 한다.[449] CIA는 1947년 국가안보법(National Security Act of 1947)에 근거하여 'Central Intelligence Group(CIA 전신 이름)'으로 설립된 민간정보기관이다. 이때 국가안보회의(National Security Council)도 설립된다. 이후 1949년 중앙정보국법(Central Intelligence Agency Act)이 제정되어 CIA에 국가정보기관으로서의 확고한 법적 기반이 제공되었다.[450] 2001년 9.11 테러 이전까지는 미국 정보공동체의 지휘를 맡은 DCI(Director of Central Intelligence)는 정보공동체 전체와 CIA의 정보활동을 동시에 책임지는 책무를 맡아왔다. 그러나 2004년 'Intelligence Reform and Terrorism Prevention Act(IRTPA)' 제정 이후 DNI가 정보공동체의 리더 역할을 맡게 되었고 CIA국장은 CIA의 업무만을 지휘하고 동시에 DNI에게 정보활동을 보고하도록 법률에 의해 바뀌었다. 이로 인해 CIA의 권위와 위상은 일부 감소되었다는 평가가 있다. 그러나 여전히 CIA는 민간정보기관으로 미국의 가장 핵심적인 해외정보기관으로서 전체 정보공동체의 활동을 선도하고 인간정보(HUMINT)에 기초한 비밀공작활동을 전담하고 있다.[451]

CIA는 거의 모든 분야의 정보활동에 관여한다. 정보수집, 분석, 방첩, 비밀공

---

448 ODNI. What we do. IC Policies * Reports. https://www.dni.gov/index.php/what-we-do/ic-policies-reports

449 Jensen et al., *Introduction to Intelligence Studies.*.

450 전웅, 『현대 국가정보학』, 366.

451 Ibid, 367.

작활동, 그리고 정보관리의 임무를 수행한다. CIA는 각각 다른 목적과 기능을 가진 부서들로 나뉜다. 이와 같은 부서들은 '정보분석국(Directorate of Intelligence, AKA the Directorate of Analysis)', '디지털혁신국(Directorate of Digital Innovation)'[452], '국가비밀서비스(National Clandestine Service: NCS)', '지원국(Directorate of Support)', 그리고 '과학기술국(Directorate of Science and Technology)' 등이 있다. 이 가운데 '디지털혁신국(Directorate of Digital Innovation)'은 2005년까지 알려지지 않았다. 이는 가장 최근에 생긴 부서로서 CIA의 업무를 혁신적인 방식으로 발전시키기 위해 생긴 부서이다. 사이버전과 사이버 공격 등의 업무와 관련된 모든 업무를 담당하는 것으로 알려져 있다. 한편 CIA는 산하에 최고수준의 엘리트 사이버 요원들로 구성된 정보작전센터(Information Operations Center: IOC)를 두고 사이버 수색-정찰과 정보, 방첩 등의 비밀임무를 수행하고 있다.[453] '국가비밀서비스(National Clandestine Service, NCS)'는 2004년 입법에 따라 2005년 CIA의 기존 '작전국(Directorate of Operations)'을 확대·개편하여 설립되었다. 이 부서는 CIA, FBI, 그리고 국방부 및 육, 해, 공군, 해병대 등에 속한 여러 정보기관들에서 개별적으로 수행하던 비밀공작업무를 통합하여 총괄·조정하는 기능을 가진다.[454] '정보분석국(Directorate of Intelligence)'은 다시 산하에 4개의 지역분석그룹과 6개의 초국가관련 대응그룹, 방첩분석센터(The Counterintelligence Center Analysis Group), 정보작전분석센터(The Information Operations Center Analysis Group), 그리고 2개의 지원부서로 구성된다. 이 중 테러와 관련해서는 초국가관련 대응그룹이 DNI의 NCTC를 지원한다. 보안방첩업무와 관련해서는 CIA의 본부에 위치하고 있는 '정보분석국(Directorate of Intelligence)' 산하의 방첩분석센터(The Counterintelligence Center Analysis Group)가 외국정보기관의 동향을 분석하고 FBI 내의 방첩부서와 협업을 담당한다.

---

452 해당 부서는 2005년까지 알려지지 않았다. CIA의 업무를 혁신적인 방행으로 발전시키기 위해 가장 최근에 생긴 부서이다. 사이버전과 사이버 공격 등의 업무와 관련된 모든 임무를 담당하는 것으로 알려졌다.

453 해리스, 『보이지 않는 전쟁 @ WAR』, 53, 116, 142, 210.

454 전웅, 『현대 국가정보학』, 367.

미국은 초기부터 정보기관을 설립하면서 국내와 국외의 정보기관을 구분하였고 CIA는 해외의 위협에 대한 정보를 생산하고 국내에 대한 정보활동의 권한은 없다. 따라서 과거에는 미국 내 외사 정보와 보안방첩 정보의 수집 등은 FBI의 협조를 받아 수행하였는데 2004년 입법 이후 CIA의 국내 보안방첩활동은 DNI와 법무부 장관의 승인을 받는 절차를 거치도록 규정되었다.[455] 따라서 승인절차를 거친 후에는 CIA가 정당하게 국내 보안방첩활동을 수행할 수 있다.

CIA의 핵심적인 미션은 다음과 같은 세 가지로 요약된다. 첫째, 미국의 적들의 계획, 의도, 그리고 능력을 파악하기 위한 정보와 이에 대한 결정과 행동에 근거가 되는 정보들을 수집한다. 둘째, 미국의 이익을 지키고 발전시켜나갈 책임이 있는 대통령과 정책결정자들에게 직관, 경고, 그리고 기회를 제공하는 시의적절한 분석을 생산한다. 셋째, 선제적 위협들에 대해 또는 미국 정책목적을 달성하기 위해 대통령의 지시에 따라 비밀공작을 수행한다.

CIA의 미션에 대해 여섯 가지로 구분하는 경우도 있는데 그에 따르면,[456] ① 해외정보와 보안방첩정보 수집 · 생산 · 배포, ② 마약생산 및 거래에 관한 해외정보 수집 · 생산 · 배포, ③ 해외 보안방첩활동, ④ 다른 정보기관의 해외정보활동의 조정, ⑤ 대통령의 지시에 따른 비밀공작 수행, ⑥ NSC가 지시하는 정보공동체의 공통업무수행 등이다.[457] 특히 CIA는 9.11 이후 드론 프로그램을 운영하는 등 준군사조직으로 변모하면서 그 역할과 규모가 더욱 확대되고 있는 것으로 판단된다. 이것과 관련해서 CIA의 예산과 인력에 대해서는 비밀로 분류되어 정확한 자료를 찾을 수는 없으나 스노든의 정보공개로 인해 알려진 바로는 1년에 미국 정보공동체의 예산의 28%에 해당하는 예산을 사용한다고 보고되었다. 2013년 회계 연도에 나타난 미국 정보공동체의 예산이 526억 달러 정도였으며, 이중 CIA의 예산은 147억 달러규모로 가장 많은 예산을 사용했다고 전해져 정보공동체 내의 CIA 위상을 보여

---

455 Ibid.

456 Ibid.

457 Executive Order 12333 of United State Intelligence Activities, December 4, 1981, Section 1.8.

주고 있다. CIA에 이어서 가장 많은 예산을 사용한 단일 정보기관은 108억 달러를 사용한 NSA였다.[458]

(3) FBI

FBI는 법무부 산하 기관으로 연방 법집행기관(Federal Law Enforcement)인 동시에 미국의 국내 정보활동을 수행하는 보안방첩 및 정보기관으로서의 이중 지위와 역할을 갖고 있다.[459] 흔히 국내에서는 FBI를 경찰(Police)로 인식하여 한국의 국가경찰과 등치시키는 경우가 있는데 이는 미국 정보(intelligence) 및 형사사법(criminal justice) 시스템에 대한 무지에서 나오는 오류로 보인다. 엄밀하게 얘기하면 FBI는 경찰이 아니라 독자적인 수사권이 있는 국가수사본부와 안보수사국 또는 한국의 기소권이 없는 수사를 전문으로 하는 검찰청 등에 현행 국정원의 국내 보안방첩 및 대테러, 국제조직범죄 등의 정보업무를 합쳐놓은 어떤 기관에 가깝다. 반면 한국의 국가경찰은 안보수사를 포함한 범죄수사 이외에 교통, 시위진압, 범죄예방 등 다양한 행정경찰로서의 업무를 수행하는데 이 같은 유니폼을 착용하고 순찰과 범죄예방 등 행정경찰 임무를 수행하는 연방경찰 또는 국가경찰은 미국에 존재하지 않는다. 9.11 이전에는 FBI가 법집행기관 또는 수사기관으로서의 성격을 더 강조했다고 한다면 9.11 이후 최근까지는 정보 또는 방첩기관으로서의 성격을 더 강조하고 임무의 중심도 법집행보다는 보안방첩으로 옮겨갔다. 다만 차이점이 있다면 2010년대 중반까지는 대테러에 더 방점을 두었다면, 2010년대 후반부터는 사이버 방첩과 중국, 러시아 등의 온·오프라인 스파이활동에 대한 대응에 더 방점을 준다는 점에서 다소 차이가 있다. 따라서 이러한 FBI의 현실을 고려하면 사실상 FBI를 수사권을 가진 정보기관 또는 보안방첩기관으로 이해하는 것이 더 정확하다.

---

458 Richard McGregor, "Size of CIA's budget slice revealed in Edward Snowden leak," *Financial Times*, AUGUST 30 2013. https://www.ft.com/content/31997218-10f6-11e3-b5e4-00144feabdc0

459 FBI를 연방정부 경찰이라고 표현하는 사람들이 많고 그렇게 인식하는 사람들도 많지만, 엄격하게 이해하면 연방정부의 법집행기관이라고 해석하는 것이 더 정확하다. FBI는 Federal Bureau of Investigation이지 Federal Police Department가 아니다.

FBI의 이와 같은 이중성격은 CIA가 엄격하게 정보활동만을 수행하는 것과는 차이가 있다. FBI는 법무부 산하의 "모든 목적의 법집행 기관(all purpose law enforcement agency)"이다. 이 뜻은 법무부 산하에 다른 정보 및 수사기관인 마약단속국(Drug Enforcement Administration: DEA)이나 술, 담배, 총기 및 폭발물 단속국(Bureau of Alcohol, Tobacco, Firearms, and Explosives: ATF)과 같이 특정한 범죄이슈에 국한되어 정보와 수사 활동을 하는 부서들과 달리 200가지 이상의 다양한 이슈와 관련된 폭넓은 유형의 범죄, 조직범죄, 테러, 보안방첩에 관한 정보와 수사 활동을 수행하기 때문이다. FBI 역시 CIA와 함께 9.11 테러사건을 막지 못한 실패로 집중적인 비난을 받았다. 이로 인해 FBI처럼 범죄수사와 정보활동의 양 기능을 모두 가진 기관이 오히려 두 가지 업무에 대해 모두 정통하기 어렵기 때문에 FBI를 영국의 MI-5의 모델처럼 범죄수사와 정보활동으로 분리시키자는 주장도 제기되었다. 그러나 당시 FBI 국장 로버트 뮐러(Robert Mueller)가 의회와 행정부에 대해 강력한 로비를 펼쳐 9.11 이후 정보기구의 개혁 중에도 범죄수사와 정보기능을 둘 다 유지할 수 있게 되었다.[460]

그럼에도 불구하고 FBI 역시 9.11의 여파로 내부적으로는 강력한 개혁과 변화를 약속해야 했다. 9.11 위원회는 테러리즘에 대한 효과적인 대처를 위해 정보와 수사의 유기적 융합이 필요하다고 지적하였다. 과거 FBI는 수사와 정보활동을 구분하였지만 9.11 이후 FBI의 정보활동기능이 강화되었고, 정보와 수사 활동을 유기적으로 융합하게 되었다.[461] 이를 위하여 FBI는 2005년 9월 12일 'National Security Branch(NSB)'를 만들어 FBI의 국내정보와 보안방첩업무를 통합하여 DNI에 보고하는 역할을 하도록 하였다. NSB는 DNI가 FBI의 정보부분을 통제할 수 있도록 하며, 정보공동체 내의 다른 멤버들과 정보를 공유할 수 있는 창구로서 기능한다. NSB는 FBI 국장의 승인을 받아 국가안전보장에 필요한 정보를 수집, 가공, 분석, 배포하는 임무를 맡았다. NSB 산하에는 '정보국(Directorate of Intelligence)',

---

460 Jensen, et al., "Introduction to Intelligence Studies."

461 Memorandum on Strengthening the Ability of Department of Justice Meet Challenges to theSecurity of Nation.

'대테러부(Counterterrorism Division)', '방첩부(Counterintelligence Division)' 등을 두고 있으며 NSB의 주요 업무는 대량살상무기, 테러, 해외의 정보공작과 간첩활동에 대한 보안방첩활동 분야로 구체화되었다.[462] NSB 수장의 임명은 DNI의 동의를 받도록 되어 있고 DNI 국가정보프로그램(NIP)의 예산을 지원 받을 수 있다. 이러한 수사와 정보활동의 융합과 정보활동의 강화를 위해 FBI는 수백 명의 정보 분석가들을 고용하였다. 또한 과거에는 특별수사관이라고 일컬어지는 FBI Special Agent들에게 할당되는 수사를 해당 수사관들이 배타적으로 수사를 진행할 수 있도록 했던 관행에서 개혁 이후에는 FBI 수사의 기능 역시 보다 중앙집권화 되었고, FBI Special Agent들이 FBI의 정보 분석가들과 함께 배당받은 사건에 대한 책임을 공유하도록 조정되었다. 이에 따라 'Field Intelligence Groups'라고 불리는 새로운 그룹들이 56개의 FBI 현장사무실들에 배치되었다. 이러한 FBI의 수사와 정보의 융합과 NSB를 통한 정보공동체와의 정보교류의 활성화는 FBI의 업무가 테러리즘 등에 대응하는 데 보다 긍정적인 역할을 하였다고 평가받고 있다.

이와 같은 변화 속에서 2004년 정보기관에 대한 개혁이후 FBI의 안보임무의 우선순위는 ① 테러리즘(Terrorism), ② 방첩(Counterintelligence), 그리고 ③ 사이버 범죄(Cyber crime)가 되었다.[463] 이중에서 방첩부문은 상당히 폭넓은 규모의 업무를 포함한다.[464] FBI의 홈페이지에는 "FBI가 미국 내에서 정보활동의 탐지, 예방, 수사에 있어 가장 선도적인 조직"이라고 밝히고 있다. 또한 사이버 정보활동에 대한 강화도 밝히고 있다.[465] 이에 따라 FBI의 방첩업무의 목표는: "미국 정보공동체

462 전웅, 『현대 국가정보학』, 375.

463 Federal Bureau of Investigation. What we investigate. http://www.fbi.gov/about-us/investigate/what_we_investigate

464 FBI homepage. What we investigate. https://www.fbi.gov/investigate/counterintelligence

465 FBI homepage, "The FBI is the lead agency for exposing, preventing, and investigating intelligence activities in the U.S. Because much of today's spying is accomplished by data theft from computer networks, espionage is quickly becoming cyber-based."

의 자산을 보호하고; 국방, 정보, 경제, 재무, 공공보건, 그리고 과학과 기술영역의 첨단기술과 민감한 정보와 같은 국가의 핵심적 자산을 보호하고; 해외 스파이 활동에 대응하고; 대량살상무기가 악한의도를 가진 행위자들에게 넘어가지 않도록 하는 활동이라고 명시하고 있다." 그리고 방첩과 관련해 FBI는 정보 및 수사업무 외에도 DNI의 NCSC와 협력하여 방첩의 위험성을 대중에게 알릴 수 있는 아웃리치 활동도 수행하고 있다.[466]

한편, 최근 들어 FBI는 사이버 범죄와 방첩업무에 상당한 관심과 역량을 쏟아 붇고 있다. FBI는 산하에 데이터포착기술팀(Data Intercept Technology Unit: DITU)을 설치하고 사이버 해킹 및 보안 부문 최정예 엘리트 요원들을 배치하여 비밀작전 임무를 수행하고 있다. 이 DITU는 NSA의 TAO, CIA의 IOC와 함께 미국의 최정예 사이버 비밀작전조직으로 꼽힌다. DITU는 NSA와 긴밀하게 협력하는데 미국 내 사이버 첩보활동이 제한된 NSA를 위해 대신 미국 내 국내 정보를 수집하거나 미국 내 기업과 민간부문으로부터 건네받아 NSA에 전달한다. 따라서 NSA가 미국 내 정보활동을 하지 않는 것은 맞지만 사실상은 미국 내 정보활동을 수행한다고 볼 수 있다. 하지만 DITU가 NSA의 단순 심부름꾼 역할만 하는 것은 아니다. DITU는 FBI의 다른 사이버 및 감시팀들과 함께 정부의 가장 정교한 정보프로그램들을 수행한다. 미 해병대 콴티코 기지의 FBI 훈련학교에서 DITU는 FBI의 정보수집과 처리, 그리고 보고를 총괄하는 부서인 작전기술과와 같은 공간에 위치한다. 따라서 DITU는 비컨(beacon)과 같은 해킹프로그램을 개발하는데 관여하고 이를 활용해 아동 포르노 공급자와 같은 범죄자 추적과 사이버 방첩활동을 위해 해킹을 수행한다. 특히 사이버 보안영역에서 FBI는 법집행 또는 수사 임무 보다 정보기관처럼 활동한다. 이들은 해커들을 법정에 세우는 일보다 앞으로 있을 공격을 예상하고

466 FBI homepage, "The goals of the FBI's counterintelligence work are to:
① Protect the secrets of the U.S. Intelligence Community
② Protect the nation's critical assets, like our advanced technologies and sensitive information in the defense, intelligence, economic, financial, public health, and science and technology sectors
③ Counter the activities of foreign spies
④ Keep weapons of mass destruction from falling into the wrong hands

방어하는데 더 큰 관심을 기울이고 정보를 수집하여 NSA나 정보공동체, 국방부에 전달하는 임무에 더 집중하고 있다.[467]

FBI는 약 36,000의 인력(이 중 특별 수사관 약 14,000명)을 두고 있으며, 2011년 1년 예산은 약 80억 달러였다. FBI는 56개의 필드오피스를 두고 있고 'Resident Agencies'라고 불리는 수백 개의 작은 규모의 위성사무실(Satellite offices)들을 두고 있다. 그리고 FBI는 미국 내에서 100개 이상의 'Joint Terrorism Task Forces(JTTFs)'를 운영하고 있다. JTTF는 테러리즘 관련 수사를 수행하기 위해 연방, 주, 그리고 지역단위의 기관들로부터 인력들을 모아서 활동한다. FBI와 JTTF는 실제 수차례의 미국 내 테러사건을 사전에 발견하고 차단하는 성과를 거두었다. 또한 FBI의 인력들은 미국 내 범죄수사와 정보관련 업무를 하도록 되어있지만 조직의 상당수가 테러리즘 관련 정보활동 등을 위해 해외에 파견되어있다.[468] 이 밖에도 'Legal Attaches(LEGATs)'라는 이름으로 해외의 미국 대사관에 주재관을 파견한다. LEGAT들은 해외 정보활동을 수행하며 주재국 법집행기관들과의 연락관으로서의 역할을 수행한다.[469] 현재 FBI는 60개의 'legat offices'와 산하에 15개 'sub-offices'를 두고 있다. 여기에는 250명 이상의 요원들이 전 세계에서 정보활동을 지원하고 있다. FBI는 홈페이지에 세계화와 4차 산업혁명을 통한 기술개발, 자유로워진 이민정책 등의 변화로 인해 초국가범죄가 확대되고 있어 미국이 세계의 여러 나라들과 이러한 안보이슈에 대해 협력할 필요가 있고 FBI는 이런 목적으로 해외활동을 수행한다고 명시하고 있다. 이 같은 FBI의 국제수사 및 정보활동 업무는 의회가 허가한 영토외 사법관할권 적용에 근거해 더욱 확장되었다고 명시하고 있다.[470] 결론적으로 9.11 이후 FBI는 수사와 정보의 업무를 융합하고 정보역량

---

467 해리스, 『보이지 않는 전쟁 @ WAR』, 212-215.

468 과거 FBI 역시 해외에서의 정보기능을 수행하였다. 다만 1947년 CIA의 설립으로 과거 해외의 정보기능을 잃고 국내정보기능만을 수행하도록 축소되어 갔다. 그러나 FBI는 과거부터 지속적으로 해외로 업무를 확장하려는 시도를 하였으며 이로 인해 CIA와의 갈등이 지속되는 측면도 있었다.

469 Jensen, et al., "Introduction to Intelligence Studies."

470 "The FBI's role in international investigations has expanded due to the au-

을 강화하면서 정보공동체 내에서 주요 정보기관으로서의 FBI 위상이 막강해 진 것으로 보인다.

(4) DHS

국토안보부(DHS)는 9.11 테러 이후 2002년 재정된 국토안보법(Homeland Security Act of 2002)에 근거하여 2003년에 설립되었다. 설립목적은 미국 행정부 내 각 부처에 분산된 대테러기능을 통합하는 것이었다. 현재 국토안보부는 직접 감독하는 22개의 정부조직과 200,000 이상의 인력을 보유하고 있으며 2010년 기준으로 56억 4천만 달러에 달하는 막대한 예산을 사용하는 거대 부서이다.[471] DHS의 업무는 '정보 분석과 기간시설보호, 핵 · 생화학 공격대응, 국경 및 교통보안, 비상사태 대처 및 대응조치, 연방, 주, 지방 정부기관 및 민간부문과의 공조 등에서 주도적인 역할을 담당'하도록 되어 있다.[472] 따라서 DHS 산하 22개 기관들은 기존의 업무를 유지하면서 테러와 관련된 광범위한 감시기능인 인터넷 도청, 인터넷 사용자 위치추적 등의 활동 권한도 가지고 있다. 그리고 DHS의 수장은 테러에 관한 모든 정보에 대한 접근권한을 가지며 사법, 정보, 행정기관으로부터 테러위협이나 미국 내 테러취약부분 및 기간시설 등에 대한 테러정보를 의무적으로 제공받을 권한도 보유하고 있으며 테러 관련 비자발급 및 거부권도 가진다.[473]

DHS 내에 속한 정보공동체 참여 공식 정보기관은 DHS 본부에 있는 산하 정보분석실(Office of Intelligence and Analysis, OIA)과 해안경비대 정보부(Coast Guard Intelligence, CGI)이다. 먼저 OIA는 DHS의 차관(undersecretary)이 감독하고 DHS의 우선적 관심사항을 모든 출처를 통해 획득한 정보를 사용하여 분석한다. 그리고

thority granted by the Congressional application of extraterritorial jurisdiction." FBI Homepagc. About. International Operations. https://www.fbi.gov/about/leadership-and-structure/international-operations

471 Ibid.

472 전웅, 『현대 국가정보학』, 381.

473 Ibid.

CIA와 FBI의 협조를 받는다. 기본적으로 DHS의 핵심 업무가 대테러 업무이기 때문에 테러관련 정보의 수집 및 분석의 업무를 수행한다. 그리고 이와 함께 테러와 관련된 특별 관심사들에 해당하는 국경보안, 화학, 생물학, 방사능, 핵물질 관련 이슈들, 폭발물, 감염병, 그리고 핵심국가기반시설보호 등의 이슈들도 포함된다. OIA의 또 다른 핵심 업무는 DHS의 테러관련정보를 연방, 주, 지역 그리고 지방단위의 법집행기관과 민간영역에 이르기까지 시의 적절하게 전파하는 것이다. 이를 위해 큰 규모의 주와 시 단위에서 운영하는 퓨전센터들(fusion centers)에게 자금을 지원하는 역할도 수행한다. 퓨전센터는 DHS가 관리하며 정보의 확산과 공유를 위해 매우 핵심적인 역할을 하고 있다.

Coast Guard Intelligence(CGI)는 DHS의 출범과 함께 산하기관으로 편입되었다. 해안경비대(Coast Guard)는 1915년 설립되었고 전쟁 시에는 군사적 임무를 수행하고 평시에는 법집행기관으로서의 역할을 수행하는 군과 법집행기관의 이중적 성격을 가진다. 특히 초국경 불법거래 대응과 대테러 활동이 핵심 임무이다. Coast Guard Intelligence(CGI)는 1996년에 설립되었고 Coast Guard의 사법관할권 내에서의 범죄, 방첩, 보안에 관한 수사와 정보의 책임을 맡고 있는 Coast Guard내에서 가장 핵심적인 기관가운데 하나이다.[474]

이와 같은 DHS 소속 두 정보기관은 정보공동체의 공식 참여기관으로 DHS의 국내에서의 대테러 관련 정보활동을 강력하게 지원한다. 다만 추가적으로 DHS는 단순히 수사나 정보활동만을 하는 기관이 아니라 국경경비, 재난대비, 화생방 공격대비, 정보 분석, 미국 내 테러공격 예방 및 취약성 보완, 테러피해최소화, 복구활동 지원 등 총체적인 테러관련 및 다양한 재난에 대한 예방 및 대처활동을 수행한다.[475] 따라서 DHS 내에는 원칙적으로는 정보공동체의 정식 멤버는 아니지만 상당히 의미있는 정보를 제공해 줄 수 있는 소속 기관들이 많이 있다. 이와 같은 산하 소속 기관들은 DHS에게 중요한 정보를 제공한다. 예를 들어, 이민관세국(Immigration and Custom Enforcement, ICE)과 관세국경보호국(US Customs and Border Protection)

---

474 Jensen, et al., "Introduction to Intelligence Studies."

475 전웅, 『현대 국가정보학』, 381.

같은 경우 국가안보와 관련한 핵심적인 정보를 수집하여 제공할 수 있다. 동시에 DHS는 다양한 기관들에게 앞서 언급한 '퓨전센터(fusion center)' 등을 통해서 정보를 다시 확산하는 매우 중요한 활동을 수행한다. 이러한 DHS의 특성으로 인해 DHS의 국내에서의 활동은 보안방첩에 있어 매우 중요하다. 방첩활동에서의 역할은 제한적일 수 있으나 여전히 DHS에 의해 수집되는 정보는 국가방첩활동에 매우 유용하다. 한편 사이버 보안방첩과 관련하여 DHS는 산하에 '사이버보안 및 핵심기반시설보안국(Cybersecurity and Infrastructure Security Agency)'을 두고 있는데 이 부서가 사이버 공격위협으로부터 미국 정부기관과 미국 내 핵심기반시설을 보호하고 보안을 강화하는 임무를 수행한다. 이 부서는 트럼프 전 대통령이 서명한 "Cybersecurity and Infrastructure Security Agency Act of 2018"에 따라 설치되었다.[476]

(5) 국방부 산하 정보기관: NSA와 DIA

국방부의 업무는 그 자체가 국가안보에 관한 일이다. 미 국방부는 전세계적으로 미국의 국가안보에 중요한 정보를 수집하고 분석하며, 이렇게 생산된 대부분의 정보는 동시에 보안방첩의 대상이 된다. 이는 이 같은 민감한 정보가 미국 국가안보의 자산(asset)이 되기 때문이다. 이와 함께 미 국방부는 전세계를 무대로 매우 은밀하고 중요한 비밀작전들을 수행한다.

따라서 미국 국방부 산하의 정보기관들의 정보활동은 매우 중요하다. 미군은 세계 146개국 이상의 국가에서 활동하고 있다. 또한 미국 국방부의 인력은 3백만을 넘으며 6,000개 이상의 장소에서 작전을 수행한다.[477] 이 같은 인프라는 미 국방부

476 "About CISA". Department of Homeland Security. 19 November 2018. Archived from the original on 6 July 2019.

477 미국의 국방부 DoD Directive 5240.2의 DoD Counterintelligence (22 May 1997)에 따라서 다음과 같이 방첩에 대해 설명한다. "Counterintelligence activities shall be undertaken to detect, identify, assess, exploit, and counter or neutralize the intelligence collection efforts, other intelligence activities, sabotage, terrorist activities, and assassination efforts of foreign powers, organizations, or

가 막강한 해외 정보활동과 비밀공작활동을 수행할 수 있게 한다.

이 같은 국방부는 총 9개의 정보공동체 멤버인 소속 정보기관 및 정보부서를 두고 있다. 그 가운데 여기서는 가장 잘 알려지고 가장 핵심적인 기관으로 간주되는 DIA와 NSA에 대해서만 간략히 소개한다. 그러나 이것이 반드시 다른 국방부 산하 정보기관들 또는 정보부서들이 중요하거나 핵심적이지 않다는 의미는 아니다.

DIA는 2차 세계대전 이후 1962년에 국방부 내 정보의 통합과 효율적인 정보활동을 위해 창설되었다. DIA의 수장은 국방부 장관이 임명하고 DIA는 국방부 장관에게 보고한다. DIA는 현재 가용한 모든 종류의 해외정보를 수집, 분석하여 국방부와 그 소속 부서에 제공한다. DIA는 HUMINT와 MASINT를 모두 활용한다. 따라서 군사관련 과학기술정보 수집 및 전파, 잠재적 적국 및 동맹국의 능력, 취약점, 의도 등에 대한 정보판단 등의 업무를 수행한다.[478] 그리고 국방부 산하 정보기관들의 활동을 통합, 조정하고 해외무관의 관리도 수행한다.

NSA는 SIGINT와 사이버 부문을 전담하는 국방부 산하 기관이다. NSA 산하에 육, 해, 공군의 정보부대가 있고 세계 각지에 통신감청소를 두고 이를 운용한다. NSA의 근무인력은 미국 정보기관 중 가장 큰 규모이며 해외에서 근무하는 인원도 상당하다. NSA는 전통적으로 각종 해외 통신과 신호정보를 수집, 분석했다. 하지만 최근에는 이에 더해 사이버 정보활동 임무가 추가되었고 이 업무가 핵심이 되었다. NSA는 오늘날 사이버 공격-방어와 사이버 테러, 사이버 보안방첩활동과 이와 관련된 미국의 정보통신시스템을 보호하는 것이 중요 임무이다. 예를 들어 국가주도 또는 국가지원 해커들의 사이버 공격과 스파이 활동으로부터 미군, 미 정부의 인트라 넷, 데이터베이스 등을 보호하는 등의 임무를 수행하며 다른 한편으로는 화이트해커군대를 양성해 적에 대한 사이버 공격을 수행하는 임무도 함께 수행한다. 이 때문에 NSA는 미국 정보공동체 가운데 가장 대표적인 사이버 안보기관이다. NSA

persons directed at the Department of Defense, its personnel, information, material, facilities and activities." DoD Directive 5240.2. DoD Counterintelligence (22 May 1997)

478 전웅, 『현대 국가정보학』, 378.

의 수장은 사이버 사령부의 수장을 동시에 겸임한다. 미국에서는 이를 두 개의 모자(two-hats)로 표현한다. 이는 전시와 평시의 구분이 모호한 회색지대 현상이 뚜렷해진 21세기 전쟁환경에 대응하여 평시의 사이버 정보-방첩활동과 전시의 사이버 전쟁수행을 유기적으로 통합하기 위한 조치이다.

NSA는 사이버 또는 전자적인 방식으로 첩보를 수집, 분석하고, 외국의 암호체계를 해독하며, 미국의 암호 보안을 유지하고, 전반적인 사이버 안보위협에 대응한다. 그 외에도 세계 도처에 산재한 첩보기지에서 수집된 엄청난 양의 정보를 처리하고 전자통신장비, 전화, 전보, 무선통신, 위성통신, 이메일을 포함한 온라인 트래픽을 도·감청하는 등의 임무를 수행한다. NSA는 테러조직, 외국의 스파이들, 해커들 등과 같은 다양한 적대세력에 대한 감청활동을 성공적으로 수행해 왔다고 평가받는다. 이들의 활동은 미국 내 다른 정보기관의 그것보다 더 중요한 기밀로 보호받아왔다.[479]

앞서 언급한 대로, NSA는 사이버 공격-방어에서 가장 핵심적인 역할을 수행한다. 스노든이 폭로한 PRISM 프로그램은 빙산의 일각에 불과하다. PDD-20으로 알려진 대통령 훈령은 미군이 어떤 상황에서 어떻게 사이버 전쟁을 수행하며 그 명령은 누가 내리는지 등을 규정하였다. 이 PDD-20은 사이버 방어에 관한 것이 아니며 미군에 공세적 사이버 공격-방어의 임무를 부여한 것이다.[480] 미군은 이에 따라 군사-정보 연합체계를 구축했다. 이는 사이버 상에서 공세적인 수색-정찰을 통해 적대적 위협을 선제적으로 식별하고 제거하는 것을 의미한다. 방첩의 의미에서 이는 예방적 타격 또는 공세적 방첩을 의미한다. NSA는 이와 같은 공세적 사이버 방첩활동의 첨병이자 핵심기관으로 작동한다. NSA는 신호정보부(Signals Intelligence Directorate)내에 메타데이터분석센터(혹은 간단히 MAC)라는 24시간 감시센터를 구성했다.[481] 또한 NSA와 DIA 소속 해커들은 함께 '수색팀'을 구성했다. 이 가운데 NSA 내 트랜스그래션 브랜치(Transgression Branch)라는 조직은 적대적 해커들을

---

479 Ibid, 369-370.

480 해리스, 『보이지 않는 전쟁 @ WAR』, 110-111.

481 Ibid, 71.

추적하는 임무를 수행한다.[482] TAO(Tailored Access Operations)는 NSA 내 최정예 엘리트 요원들로 구성되어 있다. 이 팀은 컴퓨터와 네트워크에 은밀히 잠입하는데 필요한 맞춤형 도구와 기술들을 개발하고 또 비밀작전을 수행한다.[483] 이 TAO 가운데에서도 최정예 엘리트로 구성된 원격작전센터(Remote Operations Center: ROC)는 포트미드, 콜로라도, 조지아, 텍사스, 하와이 등에 지부를 두고 최고 수준의 은밀한 사이버 정찰, 감시, 공격임무를 수행한다.[484] 한편 NSA는 CIA와 합동으로 특수정보국(Special Collection Service: SCS)을 운용하고 있으며, 그 본부는 매릴랜드 벨츠빌 인근에 있다. 이 특수정보국은 미 대사관과 영사관 내에 '도청기지국'을 65개 운영하고 있다. 이 팀은 이를 통해 커뮤니케이션 네트워크에 침입하기 어려운 곳에 NSA가 디지털 거점을 확보할 수 있도록 도와주며, 필요한 경우에 그러한 시스템을 파괴하는 사이버 공격도 감행한다.[485] 또한 앞서 언급한대로 NSA는 FBI의 DITU와 협력하고 있다.[486] NSA는 미국의 민간부문들과도 협력체계를 구축했다. NSA를 핵심 컨트롤타워로 AT&T와 버라이즌, 센추리링크와 같은 대형 인터넷 공급자나 네트워크 운영자를 티어 1(Tier 1)으로 참여시켜 민간컨트롤타워로 삼는다. 여기에 티어 2(Tier 2)에 해당하는 기타 민간기업들을 참여시켜 확장 보안시스템을 구축했다.[487] 이처럼 NSA는 미국의 사이버 보안방첩에서 핵심적인 역할을 수행하고 있다.

NSA의 정보활동은 CIA의 경우와 마찬가지로 해외에 국한되어 있다. 그러나 앞서 언급한대로 NSA의 업무는 대체로 비밀로 보호받으면서 미국 행정부에서 NSA가 미국 내에서 비밀리에 감청과 도청활동을 할 수 있도록 한 사례들이 밝혀지면서 NSA의 정보활동이 미국 내에서도 수행되었다는 것이 알려졌다.[488] 실제로 미 국방

---

482 Ibid, 113-114.

483 Ibid, 59.

484 Ibid, 136.

485 Ibid, 141.

486 Ibid, 213.

487 Ibid, 295-296.

488 2013년 스노든이 NSA의 인터넷 등에서 개인정보를 무차별적으로 수집, 사찰한 사실에

부의 정보활동은 미국 정보공동체의 다른 기관들인 CIA나 FBI 등이 법에 준수하여 활동할 것을 강력히 요구받는 것에 비해 다소 느슨한 통제를 받아온 것이 사실이다. 그 이유는 국가의 정보공동체의 역할과 임무에 대해 규정하는 대통령 행정명령 중 중요한 'Executive Order 12333'에 따라 의회와 NSC등의 감독과 승인을 받아야 하는 국가해외정보프로그램에 미군에 의한 전술작전의 계획 및 실행에 요구되는 정보 수집을 위한 활동은 포함되지 않는다고 명시되어 있어서 상당한 경우에 감독기관의 역할을 하는 상위기관으로부터 상대적으로 자유롭기 때문이다.[489] 따라서 이들 기관들의 해외와 미국 내에서의 정보활동이 상당할 것이라는 것이 일반적인 평가이다.

2 영국

1) 영국의 정보공동체

영국의 정보시스템도 미국의 그것과 유사하게 정보공동체(Intelligence Community)를 이루고 있다. 영국 역시 주요정보기관들을 공식적인 문서에서 정보공동체로 부르고 있다.[490] 그러나 미국보다는 상대적으로 단순한 형태로 구성되어 있다. 영국의 중요한 정보기관과 관련 부서, 센터, 조직들은 다음과 같다. 먼저 영국 정보기관들 가운데 대표적 기관은 다음의 네 개를 들 수 있다. ① 보안부(Security Service, SS 또는 MI5: 이하 MI5), ② 비밀정보부(Secret Intelligence Service, SIS 또는

대해 폭로하였다.

489 Executive Order 12333. 1981.

490 Gov.UK. National Intelligence Machinery. https://assets.publishing.service.gov.uk/government/uploads/system/uploads/attachment_data/file/61808/nim-november2010.pdf

MI6: 이하 MI6), ③ 정부통신본부(Government Communications Headquarters: 이하 GCHQ), ④ 국방정보본부(Defence Intelligence Staff: 이하 DI)이다. MI6로 더 잘 알려져 있는 비밀정보부와 정부통신본부(GCHQ)는 외무부 소속이고, 보안부(MI5)는 내무부 소속, 국방정보본부(DI)는 국방부 소속으로 각 부처의 장관들의 통제와 감독을 받는다. 네 기관들은 순수한 정보기관으로 법집행권한 즉 수사권이 없다. 그 외에도 영국의 정보활동을 담당하는 기관 및 부서로는 내무부(Home Office) 산하 보안대테러실(Office for Security and Counter-terrorism: OSCT), 스코틀랜드 야드(Scotland Yard)라고 불리는 런던경찰청(Metropolitan Police, MPS) 내의 특수작전단 산하부서인 국가극단주의질서파괴정보과(National Domestic Extremism and Disorder Intelligence Unit), 국가불법무기정보부(National Ballistics Intelligence Service: NBIS) 등이 있다.

정보분석과 관련된 기관으로 내무부 산하 국가안보와 외교정책관련 이슈들에 대한 객관적인 정보평가와 분석을 수행하는 합동정보기구(Joint Intelligence Organization: JIO)와 보안부(MI5) 산하에서 보안부 국장의 감독을 받으며 테러와 관련된 정보수집, 통합, 분석, 배포에 관여하는 합동테러분석센터(Joint Terrorism Analysis Center: JTAC)가 있다. 특히 합동테러분석센터(JTAC)는 테러와 관련된 다양한 정보기관 및 법집행기관 출신의 전문적 분석가들로 구성된 합동정보분석기관이다. 이 센터는 특징적으로 정보기관과 경찰 등 다양한 출처에서 수집된 정보들을 통합하고 분석하는 기능을 가지기 때문에 정보기관인 보안부와 상위전략정보분석 및 정보의 전략적 우선순위를 결정하는 위원회인 합동정보위원회(JIC)와 밀접한 관련을 가지고 있다. 이 중, 국가범죄청(National Crime Agency: NCA), 국세청(HM Revenue & Customs: HMRC), 국가사기범죄정보국(National Fraud Intelligence Bureau: NFIB), 런던경찰청(Metropolitan Police, MPS, 일명 Scotland Yard) 등은 정보활동기능 외에 수사권도 가지고 있다. 그리고 이러한 기관들은 정보기관들과 밀접하게 협력하고 있다. 이처럼 다양한 영국의 정보기관들을 모두 포함하여 영국 정보공동체라고 부른다.

영국정보공동체에 의해 수집되어 생산된 정보들은 분석되어 국가의 최고 상위 정책결정자인 소비자들에게 전달된다. 관련 중요 기관들과 위원회들은 다음과 같다. 국가안보회의(NSC)와 수상(Prime Minster), 합동정보위원회(JIC), 그리고 합동정보위원회 산하(JIC) 정보분석기구인 합동정보기구(JIO), 수상의 국가안보자문(Prime Minster's National Security Advisor) 등이 있다. 위의 기관들은 수집·분석·배포된 정보를 근거로 영국 국가안보와 국가정보에 관한 전략을 결정하게 된다. 그리고 정보공동체가 수집한 정보는 영국의 군과 법집행기관의 현장작전을 지원하는 데도 사용된다. 이러한 전체적인 영국의 정보시스템을 영국정부에서는 "영국의 정보기계(United Kingdom's intelligence machinery)"라고 부른다. 그 구조는 다음의 순서와 같다.

❶ 영국 내각실 내의 중앙정보체계(central intelligence machinery based in the Cabinet Office):
- 수상(Prime Minister), 국가안보회의(National Security Council: NSC), 합동정보위원회(Joint Intelligence Community: JIC): 수상의 국가안보자문(Prime Minster's National Security Advisor) 등이 포함된다.

❷ 비밀정보부(Secret Intelligence Service: SIS 또는 MI6)

❸ 정부통신본부(Government Communications Headquarters: GCHQ)

❹ 보안부(Security Service: SS 또는 MI5)

❺ 국방정보본부(Defence Intelligence: DI)

❻ 합동테러분석센터(Joint Terrorism Analysis Centre: JTAC)

❼ 기타 다른 정보수집 및 분석기능을 가진 정부 부서, 부처, 조직
- 예를 들면, 국가범죄청(National Crime Agency)

아래의 그림은 이러한 체계를 표현한 관계도이다.

그림 Ⅸ-1 영국의 국가정보체계 관계도[491]

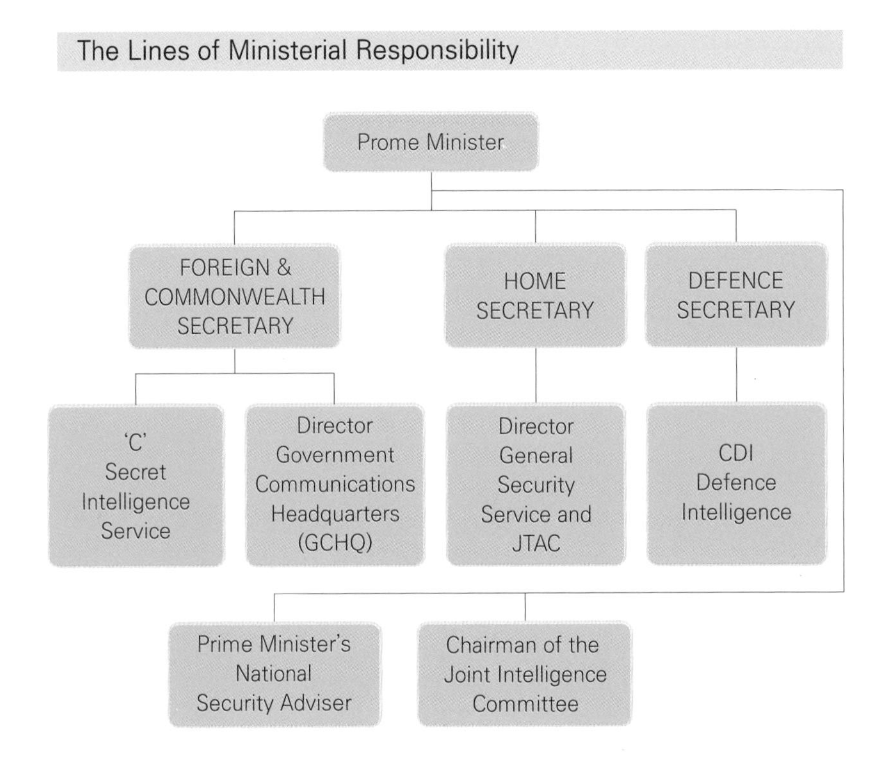

먼저, 정보 생산과정인 수집단계에서는 앞서 언급한 주요 정보기관들과 함께 경찰조직의 하부부서단위가 포함된다. MI6와 GCHQ는 해외정보만을 평가하고 배포한다. 보안부(SS/MI5)는 국내정보만을 수집하고 배포하며, 평가·분석된 정보들을 생산한다. DI는 영국 국내와 국외, 그리고 사이버·우주 등의 구분 없이 모든 출처의 정보를 평가·분석하여 정보를 생산한다. 합동테러리즘분석센터(Joint Terrorism Analysis Center)는 테러리즘과 관련된 단기간의 위협과 장기간의 추세를 모두 분석한다.

491 National Intelligence Machinery. U.K. Cabinet Office. 2010, 18 https://assets.publishing.service.gov.uk/government/uploads/system/uploads/attachment_data/file/61808/nim-november2010.pdf

그리고 위의 관계도에는 없지만 앞서 언급한 기타 주요 정보기관이자 법집행 기관인 국가범죄청(National Crime Agency)이 중요한 정보수집 임무를 담당한다. 국가범죄청은 2013년에 과거 중대조직범죄청(Serious Organised Crime Agency: SOCA)의 업무를 통합하여 불법자금세탁 및 불법자금관리 등 경제관련 범죄, 사이버범죄, 국경수비 및 출입국 관련 범죄, 불법무기거래, 사기, 불법마약밀매, 조직범죄, 인신매매, 납치와 착취, 아동성적학대 및 착취, 뇌물, 부패 및 처벌회피 등의 중요범죄를 다룬다.[492] 이에 더해 국가정보기관으로서의 기능을 통합하였다.[493] 실제 국가범죄청의 정보수집기능 관련 홈페이지 설명을 보면 매우 광범위한 출처로부터 정보를 수집하고 또한 다양한 파트너 조직들에게 배포하고 있다.[494] 그리고 이러한

---

492 National Crime Agency. What we do. What we investigate. https://www.nationalcrimeagency.gov.uk/what-we-do

493 National Crime Agency. What we do. How we work. Intelligence: enhancing the picture of serious organised crime affecting the UK. https://www.nationalcrimeagency.gov.uk/what-we-do/how-we-work/intelligence-enhancing-the-picture-of-serious-organised-crime-affecting-the-uk

494 National Crime Agency. What we do. How we work. Intelligence: enhancing the picture of serious organised crime affecting the UK. Collecting intelligence We bring together intelligence from a range of sources in order to maximise analysis, assessment and tactical opportunities. These include:

- Open source (publicly available information such as social media)
- Covert human intelligence sources
- Undercover officers
- Technical interception of communications
- Law enforcement partners in the UK and overseas
- Security and intelligence agencies
- Private sector reporting
- Members of the public

We develop this intelligence, coordinate the national intelligence picture of serious organised crime and disseminate and share intelligence with partners in the UK and overseas. It can also be disseminated to/shared with partners who can use it to complement their own intelligence or to take immediate action. Partners include:

- Police, including Counter Terrorism Policing

정보들을 바탕으로 분석과 평가도 수행한다. 이 기관은 'Crime and Courts Act 2013'에 근거하여 출범하였다.

이 국가범죄청의 규모와 활동영역 등을 살펴보면 경찰을 넘어서 국경안보관리, 세금, 관세, 이민 등을 망라한 정보기관 및 법집행기관의 권한을 모두 포함하고 있다. 따라서 국가범죄청의 규모와 역할은 미국의 FBI와 비견된다. 영국 내 인터폴 국가사무소(Interpol)와 유로폴(Europol)의 업무도 국사범죄수사청에서 담당하고 있다.[495]

이러한 정보의 생산물들을 공유하는 정부기관들(정보기관, 군, 법집행기관 등)은 서로 긴밀한 관계를 유지한다. 정보기관들과 수사기관들은 매우 가깝게 업무를 수행하고 작전수행을 위해 필요할 때는 기관 간에 힘을 합쳐 합동 임무를 수행한다. 그리고 기관의 기반시설 일부를 공유하고 조율된 정보보고서를 생산한다. 이러한 매일 매일의 작전과 활동을 통해 정보기관에 의해 수집된 정보들은 각 정보기관 수장의 직접적이고 일차적인 통제를 받는다. 각 정보기관 수장들은 정보활동의 결과물에 대한 연례보고서를 작성하여 수상과 각 정부 부처의 장관들에게 정기적으로 보고해야할 법적 의무를 진다. 즉, 내무부장관은 보안부(SS/MI5)에 대해서, 외무부장관은 정부통신본부(GCHQ)와 비밀정보부(SIS/MI6), 그리고 국방부 장관은 국방정보본부(DI)에 대한 통제와 업무보고를 확인하는 책임을 각각 지닌다.

이러한 정보들과 정보 분석물들은 상위소비자들에게 내각의 중앙정보체계를 통해 올라간다. 내각수준의 정부 중앙정보체계는 합동정보위원회의장(The Chairman of the Joint Intelligence Committee: JIC)과 정보, 보안, 복구 담당 국가안보자문(Deputy National Security Adviser for Intelligence, Security and Resilience)이 이끌어간다. 이들은 정보기관들이 규정과 정보우선순위에 따라 업무를 수행하도록

- Regional Organised Crime Units
- Border Force
- HM Revenue & Customs
- International law enforcement partners

495 이주락, "영국 정보기관의 정보활동 연구: 국내정보활동을 중심으로," 『한국사회안전학회지』, 12(2) (2017), 135-154, 142.

이끌고 예산을 편성하며 정보기관의 활동을 감독한다. 이들 중앙정보체계위원회, 의회, 담당자들은 제출된 정보와 정보 분석물들을 평가한다. 정보공동체 컨트롤타워에 해당하는 핵심적인 위원회는 합동정보위원회(Joint Intelligence Committee: JIC)이다. 합동정보위원회(JIC)는 수집된 정보를 기반으로 평가하고 평가보고를 출간하는 데, 이는 영국 정보공동체의 종합적인 협력의 결과물로서 근본적으로 정보에 근거한 정보분석 생산물이다 그렇지만 이는 정책결과물들은 아니다. 이러한 JIC의 생산물은 영국수상과 고위 정책결정자들인 영국 고위층 지휘서열 상위 10위(넘버 10)까지 에게만 전달된다. 이렇게 전달된 정보는 정책결과물이 되어 영국 국가안보전략 및 정보 전략을 세우는 근거가 된다. 이러한 체계에서 영국수상의 역할은 정보와 안보관련 전반적인 관리책임이 있다. 수상은 국가안보자문을 통해 정보기관들에게 영향을 미치는 문제들에 관한 종합적인 설명을 의회에 제공해야만 한다. 이 과정에서 수상의 국가안보자문(Prime Minster's National Security Advisor)은 수상에게 국가안보에 대한 조언을 할 의무가 있고, 국가안보회의(NSC)를 감독하고 정부의 안보 아젠다를 조율하고 발전시키고 구성하는 책임을 진다.[496]

2) 정보공동체를 구성하는 주요 정보위원회, 정보기구, 및 정보기관들

(1) 합동정보위원회(Joint Intelligence Committee: JIC)와 합동정보기구(Joint Intelligence Organisation: JIO)

합동정보위원회(JIC)는 여러 정부부처들과 정보기관들을 통합한 위원회이다. 이 위원회는 기능적으로 정보활동과 국가안보에 관련한 전략적 대응에 있어서 가장 핵심적인 정보통합 · 분석 · 배분을 하는 기관으로 핵심 정보생산물을 만들어 내고 국가 최고위층의 정책결정을 지원한다. 내각사무처에 사무실을 두고 있고 수상과 고위 정책공무원들에게 특히 안보, 국방, 그리고 외교사안과 관련해서 긴급한 국가안보이슈부터 장기간에 걸친 국익에 관한 주제들에 이르기까지 다양한 정보기관들 및

---

496 Gov. UK. 2010. National Intelligence. Machinery, 21.

부처들의 정보평가를 조정 · 통합하여 조율된 정보를 배포하는 책임이 있다. 이 위원회의 구성원은 외교부(Foreign and Commonwealth Office), 국방부(Ministry of Defence: DI의 수장을 포함하여), 내무부(Home Office), 내각사무처(Cabinet Office), 국제개발부(Department for International Development), 재무부(Treasury), 그리고 3대 주요 정보기관들(MI5, MI6, GCHQ)의 수장 및 고위공무원들이 참석한다. 그 외에도 다른 정보기관의 분석책임자들이 필요에 따라 참석한다.[497]

합동정보위원회(JIC) 의장은 이 회의의 감독책임을 수상에 대해 진다. 또한 산하에 합동정보기구(Joint Intelligence Organisation: JIO)를 두고 이 기관의 책임자가 된다. 합동정보기구(JIO)는 정보분석 참모들(Assessments Staff)로 구성되는데 합동정보위원회(JIC)의 국가정보판단분석 보고서의 초안을 작성하고 그 외의 정보를 분석하는 책임이 있다. 정보분석 참모들(Assessments Staff)은 다양한 정부부처, 정보기관, 기구들로부터 차출된 폭넓은 분야의 전문 정보분석 인원들이다. 이들은 모든 정보를 활용하여 전략적으로 영국의 이익에 위협이 되는 사항을 경고하고, 현재의 문제들을 파악하고, 전략적 이슈들에 대해 평가하는 책임이 있다. 이들 분석요원들은 분석과 분석을 근거로 작성한 보고서를 해석하는 데 있어서 정부부처와 정보기관들과 매우 긴밀히 협력하면서 업무를 수행한다. 이들의 분석보고서는 부서 내부와 '현용정보그룹(Current Intelligence Group)'이라고 하는 각 정부부서들의 전문가들로 구성된 그룹에 의해 엄격한 감독과 검사, 평가를 받는다. 이들 분석요원들은 해외의 정보기관들과의 자체적인 협력관계를 맺고 있다. 이러한 연결망은 JIO의 정보분석요원들의 평가와 분석이 영국과 군사동맹에 있는 국가들 그리고 영국과 공동의 위협을 맞닥뜨리고 있는 국가들과의 공동견해에 기초해 정보 공유되고 정책결정에 영향을 미치게끔 한다.

또한 합동정보위원회(JIC)는 정보분석전문책임자(Professional Head of Intelligence Analysis: PHIA)의 지원을 받는다. 2004년에 신설된 정보분석전문책임자(PHIA)는 정부 의사결정이 효과적이고 확신을 가지고 수행될 수 있도록 지원한다. 이를 위해 정보분석전문책임자(PHIA)는 정보분석의 질(quality)을 감독하고, 분석능

497 Ibid, 23.

력 등에 대한 조언을 제공하고 영국 정보공동체에 분석방법론 훈련을 제공한다. 또한 정보분석전문책임자(PHIA)의 역할에는 합동정보위원회(JIC)의 정보평가분석보고서 등의 생산물에 편견이 없도록 하고 이와 같은 생산물이 기존의 가정이나 편견에 영향을 받지 않도록 하는 것이 포함된다.[498]

(2) 비밀정보부 (SIS/MI6)

비밀정보부는 해외정보활동을 담당한다. 국내에서의 정보활동기능은 없다. 비밀정보부(SIS/MI6)의 핵심적인 임무는 영국정부의 안보 · 국방 · 외교 · 경제 등 국가안보와 관련된 정책을 수행하는 데 필수적인 비밀정보를 해외에서 수집 · 분석하는 것이다.[499] 특히 해외에서의 정보 및 군사 작전과 외교정책의 수립 등의 결정 및 판단에 핵심적인 정보와 분석을 제공한다. SIS/MI6는 법률과 합동정보위원회와 각료들에 의해 설정된 요구와 우선순위에 따른 해외정보수집과 비밀공작(clandestine act)을 수행한다.[500] 비밀정보부는 인간정보와 기술정보를 모두 활용하며 법과 규정이 정하는 바를 따라 정보활동을 수행한다. 또한 광범위한 외국 정보기관과 안보기관들과의 연락관(liaison) 역할을 수행한다. 비밀정보부(SIS/MI6)의 권한과 역할은 정보기관법(Intelligence Services Act 1994)에 규정되어 있다.[501] 또한 이에 따라 외무부 장관의 통제를 받고 업무와 기능이 정해진다. 순수한 정보기관으로 법집행기능은 없다.

---

498 Ibid, 24.

499 전웅, 『현대 국가정보학』, 431.

500 GOV.UK. 2010. National Intelligence Community, 6.

501 Ibid. “The Act (the Intelligence Services Act 1994) directs SIS to obtain and provide information relating to the acts and intentions of persons overseas:
- in the fields of national security and with particular reference to the Government's defence and foreign policies;
- in the interests of the economic well-being of the UK; and
- in support of the prevention or detection of serious crime.

(3) 정부통신본부(GCHQ)

정부통신본부(GCHQ)의 존재와 활동은 오랫동안 비밀에 부쳐졌다. 해당 기관은 정보기관법(Intelligence Services Act 1994)에 의해 활동, 책임, 권한, 감독 등에 대한 법적근거를 가진다. GCHQ는 미국의 NSA에 해당한다. 따라서 영국의 사이버 보안방첩의 핵심 기관이다.[502] 정부통신본부(GCHQ)의 활동은 법과 합동정보위원회와 각료들에 의해 설정된 요구와 우선순위에 따라 무엇을 수집할지 그리고 정부와 비밀정보부와 같은 군사기관에 어떤 내용을 보고할지가 결정된다.[503] 정부통신본부(GCHQ)의 통신정보, 인터넷 정보 등 다양한 사이버 및 신호정보에 대한 분석은 정부의 국가안보, 군사작전, 법집행기관의 작전에 관한 결심과 행동을 지원할 수 있는 정보를 제공한다. 또한 해외정보기관들이 자국의 정보기관 및 정부기관 등에 도·감청을 하지 못하도록 하는 역할도 하고 있으며 기간시설 보호 등의 업무도 책임진다. 정부통신본부(GCHQ)는 신호정보를 분석하고 통신자료 및 사이버 관련 정보업무를 수행한다. 정부통신본부는 테러리즘, 마약, 조직범죄, 사이버 범죄, 해킹 등 심각한 범죄에 대해 대응할 뿐만 아니라 적국 전산망 공격과 같은 적극적 작전과 군사작전 등에도 관여한다. 비밀정보부(SIS/MI6)처럼 정부통신본부(GCHQ)는 외무부 소속이며 외무부 장관은 의회에 이들 두 정보기관의 활동에 대해 답한다. MI6와 마찬가지로 GCHQ 역시 순수 정보기관으로 법집행기능이 없다.

(4) 보안부(SS/ MI5)

SS/MI5로 알려진 보안부는 영국의 국가안보에 위협이 되는 은폐된 조직적 위협들로부터 영국을 보호할 의무가 있다. 보안부는 또한 폭넓은 정부기관들에게 안보관련 자문을 제공한다. 이 SS/MI5의 역할은 보안부법(Security Service Act 1989)에 근거되어 있고 그 내용은 다음과 같다: ① SS/MI5의 국가안보 보호 특히 스파이 활동, 테러리즘, 사보타지(sabotage)의 위협, 외국의 정보원들로부터의 위협, 의회

---

502 해리스, 『보이지 않는 전쟁 @ WAR』, 151.

503 Ibid, 8.

민주주의를 정치적으로, 산업적으로, 또는 폭력적인 수단을 활용하여 전복시키거나 훼손하는 위협으로부터의 보호; ② 영국 영토의 외부에 있는 사람의 의도나 행위로 인해 영국의 경제적 안녕에 위협이 제기되는 것으로부터 보호; ③ 경찰과 다른 법집행기관들이 심각한 범죄를 예방하고 이로부터 영국을 보호하는 것을 지원하는 행위이다.[504] 특히 보안부의 업무는 국내정보활동에 국한되며 내무부 소속으로 내무부 장관의 감독을 받는다. 또한 순수한 정보기관으로 법집행권한은 없다. 보안부가 대응책임을 지는 주요한 위협은 테러리즘, 스파이활동, 그리고 대량살상무기의 확산이다.

보안부의 역할수행을 구체적으로 설명하면 SS/MI5는 첫째, 정보의 수집, 분석, 평가를 통한 위협분석; 둘째, 위협의 원천에 대한 대응; 셋째, 위협의 본질과, 이에 대한 안보대응에 대해 정부와 관련기관에 자문; 그리고 넷째, 이러한 위협과의 싸움에서 다른 정보기관들, 조직들, 그리고 정부기관들을 지원한다. 또한 SS/MI5의 정보수집과 평가는 합동정보위원회와 내각 각료들이 허가한 바에 따라 설정된 우선순위와 요구사항들에 따라 수행된다. SS/MI5는 앞서 언급한 SIS/MI6, GCHQ와 같이 수사권한이 없다. 따라서 기소로 이어질 수 있는 사건과 사례들은 경찰, 왕립검찰(Crown Prosecution Service), 영국 이민국(HM Immigration Service), 또는 영국 세금과 관세청(HM Revenue and Customs) 등 어떤 기관이던지 SS/MI5의 정보에 따라 기관의 책임과 역할에 따라 필요한 행동을 취할 수 있는 폭넓은 정부기관들 및 부처들과 긴밀히 공조한다.[505] 추가적으로 중대범죄에 대한 정보수집 업무도 보안부 임무에 포함되나 국가범죄청(National Crime Agency)이 발족하고 주요 중대범죄에 대한 정보 및 수사권한이 충돌되면서 보안부는 이에 관한 정보수집업무보다는 방첩, 테러, 사보타지, 대량살상무기 등의 업무에 집중하고 있는 것으로 알려져 있다.[506]

---

504 Ibid, 10.

505 Ibid, 10-11.

506 이주락, “영국 정보기관의 정보활동 연구: 국내정보활동을 중심으로,” 141.

(5) 국방정보본부(DI)

국방정보본부(DI)는 영국의 국가정보체계에서 핵심적인 역할을 하는 기관이다. 국방정보본부(DI)는 국방부(Ministry of Defense: MOD)의 한 구성원으로 존재하며 국방부 장관의 감독을 받는다. 국방정보본부(DI)는 육·해·공 삼군으로부터 차출한 전문가들과 민간인들로 구성되었고 국방부로부터 예산을 지급받는다. 국방정보본부(DI)는 공개적 그리고 비공개적 출처의 모든 유형의 정보분석을 수행한다. 국방정보본부(DI)는 정책결정, 위기관리, 그리고 군사능력 창출 등을 지원하기 위한 정보평가를 제공한다. 이러한 정보는 국방부, 군사령관, 군부대, 그리고 정부부처들에 의해 사용되고 합동정보위원회의 업무를 지원하기 위해 사용된다. 이 외에도 국방정보본부(DI)는 군사작전을 직접적으로 지원하기 위한 정보 수집을 수행한다. 국방정보본부(DI)는 또한 지도, 차트 같은 특수지리 정보서비스도 제공하고 국방정보와 안보센터에서 정보관련 훈련도 제공한다.

(6) 합동테러분석센터(Joint Terrorism Analysis Center: JTAC)

정부 합동테러분석센터(JTAC)는 테러관련 정보분석에 있어 핵심적인 역할을 수행한다. 합동테러분석센터(JTAC)는 영국의 각 정보기관들(MI6, MI5)과 정부부처 및 경찰로부터 파견된 정보분석 요원들로 구성되어 정보기관들 간의 테러관련 정보공유의 효율성을 높이고 국가수준의 국내와 해외의 테러관련 정보분석 보고서를 생산하기 위해 2003년에 만들어졌다. 특히, MI6의 통제와 감독을 받으며, 합동테러분석센터(JTAC)의 분석요원들은 MI6의 국제대테러(International Counterterrorism), 방첩(Counter-espionage), 대량무기확산억제(Counter Proliferation) 부서와 긴밀히 협력하고 있다. 합동테러분석센터(JTAC)는 테러관련 위험레벨을 결정하고 위협에 대한 경고를 시의적절하게 발의한다. 뿐만 아니라 테러관련 네트워크, 추세, 그리고 테러집단들의 능력 등에 대해 심층적인 분석보고서를 작성하여 광범위한 정보수요자들에게 제공한다. 합동테러분석센터(JTAC)의 보고서는 비밀정보부(MI6)의 수장에게 보고되고, 이 정보분석 보고서는 다시 합동정보위원회(JIC)에게 보고된다. JIC는 JTAC의 분석을 보다 전략적인 수준과 더 넓은 지정학적 맥락에서 분석하여

수상과 각 부처의 장관들, 그리고 고위관료들에게 보고한다.[507]

3 오스트레일리아

2017년 오스트레일리아 보안정보국(ASIO)는 '현재의 법으로는 스파이 행위 혹은 극단적인 수준의 외국(즉 중국) 간섭에 적절히 대응하는데 한계가 있다'며 정보기관의 권한 확대에 대한 필요성을 역설했다. 당시 정보국장은 의회에서 "오스트레일리아 내에서 스파이 그리고 외국의 개입이 실제로 존재한다"고 경고하며 "이런 행위들은 광범위하며, 줄어들지 않고 있으며, 오히려 정교하게 늘고 있다"고 말했다. 이어 "외국의 세력들이 오스트레일리아로부터 이득을 취하고 오스트레일리아의 국익을 손상시키며, 국가정보활동, 국방능력, 산업과의 동맹 관계 등에 관한 정보를 캐내려고 한다"고 언급했다. 이 때문에 오스트레일리아 보안정보국은 연방정부에 모든 안보 이슈에 대해서 시민들을 강제로 심문할 수 있는 특별권한을 부여해 줄 것을 요청했다.[508]

오스트레일리아 역시 미국, 영국과 마찬가지로 정보공동체를 구성하고 이 정보공동체를 이끄는 컨트롤타워를 두고 있다. 아래의 그림은 이를 나타낸다.

507 Ibid.

508 SBS, 17 June 2017. 호주보안정보국 (ASIO), 정보기관 권한확대 필요.

그림 IX-2 오스트레일리아의 정보공동체와 정보공동체 컨트롤타워[509]

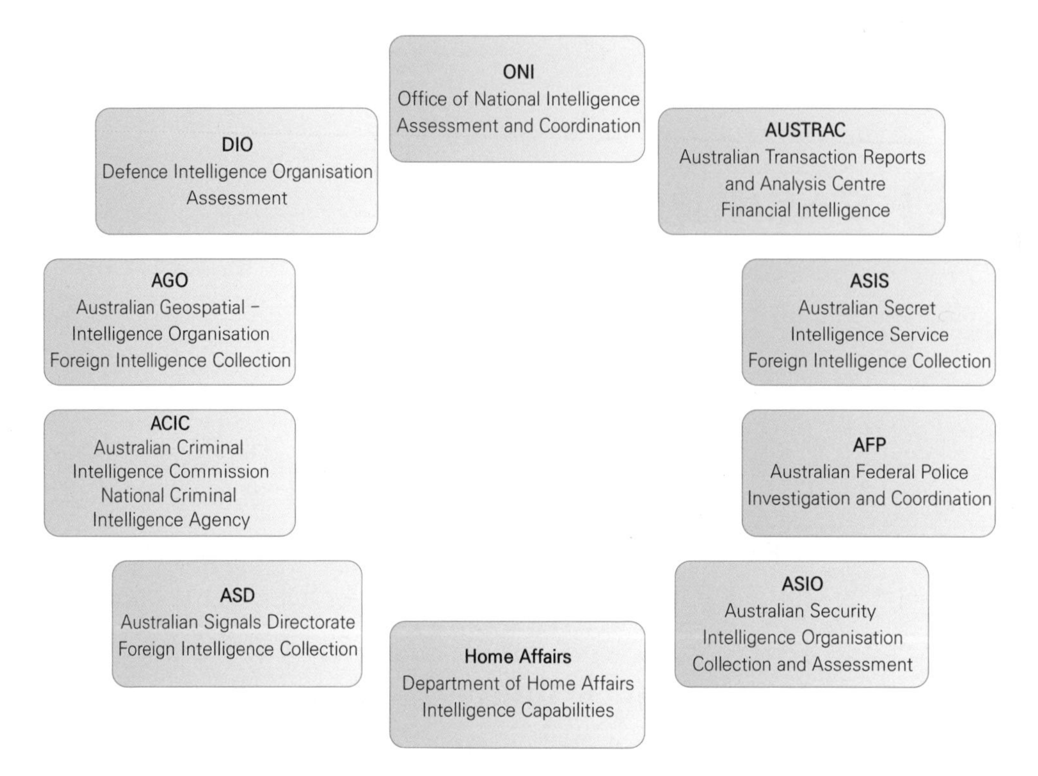

오스트레일리아의 정보공동체는 ONI(Office of National Intelligence)를 컨트롤타워로 AUSTRAC(Australian Transaction Reports and Analysis Centre), ASIS(Australian Secrete Intelligence Service), AFP(Australian Federal Police), ASIO(Australian Security Intelligence Organisation), Home Affairs(Department of Home Affairs), ASD(Australian Signals Directorate), ACIC(Australian Criminal Intelligence Commission), AGO(Australian Geospatial Intelligence Organization), DIO(Defence Intelligence Organization) 등이 참여하고 있다. 각 기관의 핵심 업무는 다음과 같다.[510]

509 https://www.careersinintelligence.gov.au/sites/default/files/nic-diagram_0.png

510 NIC Agency Roles, https://www.careersinintelligence.gov.au/who-we-are/nic-agency-roles

- ONI: 정보공동체의 컨트롤타워로 평가(Assessment)와 정보공동체 참여기관들의 조율(co-ordination)의 임무 - 이전에는 국가평가국(Office of National Assessment)으로 불렸다. 해당 기관은 오스트레일리아의 선도정보기관(leading intelligence agency)이며, 고위급 정부관료들(senior government officials)에 대한 정보평가를 제공하고 오스트레일리아 정보공동체 전반에 걸친 조율과 관리업무의 역할을 수행한다.
- AUSTRAC: 금융정보(Financial Intelligence) - 금융시스템을 범죄적으로 악용하는 것을 탐지, 억지, 분쇄하는 책임을 진다. 이를 통해 심각한 조직화된 범죄로부터 공동체를 보호한다. 금융리포터와 정보를 수집, 분석하고 금융정보를 생산해낸다. 이를 통해 국가 보안방첩 및 법집행 수사활동 등을 지원한다.
- ASIS: 해외정보수집(Foreign Intelligence Collection) - 오스트레일리아 국경 밖의 개인들 또는 조직들의 능력, 의도, 활동들에 관한 비밀정보를 수집하고 배포한다. 이는 현재와 미래의 오스트레일리아의 이익을 보호하기 위한 것이다.
- AFP: 수사와 조율(Investigation and Coordination) - 오스트레일리아의 국가 법집행 조직이다. 대테러, 국가적/초국가적 범죄, 국가안보에 관한 수사와 작전에 집중한다.
- ASIO: 보안방첩 정보수집과 평가(Collection and Assessment) - 국가보안부이다. 오스트레일리아와 오스트레일리아 국민을 보안·방첩위해로부터 보호한다.
- 내무부(Home Affairs): 국내 정보업무(Intelligence Capabilities) - 내무부는 연방수사국, 국가 및 교통안보, 형사사법, 비상대응관리, 다문화 업무 및 이민, 국경통제관련 기능 및 기관들을 모두 포괄한다. 내무부의 정보기능(intelligence function)은 내무부 관련 기관들의 자원배분과 국경위협에 대응하는 것들과 관련하여 전략적(strategic) 작전적(operational) 의사결정을 지원한다.
- ASD: 해외 신호정보(signals) 수집(Foreign Intelligence Collection) - 신호정보를 다루는 정보보안기관이다. 정보와 사이버 안보 역시 함께 다루며, 오스트레일리아 국방군(Australian Defence Forces)을 지원하는 공세적 작전을 수행한다.
- ACIC: 국가범죄정보국(National Criminal Intelligence Agency) - 해당 기관은 법집행 파트너기관들과 협업한다. 경찰 및 수사기관과 정보기관의 정보들(information)을 수집한다.
- AGO: 해외 지리정보 수집(Foreign Intelligence Collection) - 오스트레일리아 국방 및 국가 이익를 지원하기 위한 지리정보 및 영상정보를 수집하고 분석한다.

- DIO: 국방정보평가(Assessment) – 모든 출처로부터의 온 국방부 전략정보를 평가한다. 이를 통해 오스트레일리아의 국방을 지원하고 국익을 보호한다.

오스트레일리아는 이와 같은 정보공동체와 컨트롤타워 체제구축이 오스트레일리아의 지전략적 안보환경의 복잡성이 증대하고 기술변화의 속도가 빠르며, 보안방첩과 정보에 대한 도전이 증대하고 있기 때문에, 정보기관들의 수집(collection)과 조율(coordination), 그리고 협업(cooperation)의 필요성이 그 어느 때보다도 필요해졌기 때문이라고 설명하고 있다.

마지막으로 오스트레일리아의 경우 해외정보활동의 권한을 가진 기관은 ASIS, ASD, 그리고 AGO 등이다. 하지만 국내보안방첩기관인 ASIO 역시 해외 정보를 수집할 수 있다. ASIO는 검찰총장이 허가한 영장을 취득하고 인적 출처를 통하는 경우에 해외 정보를 합법적으로 수집하는 것이 가능하다. 이는 1986년 오스트레일리아 보안정보기관들에 관한 1986년 왕립위원회(1986 Royal Commission on Australia's Security and Intelligence Agencies)에서 결정되었다. 이러한 결정에 대한 근거로 해당 위원회는 ASIO는 검찰총장이 발부한 영장에 따라 오스트레일리아 국내에서 정보를 수집하는 특별한 법적권한을 가진 유일한 기관이기 때문에 같은 맥락에서 오스트레일리아 법률의 위반이 없다면 해외에서의 영장을 통한 정보 수집은 가능하다고 결정하였다. 그와 함께 해당 위원회는 "해외정보수집활동에 대한 세부사항은 매우 민감하기 때문에 공개적으로 논의하지 않는다"라고 선언하였다.[511]

4 한국

한국은 해외 사례와 같은 뚜렷한 정보공동체와 컨트롤타워가 나타나지는 않는다. 한국의 정보활동은 국가정보기관인 국가정보원(국정원)을 중심으로 이루어지고

511 Australian National Security, https://www.nationalsecurity.gov.au/

있다. 이런 측면에서 볼 때 사실상 국정원이 한국의 정보공동체의 컨트롤타워이자 선도기관으로서의 역할을 수행하고 있는 것으로 볼 수 있다.

국정원은 국방부와 경찰 등 다른 부문별 정보기관의 선도기관의 역할을 한다. 국정원은 대통령에게 직접보고하고 자체적으로 정보활동을 통해 수집-분석한 정보 생산물을 산출할 뿐만 아니라, 보안방첩 임무와 비밀공작 활동을 수행한다. 이와 함께 군과 경찰 등 다른 정부부처의 부문별 정보기관에서 생산한 정보생산물을 취합, 통합하고, 평가분석하여 최종 정보생산물을 만들어 낸다.

국정원은 해외정보와 국내보안방첩, 그리고 사이버 보안방첩 임무를 수행하는 가장 핵심적인 국가정보기관이다. 2023년 12월 31일까지는 이에 더해 대공수사권을 가진 법집행기관으로서의 성격도 있었으나 이는 2024년 1월 1일부로 안보수사국으로 이전되어 현재는 수사권을 가지고 있지는 않다. 그럼에도 불구하고 국내 보안방첩과 관련된 정보활동의 권한과 임무는 여전히 가지고 있다. 국정원은 북한 및 해외 각국에 대한 정보활동, 방첩, 보안, 방위산업보안, 반국가행위, 대테러, 국제조직범죄, 사이버 안보, 산업보안/경제방첩, 우주안보 관련 정보, 북한이탈주민 보호 등의 거의 모든 국가안보 관련 임무를 다루며, 경우에 따라서는 비밀공작 임무도 수행한다.

미국 등 해외 사례들과는 달리 한국의 경우 정보, 보안방첩, 사이버, 대테러 등에 관련된 거의 모든 정보공유통합분석센터들은 국정원 내에 설치되어 있다. 이 같은 센터들은 국가사이버안보센터, 방첩정보공유센터, 산업기밀보호센터, 국제범죄정보센터, 테러정보통합센터, 반확산센터, 국가우주안보센터 등이다. 이들 센터들은 여러 부문별 정보기관들과 다른 정부부처들, 공공기관들, 민간들로부터의 정보를 취합-통합하고 분석한다. 이외에도 탈북자들의 수용, 재교육 시설인 '하나원' 운영에도 국정원이 관여하고 있다. 한편 국가 대테러활동 관련 컨트롤타워로 국무총리실 산하에 대테러센터(NCTC: National Counter Terrorism Center)가 별도로 구성되어 운용되고 있다. 대체로 정보통합, 분석, 공유는 국정원의 테러정보통합센터가 그리고 국가 대테러 활동 관현 정부부처 간 임무분담 및 협조사항에 대한 실무조정과 테러경보발령, 조정, 테러관련 각종 안전대책 마련 및 점검, 테러대응 등에 관한 것들은 대테러센터가 주도하고 있는 것처럼 보인다.

국내 부문별 정보기관들 가운데 주요한 기관들은 대부분 국방부에 속해 있다. 이들 국방부 산하 정보기관들은 국군방첩사령부, 국방정보본부, 정보사령부, 777 사령부, 사이버작전사령부 등이다. 국군방첩사령부는 군의 방첩 및 보안에 관한 정보 수집, 작성, 처리에 관한 업무를 수행하기 위해 설치된 국방부 직할 기능사령부이다. 군사보안, 군내 방첩, 군 관련 첩보 수집 및 처리, 군 관련 특정 보안방첩 사건에 대한 수사, 장성급 장교 감찰 등의 국내 관련 군 첩보/방첩/수사 임무를 수행한다. 국방정보본부는 군사정보를 총괄하는 국방부/합동참모본부 산하의 정보기관이다. 국방정보본부는 해외 및 북한을 대상으로 군사정보의 수집, 처리, 전파와 정보발전 등을 기본 임무로 한다. 합동군이나 사령관의 정보요구 중 군사정보를 제외한 정보요구를 관련 정보기관에 전달하는 중계자 역할을 하며, 다른 국가 또는 부서별 정보기관들과 협조하여 합동작전에 필요한 가용한 정보와 첩보를 획득하여 제공할 책임을 가진다. 그리고 국방정보본부는 각국에 파견되는 무관들에 대한 교육 및 무관들을 통해 수집된 정보와 첩보를 종합하는 기능도 보유하고 있다. 국방정보본부의 예하부대로 국군정보사령부와 777사령부가 있다. 이 가운데 정보사령부는 해외정보 담당 정보기관 또는 첩보부대이다. 해외 정보 가운데 주로 군사정보 수집에 초점을 두며 방첩 업무 또한 수행하고 있다. 정보사는 휴민트와 함께 신호정보 및 사이버를 제외한 기타 기술정보 임무를 수행한다. 한편 777 사령부는 한국군의 신호정보 수집 · 지원 및 연구에 관한 사항을 관장한다. 미국 NSA의 한국 버전으로 볼 수도 있다. 신호정보, 영상정보와 같은 모든 종류의 기술정보를 수단과 방법을 가리지 않고 수집하는 것이 목표이다. 마지막으로 사이버작전사령부는 사이버공간에서의 사이버작전 시행 및 그 지원에 관한 업무를 관장한다. 주요 임무는 사이버작전의 계획 및 시행, 사이버작전과 관련된 사이버보안 활동, 사이버작전에 필요한 체계 개발 및 구축, 사이버작전에 필요한 전문인력의 육성 및 교육훈련, 사이버작전 유관기관 사이의 정보 공유 및 협조체계 구축, 사이버작전과 관련된 위협 정보의 수집 · 분석 및 활용, 그 밖에 사이버작전과 관련된 사항 등이다.

경찰의 가장 주요한 부문별 정보기관으로는 안보수사국이 있다. 해당 기관은 행정안전부 산하 외청인 경찰청 소속 국가수사본부의 하부조직이자 정보기관 및 방첩기관이다. 2021년 1월 1일 이전의 경찰청 보안국을 확대 개편하여 출범하였다.

기존의 보안 업무와 함께 대공 수사 업무, 산업기술 유출·테러 등 신안보사범 수사 업무까지 확대하였으며, 2024년 1월 1일 이후부터는 기존 국가정보원의 대공수사권을 이관받아 대공수사임무를 전담한다. 주요 업무로는 간첩 및 국가보안법 위반 혐의자 수사, 산업스파이, 테러리스트 수사, 탈북자 보호, 보안정보수집, 대통령 경호 지원 등이 있다.

그 외 다양한 정부부처와 공공기관에서 정보관련 업무를 수행한다. 예를 들면, 2023년 상반기부터 외교부는 태스크포스 형태의 '외교정보단'을 신설, 가동하고 있다. 외교부는 정보단을 TF(Task Force) 형태로 운영한 뒤 정식 조직으로 꾸리는 방안을 모색 중이다. 정식 조직이 될 경우 '모델'은 미국의 INR이 될 것이 유력해 보인다.[512] 통일부는 2023년 여름 조직개편에서 정보기능을 강화했다. 통일부는 정보분석국을 운영하고 있으며, 2023년 여름에 해당 정보분석국 산하에 정보조사협력과를 신설했다. 정보분석국은 기존의 정세분석국의 명칭을 변결한 것으로 북한에 대한 정보임무를 수행한다. 신설된 정보조사협력과는 국내외 유관 기관 및 민간단체와 정보 협력을 강화할 방침이다. 특히 정보 협력을 강화한다는 취지에서 국정원의 과장급 인사를 통일부로 파견 받을 예정이다.[513] 핵심 법집행 기관인 법무부 대검찰청 역시 주요한 정보, 보안방첩 기관으로 볼 수 있다. 특히 대검찰청 공안부는 대한민국의 공공안전과 체제수호를 위한 공안사건 수사의 사령탑으로 보안방첩 관련 사건을 수사하고 관련 정보를 다룬다. 한국인터넷진흥원(KISA: Korea Internet & Security Agency)은 한국의 인터넷 진흥, 인터넷 정보보호 및 그에 관한 국제협력 업무를 수행하는 과학기술정보통신부 산하 위탁집행형 준정부기관이다. KISA의 주요임무는 사이버보안 강화, 인터넷 인프라 안전, 개인정보 보호 강화, 사이버 범죄 대응, 디지털 포렌식 지원, 인터넷 콘텐츠 윤리 강화, 사이버 위협 대응 교육, 국제 협력 강화 등이다. 이 같은 KISA의 임무수행 과정에서 사이버 관련 정보, 보

---

512 『뉴스1』, "외교부, '외교 정보단' 가동…대통령실 올리는 '정보 보고' 체계 내실화,' 2023년 6월 20일.

513 김학일, "심리전 기능 부여된 통일부 조직개편…인사태풍으로," 『노컷뉴스』, 2023년 8월 27일.

안방첩의 역할을 일부 수행한다. 따라서 넓은 의미에서 정보관련조직으로 볼 수 있다. 마지막으로 코트라(KOTRA) 역시 KISA와 같은 성격을 가진다고 볼 수 있다. 경제산업무역관련 정보를 다루고 있으며, 따라서 넓은 의미에서 경제산업정보 관련 조직으로 볼 수 있다. 이 밖에도 여러 국책, 정부출연기관, 대학, 민간 연구소 및 싱크탱크 등도 넓은 의미에서 정보공동체의 참여 조직 또는 기관들로 간주될 수 있다.

X

미래 국가안보를 위한 정보전략

X 미래 국가안보를 위한 정보 전략

미래 국가안보 및 국가정보 환경은 물리적 공간과 사이버 공간이 중첩되고, 국내와 해외의 경계가 애매모호해지며, 국가행위자와 비국가행위자가 뒤섞이고, 전쟁과 평화의 구분이 희석되는 복합적이고 연계된 회색지대가 될 것으로 전망된다. 이는 글로벌 연결성의 강화와 정보통신기술의 빠른 발전과 사이버 공간의 확장, 인공지능과 데이터 사이언스의 혁명 등으로 구현되어 가는 글로벌 디지털 산업사회로의 이행 때문이다. 이와 같은 변화는 정보통신 자동화, 인공지능, 머신러닝, 딥러닝, IoT, 블록체인, 디지털·스마트 기술, 바이오나노기술, 우주위성기술 등의 첨단 정보통신과학기술 등과 긴밀하게 결합되면서 이행된다. 이와 같은 변화는 4차 산업혁명의 모습들로 찬사와 조명을 받고 있으며, 보다 편리하고, 효율적이고, 풍요로운 첨단사회를 약속하는 것으로 다수의 사람들에게 인식되어지고 있는 것처럼 보인다. 하지만 이미 수십 년 전 엘빈 토플러가 정확히 지적한 것처럼 생산의 양식과 파괴의 양식은 같은 뿌리로 묶여 있다. 즉, 인간과 사회를 더 윤택하고 풍요롭게 만드는 4차 산업혁명의 기술과 생산양식들은 동시에 인간과 사회를 4차 산업혁명의 방식으로 파괴할 수 있도록 하는 치명적인 수단이 된다. 미래 국가안보 위해요인들은 그러한 4차 산업혁명의 파괴의 양식에 해당한다.

미래 국가정보전략은 이와 같은 미래 국가안보 환경의 초연결성과 중첩성이 만들어 내는 특성을 반영하여야만 한다. 이를 위해 다음과 같은 사항들이 고려되어야 한다. 첫째, 위해요인의 분산이다. 위해요인은 국가 또는 비국가행위자와 같은 의도를 가진 인간행위자에 의한 공격과 코비드-19과 같은 어떤 특정한 인간행위자가

의도를 가지고 공격한 것이 아닌 비인격적 요인에 의한 재난 또는 위기를 포함한다. 이 책에서 살펴본 것처럼 전통적으로 국가안보 위해요인은 북한과 중국 같은 적대적 의도를 가진 국가행위자에 머물렀으나 국가안보 및 국가정보 환경의 변화로 비국가행위자와 비인격적 요인의 위해의 정도가 국가안보를 위협할 수준에까지 증대했고, 따라서 오늘날 주요한 국가안보 위해요인으로 포함되고 있다. 둘째, 취약성의 분산이다. 이 역시 앞서 살펴본 것처럼 국가안보 및 국가정보 환경의 변화로 민간부문의 이전에는 국가안보 위협의 대상으로 여겨지지 않았던 일상의 부문들이 이제는 국가안보 위해에 영향을 미칠 수 있는 수준에까지 이르렀다. 평범한 가정의 IoT가 국가핵심기반시설 공격을 위한 우회루트로 이용될 수 있으며, 일반 사람들의 생각이 정보활동의 무대가 되었다. 과거와 달리 지켜야 할 것이 너무 많아졌다. 셋째, 따라서 정보활동의 분산이 강화될 필요가 있다. 공격자와 취약성이 다변화되면서 국가정보활동의 핵심기관인 국가정보기관과 수사기관만으로는 정보업무를 실효적으로 수행하는데 한계가 나타나고 있다. 따라서 과거에 특정 전담기관이 정보임무를 수행하던 관료적 방식에서 네트워크 정보활동 방식으로 빠르게 이행하고 있다. 핵심국가정보기관이 이 네트워크 정보활동의 허브가 되고 여타 관련 정부부문과 민간부문들을 네트워크의 노드로 결합하면서 그물망 방패가 쳐지고 있다. 국가정보기관은 전략적 가이드와 지휘통제, 지원, 조율 등의 임무를 수행하는 컨트롤타워로 작동하고 실제 일일(day-to-day) 정보활동업무는 네트워크의 각 노드들이 자발성과 자율성을 가지고 수행하게 된다. 미국은 이를 다중이해당사자주의로 명명하고 정보활동의 그물망을 넓게 펼치고 있다.

미래 국가정보활동은 이 '정보활동의 분산' 개념에 기초하여 정보의 그물망을 넓게 펼쳐야 한다. 미국과 영국, 러시아, 중국 등 선도적인 방첩강국들은 이와 같은 방식으로 발전하고 있다. 국가행위자인 정보기관, 군, 법집행기관, 기타 정부·공공기관 등과 민간행위자들을 긴밀하게 그리고 은밀하게 결박시켜 하나의 정부-군-민간 네트워크형 복합정보집단으로 구성하고 있다. 미국은 아마존, 구글, 마이크로소프트 등과 같은 정보통신기업과 AT&T와 버라이존 같은 정보통신운용자, '엔드게임', '크라우드스트라이크', '팰런티어 테크놀로지', '바나' 등과 같은 특화된 민간보안기업과 국가안보국(NSA), 연방수사국(FBI), 국방정보국(DIA), 중앙정보부(CIA),

국가테러센터, 국토안보부, 군과 경찰 등을 잇는 정보의 연계망을 구축했다.[514] ODNI와 산하 센터들은 이와 같은 거대한 그물망의 네트워크 허브로 작동한다.

러시아는 "the StopGeorgia.ru", "나쉬(Nash: 친크레믈린 청소년 운동)", "Z3X", "APT 28(Fancy Bear)", "APT 29(Cozy Bear)" 등의 애국적 해커그룹과 RBN(Russian Business Network)과 같은 사이버 조직범죄그룹 등과 FSB, GRU, 러시아연방군 등과 같은 정보기관과 군이 은밀히 연계되어 있다. 이는 미래의 전쟁에서는 정보전이 매우 중요하며, 이와 같은 정보전에서 비밀작전과 비정규적 부대, 민간 프록시가 점차 그 중요성이 더 커지고 있다는 러시아의 인식 때문이다.[515] 이 은밀한 네트워크의 허브는 FSB(연방보안국), SVR(해외정보국), GRU(정보총국) 등이다.

중국은 초한전(unrestricted warfare) 또는 삼전(three warfare) 개념에 따라 전략목표 달성을 위해 사이버 해킹과 사이버 에스피오나지, 여론공작, 선전·선동, 문화공정, 정치·선거 개입, 조직범죄 등 기존의 전쟁에 대한 규범과 도덕, 상식적 한계를 뛰어넘어 모든 수단을 총동원하고 있다. 이에 따라 중국은 인민해방군 소속 61398부대와 국가안전부 등을 중심으로 칭화대학과 하얼빈 공과대학, 저장대학교 컴퓨터과학기술대학 등 교육기관, 그리고 애국 해커그룹들과 우마오당과 같은 댓글공작부대, 중국의 학자들과 언론, 유학생 등을 은밀히 그리고 복잡하게 연계하고 있다.[516] 마찬가지로 이 거대한 관계망의 축은 공산당과 인민해방군, 그리고 MSS(국가안전부)이다.

이와 같은 역사발전추이와 해외 동향 등을 참조하여 한국 역시 정보활동의 넓은 그물망을 치는 것을 미래 국가정보활동의 핵심기조로 삼아야 한다. 이를 위해 정부-군-민간 부문의 유기적 통합이 필요하며, 한국과 같은 가치를 공유하는 자유민주주의 국가인 미국의 다중이해당사자주의를 기본모델로 삼을 필요가 있다. 이에 국내실정이 미국과 같지 않는 점을 감안하여, 대안으로 미국과 같은 다중이해당

---

514 세인 해리스, 『보이지 않는 전쟁 @ WAR』, 179-208.

515 윤민우, "사이버 공간에서의 심리적 침해행위와 러시아 사이버 전략의 동향," 『한국범죄심리연구』, 14(2) (2018), 100.

516 송의달, "돈·선물·성관계...세계 휩쓰는 중공의 국내정치공작, 한국에선?" 조선일보, 2022년 7월 22일; 해리스, 『보이지 않는 전쟁 @ WAR』, 121-124, 133-134.

사자주의를 취하지만 구체적 실행과정에서는 다른 영국 또는 오스트레일리아의 모델을 참조할 수 있을 것이다.

이와 같은 미래의 확장-관계형 정보활동의 그물망은 분산공격(distributed offense)-분산방어(distributed defense) 원칙에 의해 수행될 필요가 있다. 미래 정보활동의 특성은 "공격의 분산"과 "방어의 분산"이다. 다양한 정보기관, 군과 정부기관, 민간기관, 자발적 개인들이 정보활동의 공격-방어에 동원된다. 이 때문에 기존의 중앙집중식 지휘통제체계로 다양하고 이질적이며 지휘통제축선상에도 포함되어 있지 않은 여러 현장 실행단위(또는 노드)들을 핵심 국가정보전략 지침에 따라 지휘·통제·조율하는 것은 극도로 비효율적이며 사실상 불가능하다. 미래 정보활동은 특히 지휘통제와 업무실행의 집중-분산을 동시에 달성해야하는 도전을 제기한다. 미래 정보활동은 참여자가 이질적이고 비대칭적이며 복잡할 뿐만 아니라 국면전환과 전개속도가 매우 빠르다. 또한 미리 예측하기 어려운 휘발성 높은 이슈들이 돌출하기도 한다. 이 때문에 정보기관, 군과 정부, 민간을 포함하는 각각의 현장 업무실행 단위에서 즉각적인 감시(sense)-결심(decide)-대응(act)의 업무수행체계가 갖추어져야 한다. 이는 개별 업무수행단위의 자기주도(self-initiative) 업무수행 권한과 능력이 강화될 필요가 있다는 점을 의미한다. 따라서 지휘통제-업무수행의 분산이 이루어져야 한다.

하지만 동시에 각각의 분산된 자기주도 업무수행단위는 전체 정보활동을 관통하는 핵심 전략목표와 기조의 방향성에 맞추어 지휘·통제·조율될 필요가 있다. 그렇지 않으면 마구잡이로 분산된 개별단위역량은 서로 상쇄(cancel-out)될 것이며, 이 때문에 국가전체의 정보활동은 자기-파괴적인 결과를 가져올 것이다. 따라서 네크워크에 참여한 전체 개별단위들(노드들)의 업무수행과 업무방향을 핵심 전략목표와 기조에 맞게 조율할 필요가 발생하는데 이는 전체 정보활동을 총괄하는 인간 지휘 컨트롤타워에 의해 수행되어야 한다. 인간 지휘 컨트롤타워는 개개의 공격-방어활동에 세세하기 개입하기 보다는 전체적인 정보활동의 전략방향을 디자인하고 개개의 실행 단위들을 디자인된 방향성에 맞게 가이드 할 필요가 있다. 또한 예외적인 위기·돌발 상황에 즉시 개입하여 전체 정보활동 국면을 관리하는 기능 역시 이 인간 지휘 컨트롤타워에 의해 수행되어야 한다.

이와 같은 분산공격-분산방어는 집중-분산이 실시간(real-time)으로 이루어질 수 있도록 설계하여야 한다. 이를 위해 AI와 같은 기계보조통제시스템을 통해 국가정보활동 지휘컨트롤타워의 인간지휘부와 현장 업무실행단위 사이의 초연결성을 구현할 수 있다. 업무현장의 실행단위에 작전권한이 더 많이 위임되고 다수의 소규모 실행단위들을 보다 넓게 분산시켜 정보활동을 수행한다. 인간 최고지휘부는 정보활동의 전체 상황을 인식하고 예측하며, 판단과 결심하는 역할을 수행한다. 인공지능이 해결할 수 없는 최적 정보생산물의 생산과 배포, 미래의 예측과 추론, 정보활동 결과의 대중 여론에 대한 파장 등도 이 인간지휘부의 역할이다. 실제 정보활동 수행과 관련된 상황인식과 대안제시, 최적의 업무실행단위 구성/조합 등은 인공지능이 담당하여 인간지휘부와 업무현장의 단위 실행 컨트롤타워 또는 지휘통제책임자를 지원하고 둘 사이를 연결한다.[517] 이 개념은 정보업무를 수행하는 정보기관, 군, 형사사법기관들, 방송·통신·언론 기관들, 싱크탱크, 학계, 기타민간단체들, 오피니언 리더들, 샐럽들, 저널리스트들, 학자들, 활동가들, 온라인 유저들, 해커들과 같은 다양한 정부-민간 부문의 현장 업무실행단위들을 실시간으로 통합 운용하면서도 개별 실행단위의 유연성과 역동성, 역량을 극대화시킬 수 있다.

이 같은 한국의 미래 정보활동과 정보시스템 발전을 위한 노력에 한국과 같은 가치를 공유하는 자유민주주의 동맹국들이자 정보선진국인 미국과 영국 등의 사례는 좋은 벤치마킹이 될 수 있다.

이 책은 대학의 전공자와 일반인들에 대한 국가정보에 대한 기본적인 지식을 제공하기 위한 목적을 갖고 있다. 따라서 관련된 기본적인 내용들을 중심으로 간략히 서술하였다. 이 과정에서 너무 전문적인 내용들을 깊이 있게 다루는 것은 가급적 피했으며, 책 전체의 분량이 적정 시간 프레임 내에서 소화할 수 있을 정도로 너무 과도하지 않도록 노력하였다. 이 책의 내용들이 국가정보에 대한 기본적인 지식들을 제대로 제공할 수 있기를 기대한다.

---

517 남두현·임태호·이대중·조상근, "4차산업혁명 시대의 모자이크 전쟁: 미군의 군사혁신 방향과 한국군에 주는 함의," 『국방연구』, 63(3) (2020), 157-161.

찾아보기

ㄱ

가용성(Availability) *100, 104*
가장업체 *199*
가짜뉴스 *197*
간결성(digestibility) *61*
간첩행위 *68*
감청(eavesdropping) *74*
개념형 *87*
개인신상정보 *212*
개인정보 *212*
게라시모프 독트린 *122*
경제공작 *195*
경제 · 산업 방첩 *163*
경제 · 산업스파이 *163*
경제스파이활동 *164*
경제정보 *55, 212, 213*
경찰 안보수사국 *102*
계량분석(quantitative analysis) *88, 89*
고위 행정부 정보보고(SEIB: Senior Executive Intelligence Brief) *94*
고유성 *186*
공개출처정보(OSINT: Open Source Intelligence) *35, 55, 57, 58*
공군(Air Force) *240*
공자학원 *124, 129, 130, 139*
공작(influence operation) *123*
공작담당관(case officer) *70*
공작원 *71, 72, 196*
공작활동 *49*
과학 · 기술정보 *212, 216*
과학적 예측학파 *83*
국가(state) *17, 19*
국가대테러센터(NCTC: National Counterterrorism Center) *237, 243*
국가반확산바이오보안센터(NCBC: National Counterproliferation and Biosecurity Center) *237, 243*
국가방첩안보센터(NCSC: National Counterintelligence and Security Center) *10, 24, 165, 237, 243, 251*
국가방첩전략(National Counterintelligence Strategy) *24*
국가방첩집행실(ONCIX: Office of the National Counterintelligence Executive) *130, 131*
국가범죄청(NCA: National Crime Agency) *180, 260, 263, 269*
국가비전 *24*
국가사기범죄정보국(NFIB: National Fraud

Intelligence Bureau) *260*
국가사이버안보센터(NCSC: National Cyber Security Center) *12, 162, 275*
국가사이버안보전략 2018 *159*
국가수사본부 *276*
국가안보 *17, 20, 22, 49, 281*
국가안보국(NSA: National Security Agency) *78, 179, 217, 228, 229, 230, 240, 256, 257, 258, 276*
국가안보법(National Security Act of 1947) *245*
국가안보위협 *20*
국가안보전략(National Security Strategy) *17, 24*
국가안보회의(National Security Council) *245*
국가안전부(MSS: Ministry of State Security) *78, 125*
국가우주안보센터 *275*
국가전략(National Strategy) *24*
국가정보 *17, 24, 50, 59, 209, 236, 281*
국가정보관리자(NIMs: National Intelligence Managers) *237*
국가정보기관 *5, 50, 58, 235, 240*
국가정보목표 우선순위(PNIO: Priority of National Intelligence Objective) *60, 69, 211*
국가정보센터 *237*
국가정보실(ONI: Office of National Intelligence) *86, 272*
국가정보예측(NIE: National Intelligence Estimates) *40, 54*
국가정보예측판단보고서 *94*
국가정보원(국정원) *102, 178, 180, 274, 275*
국가정보원법 *11, 44, 164, 176*
국가정보장 *237*
국가정보장실(ODNI: Office of Director of National Intelligence) *11, 40, 63, 81, 86, 132, 169, 221, 226, 240, 242, 243, 244*
국가정보전략(National Intelligence Strategy) *17, 24, 281*
국가정보판단(NIEs: National Intelligence Estimates) *210*
국가정보프로그램(National Intelligence Programs) *242*
국가정보학 *13*
국가정보활동 *282*
국가정보회의(National Intelligence Council) *242*
국가정찰국(NRO: National Reconnaissance Office) *75, 231, 240*
국가지리정보국(NGA: National Geospatial- Intelligence Agency) *240*
국가지원 스파이활동(state-sponsored espionage) *119*
국가한판(국가 한어 국제보급 영도소조 판공실) *124*
국가 핵심기반시설(critical infrastructure) *156*
국군방첩사령부(DCC: Defense

Counterintelligence Command) *102, 176, 229, 276*
국군정보사령부 *228, 276*
국무부 정보연구국(Department of State's Bureau of Intelligence and Research) *240*
국민국가 *22*
국방부 산하 정보기관 *276*
국방정보(Defense Intelligence) *207, 209*
국방정보국(DIA: Defense Intelligence Agency) *51, 211, 227, 229, 240*
국방정보본부(DI: Defence Intelligence Staff) *178, 227, 228, 260, 262, 264, 270, 276*
국세청(HMRC: HM Revenue & Customs) *260*
국제관계학원 *126*
국제범죄정보센터 *275*
국토안보부(DHS) *253, 254*
국토안보부의 미국 해안경비대(U.S. Coast Guard Intelligence, Department of Homeland Security) *240*
국토안보부의 정보분석실(Department of Homeland Security's Office of Intelligence and Analysis) *240*
군사능력분석 *218*
군사능력정보 *216*
군사방첩서비스(MAD: Militärischer Abschirmdienst) *181*
군사전략 정보요구 *211*
군사정보(Military Intelligence) *54, 207, 212, 214*
군사정보국(DRM: Direction du Renseignement Militaire) *181*
군사지리정보 *212, 214*
그림자 전쟁(shadow war) *203*
기능별 정보 *55*
기만정보(disinformation) *197, 198*
기밀분류화(classification of information) *103*
기밀성(Confidentiality) *100, 104*
기밀해제 *62*
기본정보 *54*
기술절도 *135*
기술정보(TECHINT) *33, 69, 74, 79*
기술정찰국 *68, 125*
기술첩보 *50*
기술학파 *82*
기지 311(Base 311) *126*
기지와 플랫폼(bases & platforms) *77*
기회분석학파 *83*
김수키 *121*

ㄴ

내부보안총국(DGSI: Direction Gééééérieure) *181*
내부자(internals) 위협 *156*
능동적(active) 방첩 *103, 105*

ㄷ

다중이해당사자주의(multistakeholderism) 238
대간첩(counter-espionage) 37
대공(counter-communism) 37
대공수사 177
대공수사권 177
대외비(Confidential) 103
대외안보총국(DGSE: Direction Géééééérieure) 181
대테러(counter-terrorism) 37
대테러센터(NCTC: National Counter Terrorism Center) 275
대통령 일일보고(PDB: Presidential Daily Brief) 94
댁신(Daxin) 138
동태적 첩보 50
디스인포메이션(disinformation) 101

ㄹ

라자루스 그룹 120
런던경찰청(MPS: Metropolitan Police, Scotland Yard) 260
런던광역경찰청(London Metropolitan Police) 180
리바이어던 17

ㅁ

마약단속국(Drug Enforcement Administration: DEA) 249
매슬로우(maslow) 17
메타인포메이션(meta-information) 31
메타지식(meta-knowledge) 31
명료성(clarity) 61
모든 목적의 법집행 기관(all purpose law enforcement agency) 249
모략 및 와해공작 194
무결성(Integrity) 100, 104
무장권 18
무장한 도적떼(armed bandit group) 18
무한회귀의 오류(fallacy of infinite regression) 87
문화교류국 108, 109
물리적 보안(Physical Security) 103
미국 정보공동체 연례위협평가(Annual Threat Assessment of the U.S. Intelligence Community) 132, 169, 225
미래안보예측정보보고서 43
미스터리(mysteries) 83, 84
민간 네트워크 160
민간 프록시(proxy) 185, 202
민혁당(민족민주혁명당) 110

ㅂ

반확산센터 275
방랑형 도둑떼(robbing bandits) 21

방첩(Counterintelligence) *24, 49, 58, 99, 101, 102, 103*
방첩사령부(DCC: Defense Counterintelligence Command) *51, 177, 178*
방첩전략 2020-2022 *165*
방첩정보공유센터 *275*
백색정보관(white, legal officer) *70, 71*
백색 프로파간다(white propaganda) *196, 197*
범죄 *9*
법무부의 마약단속국의 국가안보정보실(Drug Enforcement Agency's Office of National Security Intelligence, Department of Justice) *240*
법무부의 연방수사국(Department of Justice's Federal Bureau of Investigation) *240*
보안(security) *21, 37, 99, 100, 102, 103*
보안대테러실(Office for Security and Counter-terrorism: OSCT) *260*
보안·방첩(security and counterintelligence) *32, 36, 37, 178*
보안방첩기관 *178*
보안방첩활동(security & counterintelligence activity) *99*
보안부(MI5) *179, 180, 259, 260, 262, 264, 268, 269*
보안부법(Security Service Act 1989) *268*
보안정보국(ASIO) *271*
보조선(supplementary line) *73*
복합성 *187*
부문별 정보기관(departmental intelligence organization) *50*
부문정보 *236*
부문정보기관(departmental intelligence agency) *235*
북한 *106, 117, 219*
분리형 *63, 178*
분석부서(Directorate of Intelligence) *86*
블루노르프(BlueNoroff) *120*
비국가행위자 *155*
비밀(secret) *83, 84*
비밀공작(Covert Operations) *24, 36, 37, 58, 59, 185, 191, 192, 193, 195, 199, 201, 202, 267*
비밀연락 *72*
비밀정보부(SIS/MI6) *178, 180, 259, 260, 262, 264, 267, 268, 269, 270*
비밀활동(clandestine operation) *185*
비상선(emergency line) *72, 73*
비전(vision) *51*
비정통(non-conventional) *122*

ㅅ

사이버 공격 *117*
사이버 보안(Cyber Security) *103, 104*
사이버 보안 정책(Cybersecurity Policy) *105*
사이버 부대 *217*
사이버 부문 *256*

사이버사령부 *102, 178, 179, 217*
사이버안보기반시설보안국(CISA: Cybersecurity and Infrastructure Security Agency) *118*
사이버 에스피오나지 *78*
사이버 위협 *116, 149*
사이버위협정보통합센터(CTIIC: Cyber Threat Intelligence Integration Center) *237, 243*
사이버 위협 탐지(Intrusion Detection) *105*
사이버작전사령부(Cyber Operations Command) *228, 276*
사이버 정보(Cyber Intel.) *55, 229*
사회안보 *147*
사회정보 *212, 213*
산업기밀보호센터 *275*
산업보안 *164*
산업스파이 *133*
선택적 지각 *38*
소요제기 *59*
수동적(passive) 방첩 *103*
수사권 *178*
수색 *68*
수색정찰(Search and Reconnaissance) *68*
수집(collection) *67*
술, 담배, 총기 및 폭발물 단속국(ATF: Bureau of Alcohol, Tobacco, Firearms, and Explosives) *249*
스코틀랜드 야드(Scotland Yard) *260*
스태가노그라피(Steganography) *74*
스파이활동 *9, 68, 106, 188*
스파이활동 능력 *117*
시스템 *156*
시큐리티(security) *20, 21*
신뢰성(reliability) *61*
신약(covenant) *18*
신원 확인(Authentication) *104*
신호정보(SIGINT: signal intelligence) *56, 256*
신흥기술 *165*
심리전 *188*

ㅇ

악성 영향력 공작(malign influence operations) *197*
안다리엘 *120*
안보 *20*
안보수사국 *176, 178, 276*
안보영역(security domain) *5*
안보위협 *6, 8, 9*
암호해독(cryptanalysis) *74*
암호 해독 및 암호화 작업 *188*
암호화(Encryption) *101, 104*
애국적 해커들 *150*
어나니머스 *153*
에스피오나지(espinoage) *67*
역교란장치(ECCM: electronic counter countermeasures) *78*
역정보(disinformation) *59, 83, 84, 209*
연방 법집행기관(Federal Law

Enforcement) 248
연방보안국 179
연방정보원(BND: Bundesnachrichtendienst) 180
연방헌법수호청(BfV: Bundesamt für Verfassungsschutz) 180, 181
연방형사청(BKA: Bundeskriminalamt) 181
영국의 정보기계(United Kingdom's intelligence machinery) 261
영상정보(IMINT: imagery intelligence) 56, 57
영향력 공작 123, 124, 171
예비선(reserve line) 72, 73
왕재산 사건 110
외교정보단 277
외사(foreign affairs) 99, 102
우주군(Space Force) 217, 240
우주군사역량 75
우주군 정보국(Space Force Intelligence) 75
우주상황인식 75
운송·통신정보 212, 213
운영국(Directorate for Operations) 229
원격측정정보(telemetry intelligence) 56
위기징후목록(crisis indicator list) 210
위성정찰 75, 76
위성정찰역량 75
위장첩보(false information) 59
육군(Army) 240
은밀성 186
이중첩자(double agent) 59
인간안보 147
인간정보(휴민트, HUMINT) 33, 35, 55, 56, 102, 256
인민해방군(PLA: People's Liberation Army) 125
인사 보안(Personnel Security) 103
인지 영역(cognitive domain) 122
인지전(cognitive warfare) 122, 171, 172, 174, 210
인지편향 38
인텔리전스(intelligence) 28, 31
인포메이션(information) 28, 29, 50, 67
일심회 110
일일국가정보보고(NID: National Intelligence Daily) 94
1급비밀(Top Secret) 103
2급비밀(Secret) 103
121국 119
225국 110
61398 부대 125
1986년 왕립위원회(1986 Royal Commission on Australia's Security and Intelligence Agencies) 274
2021년 연례 위협 평가(2021 Annual Threat Assessment) 226
2022년 미국 정보공동체 연례위협평가(Annual Threat Assessment of the U.S. Intelligence Community) 보고서 221

ㅈ

자기 반사적 오류(mirror image) 95
자료 87
자료형 분석기법 87
작전(operation, operational arts) 32, 51
작전정보(operational intelligence) 51, 52, 208
장난사회학원 126
재무부의 정보분석실(Department of the Treasury's Office of Intelligence and Analysis) 240
적극조치(Active Measure) 108
적시성(timeliness) 61, 82
적실성(relevancy) 82
전략 51, 52
전략경보정보 54
전략로켓군 217
전략정보(strategic intelligence) 50, 51, 52, 208, 209, 212
전략지원군(Strategic Support Force) 78, 125, 126, 217
전력구조(force structure) 218
전비태세(readiness) 218
전술(tactics) 51
전술정보(tactical intelligence) 52, 208
전자교란장치(ECM: electronic countermeasures) 78
전자전(electronic warfare) 74
전자정보(ELINT: electronic intelligence) 56
전장지역정보(battlefield intelligence) 218
전쟁 9
전쟁권 201
전투서열 216
전투서열정보 216, 217
전투정보 208, 216, 218
전투정보의 핵심 216
접근 제어(Access Control) 104
정당한 전쟁(just war) 201
정보(intelligence, information) 9, 24, 27, 28, 32, 34, 49, 50, 68, 122
정보(intelligence) 생산물 31
정보개혁 및 테러방지(IRTPA: Intelligence Reform and Terrorism Prevention Act) 법안 237, 239, 242, 244, 245
정보공동체(IC: Intelligence Community) 63, 81, 235, 236, 237, 238, 239, 240, 243, 244, 259, 271, 272
정보공동체를 위한 정보 투명성 원칙들 (Principles of Intelligence Transparency for the IC) 244
정보관 70, 71
정보국(Space Force Intelligence) 241
정보기관 235
정보기관법(Intelligence Services Act 1994) 267, 268
정보방첩실(Department of Energy's Office of Intelligence and Counter-Intelligence) 240
정보보고서(Intelligence Report) 61
정보분석(intelligence analysis) 36, 62, 67, 81, 85

정보분석국 277
정보분석방법론 90
정보분석실(OIA: Office of Intelligence and Analysis) 253
정보사령부 276
정보생산물(intelligence products) 32, 62
정보시스템 11, 13, 235, 236
정보실패(정보분석의 실패) 62
정보심리전(information psychological warfare) 122
정보요구(PIR: Priority Information Request) 211
정보원 71, 73
정보의 무기화(weaponization of information) 34, 122
정보전쟁(information warfare) 34
정보조작개입(information manipulation interference) 197
정보주기 59
정보총국(GRU) 78, 179, 180, 217
정보통합공유센터 243
정보판단 38
정보활동(intelligence activities) 11, 12, 13, 36, 58, 67, 106, 108, 133
정부통신본부(GCHQ: Government Communications Headquarters) 78, 180, 260, 262, 264, 268, 269
정부통신안보국(GCSB) 230
정상선(normal line) 72, 73
정상화 편향 38
정주형 도둑떼(stationary bandits) 21
정찰 68
정찰총국(Reconnaissance General Bureau) 78, 109, 119, 226
정책(policy) 32
정치공작 193
정치정보 54, 212, 215
정태적 첩보 50
조기경보(early warning) 40, 43
조용한 전쟁(silent war) 203
조종관(handler) 70
조직(organization) 63
준군사적 활동 198
중국 106, 121, 123
중국공산당(CCP: Chinese Communist Party) 125
중국 국가정보법 7조 141
중국 사이버보안법 28조 142
중국의 침공(China's invasion) 130
중국현대국제관계연구원 126
중대조직범죄청(SOCA: Serious Organised Crime Agency) 263
중앙정보국(CIA) 178, 240, 242, 245, 246, 247, 249
중화극단주의 140
지식(knowledge) 29
지혜(wisdom) 30, 36
직파간첩 106, 107, 108, 113
질적분석(qualitative analysis) 88, 89
집단사고(group thinking) 39, 95

ㅊ

채택한 비대칭(asymmetric) 122
책임부인성(deniability, denial of responsibility) 185, 202
척도없는 네트워크(scale-free network) 127
천인계획 128, 136
첩보(information, espionage) 32, 49, 50, 61, 67, 68, 69
첩보수집 68, 69
첩보요구(IR: Information Request) 211
첩보요청(RFI: Request for Information) 211
첩보활동 72
초국가 범죄조직 147
초국가 테러리즘 145
초법성 187
초한전(unrestricted warfare) 121, 122
측정기술정보(MASINT: measurement and signature intelligence) 57, 256
777 사령부(쓰리세븐부대) 228, 276

ㅋ

컨트롤타워 63
컴퓨터보안 104
켄달(Kendall) 분석학파 83

ㅌ

타당성(validity) 61
테러 9
테러정보통합센터 275
테킨트(TECHINT) 35, 56
텔레메트리 56
통신보안(Communications Security) 103, 104
통신정보 56, 229
통일전선부 108, 109
통합정보전략(Unifying Intelligence Strategics) 243
통합형 63, 178
특별국가정보판단(SNIE: Special National Intelligence Estimates) 94, 210
특별첩보수집요청(SRI: Special Requirement of Information) 69
특수 작전 및 저항 활동 188

ㅍ

판단정보 82
포괄성 186
폭력사용권(전쟁권) 18, 201
프로파간다 188, 196

ㅎ

합동정보(joint intelligence) 208
합동정보공동체회의(JICC, Joint Intelligence Community Council) 242
합동정보기구(JIO: Joint Intelligence Organization) 260, 261, 266

합동정보위원회(JIC) *86, 260, 261, 265, 266, 270*
합동정보위원회의장 *264*
합동테러분석센터(JTAC: Joint Terrorism Analysis Center) *260, 262, 270*
항공우주군 *217*
항공정찰 *75*
해군(Navy) *240*
해병대(Marine Corps) *240*
해안경비대 정보부(CGI: Coast Guard Intelligence) *253, 254*
해외무관국(Directorate for Defense Attache) *229*
해외악성영향력센터(FMIC: Foreign Malign Influence Center) *217, 237, 243*
해외악성영향력 위협 *105*
해외정보국(Directorate for Foreign Intelligence) *178, 179, 229*
해외정보조작개입(FIMI: Foreign Information Manipulation and Interference) *105*
해커 *120, 150*
해커그룹 *119*
핵심기반시설(national infrastructure) *157, 159*
핵티비스트 *150, 153*
허위 정보 유포 *101*
허위조작정보(disinformation) *197*
현용정보 *54*
현황정보국(Directorate for Current Intelligence) *229*
협조자 *71, 72, 196*
회색 프로파간다(gray propaganda) *197*
흑색정보관(black, illegal officer) *70, 71*
흑색 프로파간다(black propaganda) *197*
희망사고(wishful thinking) *38*

영문

ACIC(Australian Criminal Intelligence Commission) *272*
AFP(Australian Federal Police) *272*
AGO(Australian Geospatial Intelligence Organization) *272, 274*
ASD(Australian Signals Directorate) *272, 274*
ASIO(Australian Security Intelligence Organisation) *272, 274*
ASIS(Australian Secrete Intelligence Service) *272, 274*
AUSTRAC(Australian Transaction Reports and Analysis Centre) *272*
DCI(Director of Central Intelligence) *237, 238, 242, 243, 244, 245*
DIA(Defense Intelligence Agency) *179, 256*
DIO(Defence Intelligence Organization) *272*
DNI(Director of National Intelligence) *24, 237, 238, 242, 243, 244, 245, 249, 251*
FBI *179, 248, 249, 251, 252*

Fiscal Year 2020 National Defense Authorization Act *241*
FSB *78, 179*
Home Affairs(Department of Home Affairs) *272*
MSIR(Military Strategic Intelligence Requirement) *211*
NSB(National Security Branch) *249, 250*
NSC(National Security Council) *259*
SCADA(Supervisory Control and Data Acquisition) *156*
SCADA failure *157*
SUSLAK(Special U.S. Liaison Advisor-Korea) *228*
SVR(Sluzhba Vneshney Razvedki) *78*

윤민우
가천대학교 교수, 국제정치학 박사 및 범죄학 박사

국가정보론

초판발행 2023년 12월 26일

지은이 윤민우
펴낸이 안종만·안상준

편 집 한두희
기획/마케팅 김한유
표지디자인 이은지
제 작 고철민·조영환

펴낸곳 (주) 박영사
서울특별시 금천구 가산디지털2로 53, 210호(가산동, 한라시그마밸리)
등록 1959.3.11. 제300-1959-1호(倫)
전 화 02)733-6771
f a x 02)736-4818
e-mail pys@pybook.co.kr
homepage www.pybook.co.kr
ISBN 979-11-303-1978-0 93340

정 가 25,000원